錢穆 講

中國經濟史

葉龍 編錄

商務印書館

錢穆講中國經濟史

編　　錄：葉　龍

責任編輯：張宇程

封面插圖：陳少烽

封面設計：張　毅

出　　版：商務印書館 (香港) 有限公司

　　　　　香港筲箕灣耀興道 3 號東滙廣場 8 樓

　　　　　http://www.commercialpress.com.hk

發　　行：香港聯合書刊物流有限公司

　　　　　香港新界大埔汀麗路 36 號中華商務印刷大廈 3 字樓

印　　刷：中華商務彩色印刷有限公司

　　　　　香港新界大埔汀麗路 36 號中華商務印刷大廈 3 字樓

版　　次：2013 年 7 月第 1 版第 2 次印刷

序 一

胡詠超

　　吾友葉龍兄既刊行其《歷代人物經濟故事》(第一集)，復出其所編著之《中國經濟史》付梓。是篇原為錢賓四先生 50 年代於桂林街新亞書院講授"中國經濟史"與"中國社會經濟史"之筆記。賓四先生著作等身，其史學造詣，早蜚聲海內。方民初更始，西學橫流，先生講學上庠，傳統是揚，挽狂瀾於既倒，意量亦偉矣。獨惜於中國經濟史尚付闕如，使向慕先生之史學者，不無怏怏。今葉子滙集所記，編整成書，誠快事也。而先生之講授該兩科也，又不限於經濟一隅，觸類旁通，實可溝貫先生史學之全體大用焉。願茲篇傳之海內，為先生增一專著也。

1996 年夏歲次丙子胡詠超序於香港屯門嶺南學院

胡詠超先生於新亞文史系與新亞研究所畢業，獲中大碩士學位。曾任教於嶺南書院直至嶺南大學文史系，自講師至副教授前後逾 30 年。

序 二

梁天錫

中國歷代從政者，"皆據古鑑今，以立時治"。蓋以史為鑑，可以明得失。自古聖賢孜孜不倦，終身治經史者，欲其學有成，致用於當世也。先師錢賓四(穆)，終身鑽研國學。其門下弟子或時人，得其一言一語，或一字一詞者，世世享用不盡。1933年，先師於北大任"中國通史"講席；1954年及1955年，於香港新亞書院先後開授"中國經濟史"及"中國社會經濟史"兩課程。余生也晚，皆無緣承訓。幸其通史有"國史大綱"傳世；其經濟史則自來未見刊行。葉龍學兄早余從侍先師數載，遂有幸並聆兩載之經濟社會史課程，並詳為筆錄。葉兄欲先師之學得以傳世，自1991年8月，迄1993年1月，兩年半間，精心整理、補釋兩科經濟史講稿，以流暢易讀之文筆書之，逐日刊於《信報》。茲為廣流傳，滙為一集，名曰《中國經濟史》。

是書循中國朝代先後論述。漢迄唐一段，最為詳盡，特重吾國財經制度之得失。中國以農立國，故述秦以前經濟，標榜周祖后稷，教民耕種；介紹黍、稷、稻、麥、菽、粟諸農作物。繼載井田制之爭議、興起、變遷與破壞，與夫稅法、工商業、貨幣、私產及水利。

"中國自秦以來2000年之政治、學術，莫不與其社會形態相協應"。"自秦而下經濟地域逐次擴大"。秦漢社會經濟，重視土地、農業與農民。至若戶口之管理、手工業及水陸交通之發展，亦頗著成效。秦代開國，經濟已具規模：建立土地私有制，並重視農業。城市湧現，度量衡統一。貨幣流通，"工商發展，已有可觀"。惜苛捐重役，秦遂以亡。

漢初屢改幣制，高祖輕商重農，"輕徭薄賦"。制定役法、算賦、田賦、田租、租稅、封君諸制，"有司以農為務，民遂樂業"，政經穩定。漢武以後，經濟思想發達，晁錯、賈誼、董仲舒主張統制經濟、限田政策，與司馬遷自由個人主義經濟思想爭議不息。古者煮海為鹽，冶鐵致富。武帝以鹽、鐵、酒專賣。行均輸、平準之制，富國而不利民。又行鬻爵、告緡、屯田之制，廣增國用。幣制自亂反正，以"節制資本"。皇室與政府，財政分治。惜用度過大，後宮妃嬪，高俸厚給，又大興禮樂，營造昇平，濫用國庫。王莽篡漢，"大事改革，田畝盡歸國有"，禁買賣田宅，復井田，更幣制。以六筦法制工商；行五均法增賦稅。然行之太驟，遂促其亡。光武中興，土地兼併之風盛，頒度田制以抑豪民，惜不果行，莊園制遂興，豪戶多畜奴婢。仍行田租、鬻爵及鹽鐵專賣之制。雖軍費、官俸、交通、賑災、水利、教育之費頗巨，然屯田之制，亦著成效，故鹽鐵專賣，至和帝而止。東漢手工業興盛，遼東、河西畜牧業亦盛。光武初復五銖錢制，至獻帝時更為小錢。此外，兩漢黃金存量極豐，植林、絲織、冶鐵、造船、陶瓷、釀酒、製糖諸業並盛，其輕徭薄賦，節制資本之功歟？

三國魏晉南北朝為中國經濟社會轉化期。土地制之轉變尤甚。屯田自東漢末發展至晉，變成占田與課田。北朝則全力推行屯田與均田。土地而外，莊園、礦冶、鑄錢及工商業亦漸上軌道。曹魏屯田，強兵足食；鄧艾攻蜀，先灌良田；蜀漢屯田，以攻為守；孫吳屯田，民無饑歲。本書詳釋晉之戶調、品官占田、軍屯、賦役、雜稅、工業、商業、幣制、商稅及寺院經濟諸項目。南北朝之工業，採礦、鑄造、製瓷、紡織，以至鹽法亦在討論之列。又分述宋、齊、梁之賦役，陳之屯田，北齊、北魏、西魏及北周之租調、賦役及均田制，與夫五胡十六國之賦役、冶鐵工業；並總論北朝經濟制度，優於南朝。

綜上所述，為余所理解葉兄編撰、補充先師"中國經濟史"等之內容。經濟史非余所長，苟有未當，是讀之未審，思之不精，非原錄之失也。1964年3月、4月及6月，先師先後於香港新亞書院三度演講《論語新解》，其認同及重視語錄式《論語》傳世價值可見也。時余雖有幸恭聆"新解"，愧未筆錄。葉兄獨能筆錄、補充並出版先師之"中國經濟史"等講稿。是篇以流暢之語體

文寫成，深入淺出，士庶可讀。若人手執一冊，則可明瞭中國歷代經濟制度
之得失，擇其善者應用於今日之工商社會、金融中心矣。妄申是序，敬祈賜
諒。

1996 年 4 月梁天錫序於香港能仁研究所

梁天錫博士於香港珠海書院歷史系畢業，新亞研究所獲碩士後，返珠海研究所深造，考獲
台北教育部頒授博士學位。曾任珠海書院教授、能仁書院教授兼教務長、文史系主任、文
史研究所所長。著述宋史多種，逾 200 萬字。

自　序

葉　龍

　　我在 50 年代中期就讀新亞書院時，業師錢穆賓四先生掌管校務之餘，每年總會開兩、三門課。當年我同黃開華兄、張乘風兄、顏錫恭兄等四五位同學來到九龍桂林街設校的新亞書院就讀，就是仰慕這位國學大師的學問。我是浙江人，能完全聽懂賓四師的無錫國語。賓四師講的課程，我都用心的作了筆記。其中"中國經濟史"、"中國社會經濟史"、"中國文學史"及"中國通史"等，30 多年來，由於寶愛這些學術性的筆記，所以一直還保留着。閒時常有翻閱。

　　賓四師 82 歲前視力尚佳的時候，我曾先後從賓四師講的課程筆記中，前後分十多次將其中摘錄出的 100 多條筆記用航空信寄給賓四師批改，集成相當數量的"講學粹語"，希望可以出單行本。賓四師總是很熱心的將我所整理的改正後寄還。賓四師逝世後，遂把這《講學粹語》寄給梅新先生在《中央日報‧長河》副刊刊出，作為對賓四師的紀念。這一條條的粹語是賓四師平時上課或講演時偶發的，是他心中所蓄積的，在他的著作中也沒有提及過。

　　錢師母胡美琦女士在〈錢穆先生最後的心聲〉一文中的"後記"中引述賓四師的話說："學術思想豈能以文字長短來評價，又豈可求得人人能懂、個個贊成？不懂的人，就是你寫一本書來說明，他還是不會明白。能懂的人，只要一句話，也可啟發他的新知。我老矣，有此發明，已屬不易。再要作深究，已非我力能所及，只有待後來者之繼續努力。我自信將來必有知我者，待他來再為我闡發吧！"（見 1990 年 9 月 26 日台北《聯合報‧聯副》"送別一代大師紀念專輯"。）

　　台北《中央日報》副刊按日刊出賓四師的"講學粹語"後，讀到的友人見面談及，反應頗佳。這對好學的後輩們可以增長見識，有所啟發。因此引起我整理賓四師所講的"中國經濟史"及"中國社會經濟史"的念頭。賓四師開這門課,上講堂時攜帶了筆記卡片,是作了有系統的備課的,有他不少新意在其中的。因此我整理了上古之部的六七篇,每篇1000字左右,寄給《信報》社長林山木先生。林先生除了精研當代中西經濟外,對於中國古代經濟也是極為重視。我們只要看他在《信報》寫的《政經短評》(編者按:該專欄刊至1996年底),常見他引用中國古代典籍中論及經濟的警句,來闡述或印證當前的經濟現象。林先生很快回信,認為有意在《信報》發表,只要尚未在其他報刊發表過的話。於是在1991年8月14日開始,這個《中國經濟史》專欄排日在《信報》經濟版刊出。當時《信報》經評版逢星期二至六,每週刊出五天。

刊出最先幾篇後,我因在台北度假,斷了稿,回港後見到《信報》編輯張曼麗姑娘的來信,談到"此稿刊出後,各界反應頗佳(按:由於斷稿的幾天裏,有讀者催稿),希望陸續賜稿,保持聯繫"等語。刊出期間,有中學教師的讀者來信要求我補寄他漏買的其中某一段《中國經濟史》;很多老朋友老同學見面時,其中不少是在中學擔任行政或執教文史的,他們提議我將來最好出專書;有一次我去港大馮平山圖書館看書,影印機旁看見一位同學正在影印《信報》的經評版文章,我問他比較喜歡哪些文章,他說,凡是有關中西古今的經濟文章,他都收集,心想:這篇中國古典經濟史還有青年人青睞,心中頗覺安慰。有一次在台北遇見正在台北政大經研所工作的老校友鄧辛未兄,他説他的學術單位中,個人或團體訂閱的《信報》就有20多份,也很注意我的專欄。最近自溫哥華回港的黎國豪兄,他説溫市也出版《信報》,很高興讀到我的專欄。有一次遇見饒師宗頤選堂先生,他也看到我在《信報》的這個專欄,要我結集出版時送他一本。饒師曾考評我的香港大學博士論文《桐城派文學史》,評道:"論方苞、姚鼐文論要點出於戴名世,具見讀戴氏書,用心細而能深入。糾正時賢淺稚之論,尤有裨於學術界"。選堂師對我的鼓勵,使我衷心感激。

還有一位香港企業家維多利亞洋行東主徐家寀先生,曾多次來信詢問我何時出版專書,亟欲斥資購買。直至刊完全文後的一年多後,徐先生又來信索書，函中對此文稿多有好評，可說是文教界以外工商企業界的一位知音，我只好影印所剪存的文稿奉贈，作為對知音的答謝。（按：《中國經濟史》最後一篇"中國的水利問題"則早於 1991 年刊登於《信報月刊》8 月號。）

值得欣慰的，藉着《信報》刊登這個專欄，使我多年未見的老友由《信報》的轉信恢復了聯繫，也因此結織了愛護這個專欄的讀者朋友們。

記得在 50 年代末和 60 年代初的時期，我曾做過幾件為賓四師整理講演稿的事。一件是當時"孟氏教育基金會"（按：此會為今日九龍界限街中山圖書館的創辦者），請賓四師主講"中國歷史研究法"，共分八講，每次兩小時。當時新亞書院的秘書徐福均先生要我擔任記錄。我整理好記錄稿謄正後，經賓四師修改潤飾，此書出版後，賓四師在該書序中還提及我做記錄的事。

另一件是 60 年代初，我把賓四師從 50 年代至 60 年代初歷年所作的講演，包括校慶、畢業典禮、孔聖誕、元旦及國慶等慶典會上所作的講演，包括由我記錄及當時亦常作記錄的楊遠、宋敘五、王兆麟諸兄所筆錄的，刊載在校方刊物上的，有幾十篇是我投寄到《華僑日報》教育版或《星島日報》上刊出的，當時我只作新聞稿報道，並沒有具名，也無領取稿費。我搜集了這些賓四師的講演稿後，請字體寫得比較端正的多位中學同學謄抄，共有三百多張原稿紙，裝釘成厚厚的兩大本，我自己題了封面寫了序，記得賓四師那時住在鑽石山的西南台，我將這冊唯一的謄正講演抄本送給賓四師看時，他翻閱目錄後，也看了那篇序，然後說："你這篇序倒寫得比前好。"接着他捧着這稿本進他的書房中去了，賓四師那喜悅的神色，似乎肯定了我的這一整理工作，心中頗為高興。

大概在 70 年代或稍後，賓四師定居台北素書樓時期出版了一本新亞書院時期的演講集，書名是《新亞遺鐸》，我早年送給賓四師那本手抄講演集，其中有幾篇賓四師的講演稿都是我自發自動作了筆記投寄到報社發表的，並無其他的校方記錄。現在想起來，我那時也真太鹵莽，那些發出去的講演稿事先竟沒有讓賓四師過目，不然，他一定樂意肯為我修改才寄出的，幸而當時沒有出甚麼亂子，但總是一個過失。

　　賓四師還有多次為香港大學校外課程部主辦的學術講座作專題講演的。一次是 1961 年 10 月 7 日講"中國儒學與文化傳統"。

　　另一回是 1961 年 11 月 8 日起，每周一次，賓四師主講四次，共計五講，（第四、五講一次講完），講題為"魏晉南北朝文化講座"以上講座，均由我隨往紀錄。我將紀錄稿謄正後呈師改削增刪，最後一講賓四師另行加寫五頁原稿紙加入，其中一頁一字不改外，其他四頁亦多增添改削，此稿我仍保留，彌足珍貴。但不知講稿有否出版，實乃值得出一專書。賓四師發表撰著他的學術思想向來是極為謹慎的。這從我替他老人家記錄"中國歷史研究法"和其他的多次講演，整理謄正後請他修改時，他總是極為仔細地作了修改，甚至我寄給他的"講學粹語"，他也仔細地改正，有時甚至整條刪去，一字不改整條保留的亦只有 25 條，只增減一、二字的亦有多條。

　　整理學者的講稿，其困難處比翻譯他人著作有過之而無不及，要筆記得完全正確固然難，要做到信、達、雅這三個標準則難上加難了。

　　此書之能結集出版，首先要感謝《信報》社長林山木先生，能讓我在 1991 年的 8 月直至 1993 年的 1 月，接近兩年在《信報》的經濟評論版上刊載完畢，也感謝《信報》總編輯沈鑒治先生及經評版的編輯先生與排印校對諸同寅；也感謝壹出版的周淑屏小姐及該社諸同寅，使此書得以順利出版，尚祈讀者諸君惠賜寶貴意見，不吝指正。

新 版 自 序

　　人生的際遇十分奇妙。都是新亞畢業逾 40 年素未謀面的老校友，本來肯定是我有生之年也沒機會相識的了。有歷史系的，有英文系或其他系的。我是哲教系又是研究所畢業的，1967 年在歷史系重讀學位。夏仁山學長是重讀中文系學位的。自 1961 年起我與王兆麟兄同時在中文系任教大一國文的兼任講師，不料在 1968 年遭遇被裁員的噩運。此後兆麟兄得到錢師母胡美琦女士的推薦去了聖保羅中學，我則在新亞附近的聖母院書院任教。每天下午四時放學，便匆匆忙趕到新亞上課，選修了全漢昇、李定一、陳荊和、劉偉民等名師的課程。由於時間緊迫，根本沒法與同學們傾談。所以當時同讀歷史系的陸、黃諸兄，壓根兒無法認識。

　　直到 41 年後的 2010 年，意想不到的奇遇發生了。接到我曾擔任文學審評員多年的藝術發展局邀請參加酒會，並允許可偕同一位親友參加。仁山兄欣然同往。在酒會中他認識的新朋舊友極多，因此使我認識了歷史系的黃浩潮學兄。次年藝發局又來函邀請，仁山兄亦有同往，因此又認識了葉永生和陸國燊學兄。黃、葉兩兄多年前已從政府教育、司法機構高職退休，至今仍為香港社會作出貢獻；陸兄則自中大出版社退任後，復受陳萬雄先生禮聘擔任商務印書館董事總經理。說實在的，如果不是在酒會中有仁山兄介紹相識，即使在酒會中與上述諸學兄擦身而過，還是不會相識的。

　　這個世界上，老師中有良師，朋友中有益友，任何人必定在一生中可以遇到幾位良師益友的。60 年來，自我完成新亞哲學教育系學業以來，不包括中大、港大，我在新亞已遇到很多良師益友。良師中使我最欽佩最敬仰的其中一位，便是錢穆賓四師。當年(1953 年)我與李杜、張乘風、顏錫恭、吳業昭等畢業協同聖經學院後，為了要親炙這位大師而來報考新亞的。同學也

有多位益友，可惜多位已經作古，而仁山兄可説直到如今仍是我最相知的益
友。新亞四年大專生活，他帶我去涂公遂教授家中玩，一同稱呼涂伯伯涂伯
母，因他們的長女是我們學姊。涂伯母十分好客，假期常去涂府吃喝玩樂，
使我這位獨在異鄉的異客得到了家庭般的溫暖。

　　70 年代，仁山兄把我這位連考兩年中大教育學院的備取生變成正取入讀
（因有一正取生棄讀讓我補上）。近年，仁山兄又使我結識了多位老校友，我
曾多次對仁山兄説："你退休後還這麼忙，真是'談笑有鴻儒，往來無白丁'
了。"現在仁山兄又使我認識了多位鴻儒，當中包括丁新豹教授，真使我有
高攀不起之感。

　　説真的，我們這班老校友都很懷念艱苦創辦新亞的錢穆老師，我們在多
次茶聚中常常談起這位終身為中華學術不懈鑽研而卓有貢獻的一代大儒。可
惜在 1962 年時，在錢師擔任院長兼所長及教授達 12 年後，他老人家竟突然
宣佈要辭職。後來幸得經濟系主任張丕介師的堅決挽留作罷。但到翌年 1963
年時，他堅持辭職，而且不願以退休名義離校。如果當時有校友們同學們群
起挽留他老人家，可能會有轉圜餘地也説不定。（按：10 月 5 日見到雷競璇校
友在《信報》專欄寫的"錢穆在新亞"一文中説："錢穆信函説'在新亞真如
一大惡夢'，此話極重，也極堪玩味，他説的惡夢是'新亞'，不是中文大學。
…人性中有共患難易共富貴難的弱點，錢穆辭職時，和他一起創立新亞以及
共事多年的同人沒有誰離去。未知是否反映內部不一致…"。）

　　賓四師辭職後，他仍居港一段時間，我去拜訪他幾次，他從不向後輩訴
説心事或閒談他人。某次談及我本身時，他才講了幾句。後來在台北，何佑
森兄向我談起過。賓四師的好友羅忼烈師在其〈緬懷錢穆先生〉一文中，也曾
談到一些。但不論如何，中國歷史上大多數的名人學者，其生前的遭遇，多
有不如意的。但他們對發揚中國學術文化的卓越貢獻，卻是不可磨滅的。賓
四師亦然。賓四師愛護新亞的心也是永恒不變的。賓四師辭職後，南洋各大
學爭相禮聘他，有聘他任教授或做校長的，他選了一間任教授的，可惜水土
不服，最後於 1967 年赴台北定居。老友張曉峰先生請他擔任文化大學研究所

的教授，直至 92 歲退休，屈指一算，他在文大多教了 25 年之久。

　　如果，錢師留在新亞教下去，一直教到 92 歲，那我們新亞數以千計的同學都叫親近這位不世出的大師，豈不是新亞校友之福？可能有人會說，錢師在新亞辭職那年已是 69 高齡了，怎麼還可以教到 92 歲？普通一位教授當然年屆 60 或 65 歲已是退休之年，但大師級的教授是全世界都備受尊重的，例如我們新亞首屆校友余英時教授年逾八旬，至今美國知名大學還仍爭相聘請他為講座教授；又如多間知名大學爭着禮聘他擔任客座榮譽教授的饒宗頤選堂師，今歲年屆 95 高壽。杭州西泠印社還禮聘他為德高望重的社長。名師是不受年齡限制的，如果錢師 80、90 歲時還在新亞的話，也可以像台北文大般每週只請他講學一次也做得到。這對我們新亞今後得以親近名師的數以千計學弟學妹們，真是何等大的福氣。

　　錢師從來不為自己的名利着想，他曾親口對我說："兩萬港元與一萬港元的月薪是沒有分別的。"他也從來沒有為自己置產，直到他病逝那年，現在仍在台北監獄服刑的陳水扁，當年要錢師遷出素書樓，錢師母為了爭口氣，在市區買下一間屋，房價付不起，還是一位書商捱義氣，多付出一筆版稅才能成交。這是一位出版家告訴我的。

　　錢師主持新亞校政的十幾年裡，先是住在九龍桂林街和嘉林邊道的學校宿舍，後來租住鑽石山的西南台和沙田的和風台，生活的清苦可想而知。即使他定居台北以後，文大與故宮博物院給他的研究費每個月都是一萬元台幣而已。可是錢師牽掛着新亞的心卻是永遠的。記得錢師自台北來新亞參加 35 週年校慶，筵席上林院長誠邀他 40 週年慶時再來。我有幸坐近錢師旁（只隔兩個座位），只聽錢師低聲回應着："那時我可能不能來了，如果人死後有靈魂的話，我是會回來的。"聽了使人心感淒酸，但老師愛新亞之心溢於言表。現在老師已逝，一切希望和想法已成泡影。所幸老師還留下豐碩的寶貴著作，讓我們後輩研讀學習，老師的學術思想將永垂不朽。錢師在經、史、子、集各方面的宏言儻論和卓越見解，我們後輩當謹記勤習，使中華學術文化日益發揚光大。

　　過去數月來，與上述諸學兄茶聚中，當我提起想把錢師的"講學粹語"出版時，學兄們均表贊同。於是浩潮學兄要我把這些擬出版的資料盡快交給國燊學兄評閱。包括錢師的手札以及講學粹語和多篇對錢師生平的報道，連我曾在《信報》刊載過的"歷代人物經濟故事"和錢師講述的"中國經濟史"兩個專欄作品也一併送審，國燊學兄又請毛永波先生一起來研商何者可先出版。憑永波先生的卓識和銳利目光，認為多年前友人周淑屏小姐在壹出版刊印的《中國經濟史》，已缺售十餘年，但該社已不出版學術書籍。因此錢師《中國經濟史》之得能重見天日，實在衷心感謝國燊學兄之重視及永波先生之識見。也要感謝編輯經驗豐富的張宇程先生。他將錢師講述的中國經濟史，準確編排了朝代，訂正了在報章作專欄刊出時的一些疏誤，成為一冊相當完美的學術與知識兼重的歷史書籍。也感謝尚學中心的王龍生兄，為此書影印文稿付出了很多精力。

　　最後，希望愛護本書的讀者不吝提出寶貴的意見。

葉龍於香港、九龍 2012 年 10 月 26 日葉龍博士自 1953 年畢業於協同聖經學院後，以同等學歷入讀新亞書院哲學教育系，繼而考入新亞研究所，由錢賓四師指導，主修中國哲學，得碩士學位。繼而一面教學，一面兼讀學位，計獲中文大學乙級榮譽學士學位（主修歷史）及教育文憑（主修中文），後又獲香港大學哲學碩士及哲學博士（均主修中國文學）。

葉君曾執教於香港大、中、小學各七間。歷任教師、講師、主任、教授及校長，計共 45 載。所教小學有至正、竹慶、沙螺洞、崇正、新會、信義及聖十架等校；中學有協同、李賢堯、劉金龍、聖母院、嶺東、培中及能仁等校；大專有東南、廣才、華僑、遠東、中大新亞、嶺南及能仁（含兩研究所）等校。服務較久者計有協同、劉金龍各四年；李賢堯任中文或中史科主任共 12 年，直至退休；繼又受聘任私立能仁書院院長兼文史、哲學兩研究所所長達九年。葉君服務於新亞亦為時頗長，計任中文系兼任講師達七年，並任新亞研究所助理研究員達六年，其間由錢賓四師指導，研究唐宋及桐城古文。

主要著作有《桐城派文學史》、《桐城派文學藝術欣賞》、《中國古典詩文論集》、《孟荀教育思想比較》、《孟子思想及其文學研究》、《王安石詩研究》、《中國歷代人物經濟故事》及《中國、日本近代史要略》等，以及參加兩岸三地國際研討會論文數十篇。至於錢賓四師《中國歷史研究法》一書，亦由葉君筆錄。

錢穆先生 1956 年出席新亞書院九龍農圃道校舍奠基典禮時在台上致詞。

錢穆院長（右）時兼任新亞研究所所長，於 1959 年 7 月向葉龍頒發碩士學位文憑。

葉龍曾為錢師筆錄多次學術講演，本書亦是由錢師講的《中國經濟史》及《中國社會經濟史》兩課之筆記整理而成。圖為1961年葉君在孟氏基金會舉辦的學術講演上，被委派為錢師講演《中國歷史研究法》作記錄。

錢師晚年，葉龍常赴台北素書樓看望老師。時為 1988 年 8 月，錢師當時已 94 歲。錢師於 1990 年 8 月 30 日逝世。

目　錄

緒　論

　　向來學歷史之人，比較不重視社會與經濟。西方人講社會學亦不過200年而已。

　　所謂唯物史觀，即經濟史觀。西方人認為由經濟形態來決定社會形態，再由社會形態決定一切歷史，遂有社會的分期。唯物史觀、經濟史觀的分期則稱政治跟隨社會，社會跟隨經濟。於是説封建社會是農業社會；資本主義社會是工商業社會；共產主義社會則仍是工商業社會。這可説只是部分對，但東方歷史決不能如此講。

　　西方講歷史的分期相當紊亂。只能分上古、中古、近古等來講。中國講歷史有系統，可按朝代來講，與西方分期迥然不同。因人類歷史演進並不能照馬克思所講的。人類歷史演進有無共同軌道大值商榷。中國人的歷史演進顯然與歐美各國的歷史演進不同。對各民族歷史演進，當用歸納法講，再來察看是否有共同軌道。

　　今日世界之問題，由於不能用政治、宗教等來解決，因此西方人已漸注意到東方的歷史。由於土耳其、埃及等國的歷史不完全，唯有中國的歷史可用來研究人類歷史如何演進，此所以歐美在今日已注意到文化問題。

　　從前西方人認為不信基督教的民族為不開化的、不文明的、野蠻的，因此視中國為半開化的。但今日西方業已改變此種錯誤觀點。未來欲對世界學術有大貢獻的，最好莫如研究中國歷史。

　　今日世界人類已覺醒，各國各民族各有一套自己民族的文化，並不佩服他人的。

　　講人類歷史共同演進的方法，就得用歷史，用科學的歸納法。

　　最古的中國社會非原始共產主義社會，應稱為氏族社會，氏族社會的經濟以農業開始，世界文化的開始莫不如此。

歷史可分通史、斷代史、專門史。經濟史屬專史，如欲學習中國經濟史，最好先能了解經濟與歷史之知識。

歷史注重以史學之觀點方法，作材料之鑒別考訂。如研究井田制，先應鑒別是否古代有此制，是否可信。第二步，即要作出史學解釋，並加以評判。井田制如何產生；影響如何；何以不能繼續於今日；井田制在當時之時代意義為何，此即是史學。

經濟史須具備兩條件：

一、鑒別的方法；

二、解釋其意義及評判其價值。

學歷史前應先了解其他社會科學。研究人文科學是根據歷史材料。中國經濟史長達 2000 年，歷史演進之記載極詳，西洋史則僅數百年而已。

過去中國學者研究歷史之缺點為：

一、史學與經學不兼通。

二、用西洋歷史模式結論套入中國歷史中。如西洋有羅馬奴隸社會，但中國沒有。又中國之皇位為世襲，傳其子孫；羅馬則不然。英國則可傳女兒。故中西歷史大相逕庭，中國之歷史實應讓西方人作參考。

研究農業經濟可分三項目：

1. **生產的經濟**：就經濟價值而言，如種稻、種玉蜀黍(即玉米)等；如各地同類糧食之價格不同。

2. **農村的經濟**：中國農村經濟活動場合中之地位與西洋農村地位不同。中國各地之農村經濟活動亦各不相同。如上海四周之農村經濟活動與湖南省的農村經濟活動不同。又如廣東番禺一縣城自秦迄今，已歷逾 2000 年，從未變動，但就農業經濟生產物的價格來講，則番禺迭有變動。蘇州自春秋迄今亦未變更。城市附近，必有農村，二者之間有密切經濟關係，應同時討論。

   今日中國之城市既非西洋之城市，亦非古封建之堡壘，與西方封建社會模式有所不同。故中國之農村與城市之關係亦與西洋不同。

3. **農民的經濟**：講及農民實際的生活，西方農民是奴隸；中國則為佃農與自耕農。論農民之地位，中西亦不同；至於生產物價格，則中西略同。

　　中國文化是大陸文化，而非海洋文化；是村落的，而非都市的(希臘、埃及之文化其重點在都市)；埃及、巴比倫是平原文化，中國則為高地(陵谷)文化，亦非河流文化。

第一章

中國古代農業經濟初探

一、黍與稷為中國最早農作物

世界四大文明古國 —— 埃及、巴比倫、印度與中國[1]，此四大文明發源地均始自農業。埃及有尼羅河；巴比倫有幼發拉底與底格拉斯兩河；印度有恆河；中國有黃河，因農業發展靠水利灌溉。但中國與其他三國情況不同。

中國農業發展並非單靠一條黃河。埃及、巴比倫、印度三國均處於熱帶或亞熱帶，但中國則氣候不同。再就面積言，埃及、巴比倫小；印度較大，但單純；中國則幅員廣大，氣候土壤等亦南北不同。

中國古代北方之農作物並非種稻麥開始。向來所謂五穀者，即黍稷稻麥粱。再加上豆，則稱六穀；合黍、稷、稻、麥、粱、大小豆、麻與菇，則稱為九穀。但中國最早之農作物為黍與稷。

吾人當根據歷史研究中國最早之農作物。黍與稷為中國北方最早之農作物，《詩經》中即已提到。甲骨文中提及 “黍” 字最多，商代占卜收成好壞，甲骨文中多有 “求黍” 及 “求黍年” 等字句。但未見有 “求麥”、“求稻”。因黍比較粗生粗養，容易種，為商代人之農業主要作物。稻麥為貴品種而難生長，故商代求豐年只求黍，《詩經》中提及 “黍”、“稷” 兩字很多，可資證明。

古代農業發明者有 “后稷” 與 “神農”，“后” 即上帝之意，“后” 與 “神” 均為形容詞。神農姓姜，后稷姓姬，此兩人均在中國西部，何以不稱 “后稻”、“后麥”，而稱 “后稷”，蓋中國最早之農作物為稷也。

甲骨文為盤庚後之文物，為可靠史料。但后稷之史料藉傳說而來，乃由推想而得，但並不一定不可靠。

黍稷有共同之性格，即均為高地農作物。鄭玄曰：“高田宜黍稷，下田宜稻麥。” 今日北京以種麥為主，種麥處即種稻處；南方以種稻為主，種稻處即種麥處。而稻麥需要水分多，故種於 “下田”；黍稷需要水分少，故適宜種於 “高田”。此亦證明中國當時有高地農作物，亦有低地的。

1　也有加上墨西哥者。

二、古人重黍稷輕稻粱

中國五穀之一曰"稷"[2]，"后稷氏"者，"后"為尊敬之意。以上提及不稱"后稻"、"后麥"，可見當時最重要的農作物是"稷"。今山西省有"稷山"；"歷山"亦在山西。

稷為高地旱性植物。中國古代農業偏於高地旱性作物，所以中國古代文化起於丘陵，起於高地，而非起於平原。故稱大陸文化，並非海洋文化。

所謂五穀，即黍、稷、稻、麥、粱；普通說農作物為黍稷稻粱。清程瑤田作《九穀考》，曰："稷者，今之高粱。"此處所稱之粱，即今之小米；黍即北方之黃米。

中國古代農作物由高地開始，是先種(多種)高粱、黃米(即黍稷)，而非先種稻麥。《詩經》云："黍稷稻粱，農夫之慶。"其意乃黍稷在先也。

《詩經‧七月》中，周公述說中國古代農業經濟及農村農民之生活狀況甚詳。此詩雖無說明先種植何種作物，不過可自其下種之日期看出，高粱是在古曆正月下種。稷則可稱五穀之長。此詩中說明春天為蠶桑之時(插秧期)；夏天盛產瓜茄蔬菜；對於稻，只提了一句說："十月獲稻，為此春酒。"此是旱稻，且僅是種少量作釀酒用。酒在古時僅供老人飲用。此詩述說農事極詳，卻不提及種稻之法。

《詩經》、《禮記》、《管子》所記載的，均可證明春秋以前，中國人民主要在山陂陵阪地區種植黍稷等旱地作物。另一證明，古代敬神是取黍稷，因古代人民尊重高粱、黃米，含有重視黍稷過於稻粱之意。

古代有兩種盛載祭物之盛器。一曰簋[3]，為當時第一等盛器；一曰簠[4]，為第二等盛器，但當時祭神以簋盛放黍稷，以示尊敬；稻粱卻放於第二等盛器簠中。

2　稷為高粱之古名。

3　音鬼，內圓形。

4　音富，內方形。

古代祭神，水為最尊貴，酒次之。亦從而可見中國古代農作物是黍稷始。

三、高地農作物反映陵阪文化

晉人束晳《補亡詩》云："黍華陵巔，麥秀丘中。"陵即山地，丘陵也。說明黍開花於山上。四方高中央低者為丘，長江流域的山上有田，可種稻，但在陝西的山上則種麥。此說明了中國農作物有高地與低地兩種。而古代多為高山上之農作物，是旱地作物。

《淮南子》記載："堯之治天下也，其導萬民也，澤皋織網，陵阪耕田。"澤皋是水澤岸邊。陵者，大阜，山無石者，土地高者曰阜。"阪"或作"岅"或"坂"，《詩小雅正月》："瞻彼阪田。"阪田為崎嶇墝埆之處。此處說明在平原之湖泊地區捉魚，在山陂之處耕田，可稱陵阪文化。淮南子為今安徽省人，知古代人民在低地捉魚，在高地種田，可知他懂歷史。

中國古代農作物非用河水灌溉，云旱性之高地作物。如"神農氏"又名"烈山氏"，"烈山"兩字之意義即將山坡上之草木用火燒毀用作肥料，然後下種。可見耕種之地在山上，是山耕，並非用水利灌溉。

中國古代山耕之又一證明：史載"舜耕歷山"（歷通厲），亦是山耕。

《禮記》中載有旱稻，即《內則篇》所記"陸稻"。

《管子》書中記有"陵稻"。陵稻即栽種於山陂高地之稻[5]。

《吳越春秋》云："堯遭洪水，堯聘棄[6]使教民山居，隨地造區。"此處所謂"山居"，是命人民住山上種田。古代高地上種的當是黍稷，而非低地的稻麥作物。

《易經》說："上古穴居而野處。"

5　中國之有稻，可能山地之旱性"陵稻"早於低地之"水稻"。

6　棄即后稷。

《禮記・禮運篇》說："昔者先王未有宮室，冬則居營窟，夏則居橧巢。"窟者穴地。營者指一個個散佈於高地之窟窿。今日的太行山區仍可見在半山地帶有此類穴居。此類穴居並非在平地挖洞，乃在乾燥的山地上挖洞。

公劉之詩云："陶復陶穴。"陶即挖空，在山上挖穴而居，亦即居於山地。

山居與山耕同時。中國此時期之文化，可稱為"黍稷文化"，亦可稱"陵阪文化"。

推想中，中國古代農業，決無水利工程。在古代典籍中可找到證據，證明古代先民耕種與居住均在高地。

《孟子》中記載："當堯之時，水逆行，氾濫於中國，蛇龍居之，民無所定，下者為巢，上者為營窟。"營窟者，環形之山洞也，今日河南省仍有可見。人居住在山洞內，可證明耕地亦在山上。

四、由黍稷到粟麥到稻

中國的文化發源地，最初並不在黃河兩旁，而是在其支流渭水、浦水、汾水與洛水一帶，但這已是後期。因中國最古之文化並非在水邊，亦非在平原，而是在高原上。

故並無西方人所謂在搖籃中孕育出來的文化；亦非如埃及、巴比倫一般溫室中培育出來的花。中國文化乃是在山地上經過日曬雨淋，培育出來的並非花，而是松柏。即使是花，也是梅菊之類。

春秋以後，一般仍然以高粱為主要糧食。

《論語》說："飯疏食。"疏，即麤，粗也，意即吃高粱之粗飯。此點亦有考證。《禮記・玉藻篇》云："稷食。"意以高粱為主食。

《左傳》曰："粱則無矣，麤則有之。"粱指小米，麤指高粱。

孔子"食夫稻，衣夫錦"，說明孔子當時以稻米為主食，生活已很講究。

《戰國策》云："東周欲為稻，西周不下水。"於是東周人有改種麥者，因為缺水之故。此乃時代環境造成栽種作物之不同，故農業經濟狀況亦因之而異。

中國古代農作物之分期：

1. 第一時期為黍稷時期，此乃指西周以前；
2. 自春秋至戰國：主要之農作物已漸由黍稷而為粟麥，可稱為粟麥時期；
3. 最後，則為稻米時期。

第二章

上古時代的井田制度

（公元前 770～前 221 年）

一、古代井田制度沿自封建

中國古代的井田制度，一直以來，聚訟紛紜，莫衷一是，無法得出一個結論來。通常一般人研究井田制度之主要參考書有下列數種：

1.《孟子》；

2.《周官》[1]；

3.《春秋·公羊傳》[2]；

4.《漢書·食貨志》[3]。

孟子時，井田制度已不存在。由於《周官》為戰國末年晚周之書，此時井田制度破壞已有二、三百年。故《周官》亦不可靠。商鞅在秦變法，以中國東方之制度去西方實行變法，但此時東方早已變了。

所以，欲研究井田制度，上述四種古籍已不可靠，應找《孟子》以前之史料。

戰國之時，孟子之時均已無井田制，故此時講井田制已無憑據。胡適之先生謂並無井田制度，然而並無證據足以證明其說。

講井田制，宜根據鐘鼎文講，不過單靠鐘鼎文，材料不夠。

總之，井田制度乃跟隨封建制度而來。

何謂封建？中文之意，即“封土建國”。

“封”者，《周官》云：“制其畿疆而溝封之。”意即由大司徒圈劃一塊土地，在土地之四周築以水溝而成封土。

凡封國，即封其四疆（如封信、封門一般），將溝中挖出之土築成圍堤，堤上植樹，使人不能越過，謂之“封”。

1　《周官》即《周禮》，為戰國末年晚周之書，屬古文學派。

2　《公羊傳》為何休注，屬今文學派。

3　《漢書·食貨志》近古文學派，東漢班固講食物、貨幣等。研究中國經濟史應多參考此書。

聚集土曰封，“封”者，界也。

又穿溝出土於岸，而皆為封，封即起土界也。

“國”，就是城圈之意，猶如西方之“城”（City），中國古代之城與西方相同。

中國古代之城散開而並不毗連。“國”與“國”之間為遊牧之人所居，謂之“戎狄”。古代封建時期，農、牧之民兼有，直至戰國時土地大加開發後，大部分人民才以農業為主。

遊牧之民無宮室城郭，便是戎狄，其他則為耕織之民。華夏為防禦遊牧人入侵，故築溝建牆以居。此耕織之民便是華夏。其實，華夏與遊牧，均為中國人，不過遊牧是流動四方的牧民，華夏是固定居住的農民而已。其不同只在文化生活方面。

故封建時期，可稱之為“農民集團的武裝墾殖的活動時期”。昔年蔣百里先生[4]亦同意此見解。

西周時代的封建，其實是一種耕稼民族的武裝開拓與墾殖。這種華夏的耕稼城郭之國，在西周以前就有。

西周亦無法將之除滅，便任其和平共存；這些小城邦亦無法與西周匹敵，便承認西周為共主，遂以天子之禮事奉之。

西周初期，這種錯落散處的城邦從幾十個擴展到一百幾十個，各在其城圈之內耕種農作物，與城圈外之遊牧部族本可相安無事，但遊牧部族乘城郭諸邦有事時便來侵擾，使城圈內之諸夏懷有戒心，便趁封建勢力擴大後，將遊牧人驅逐至塞外或山上。

由上述可知，中國古代農業區是分散的，一塊塊的。分別為墾殖區，各不毗連相關，可稱為小規模的農業分區開墾。

古代最大的侯國，其國土面積佔 100 方里的已算是大國了。城與城（即

4　編按：蔣百里（1882~1938）是近代軍事理論家、陸軍上將。其女公子下嫁中國著名物理學家錢學森。近年已去世。

所謂國與國)之間相距約 50 里。此 100 方里之地裏面包括有城郭、村邑、山林、池澤、耕地及棄地，並不能完全用來作耕地用。即使全部可墾殖作耕地的話，亦不過可劃分成一萬塊井田面積，合計約 900 萬畝土地面積[5]。根據《周禮》一書的記載，當時黃河流域一帶已滿佈田地了。

二、井田制的變遷

按照《春秋・公羊傳》所說，所謂 "井田"，"井" 是一灌溉單位，八家共用一井。一口井之水量可用來灌溉一井的田地所需。一井的土地，即中間一格 100 畝屬 "公田" 外，其他每家 100 畝，共九格。但偶然亦有少去一、二格或多出一格者。

老子說："雞犬之聲相聞，民至老死不相往來。" 因老子非歷史學家，其實古代村與村之間相距甚遠。

約言之，井田是在小城圈之內，在封建制度下的小規模農業經濟。

一個侯國之內，有君、卿、大夫、士等多個等級，各可分得相當於其地位的應得土地，所以百里大侯，所分到的地也不算多，等於後代的一名業主，由各大小封建主將土地分配給農民(佃戶)耕種，但土地權則仍屬封建主。

封建制度下之封建主將土地分配給佃農，是公平的，並無偏多偏少。故封建制度下之農民並無兼併，亦無貧富之分。

《左傳・宣公十五年》(公元前 594 年)云："初稅畝。" 此條說明首次向農民收取農田稅，卻也間接說明了不徵收田稅時的貴族必有別的生活來源，此實乃井田制度。因封建時代，貴族均靠農民而生活，便是依賴井田制度而獲得公田之收益。

《春秋・公羊傳》解釋："初稅畝" 即是 "履畝而稅"，便是有一畝地，收一畝稅。

5　古代之 100 畝相當於今日之 25 市畝。

又《春秋·穀梁傳》言："古者什一，籍而不稅。"籍是"借"的意思，亦有"助"的意思。

又説："井田者，九百畝，公田居一。私田稼不善，則非吏；公田稼不善，則非民。"意即私田收成不佳，則錯在官吏；公田收成不佳，則錯在人民。這裏所提及的"私田"和"公田"，即將一塊土地劃分成井字形的方塊，即中間的一塊為"公田"，其餘八塊則為"私田"。

"初稅畝"者，即取銷"公田"，將田按畝而稅，收取十分之一。

其實，"初稅畝"以前的井田制度，即"私田"由封建主借給佃農，但佃農得替封建主種"公田"，平心而論，這種制度，比羅馬的奴隸制度平等得多了。

在井田制度時代，由貴族，即當時之封建地主派農業指導員負責協助扶植農民，在管教上之態度不能稱為主人與奴隸間之從屬關係，故有説私田收成壞責備官吏（農業指導員）；公田收成壞則責備農民。當時之井田制，"私田"由每家佃農各自耕作，"公田"則由八家合耕之。

當初推行井田制度時，情況理想。《詩經》中也有"雨我公田，遂及我私[6]。"的詩句。漸漸地，農民萌生了尼采之哲學思想，大家不再勤力耕"公田"了，因此把"公田"廢去，一律變為"私田"，不再有"公"、"私"之分，均改為徵收十分之一的稅。

綜上而言，土地所有權觀念之改變，乃由賦稅制度之改變而來。西方專門講革命，注重訂規則；但中國則永無革命，中國之進步並非由革命而來。

《孟子》有云："夏后氏五十而貢，殷人七十而助；周人百畝而徹，其實皆什一也。"《孟子》書中所提及的"貢"、"助"、"徹"，均為古代之三種徵稅方法。

《孟子》中引《詩經》云："雨我公田"，《孟子》中又提到"惟助為有公田，由此觀之，雖周亦助也。"孟子時上距周代已有 200 年，《孟子》書中提

6　私即私田。

出上述三種稅收方法，認為"助"法最佳，"貢"法最劣。"貢"法是取數年來收成平均數照收十分之一；由於收成之好壞每年不同，收成好時有盈餘，但荒年連肥料費都不足，故"貢"法不好。"助"法是隨年歲好壞而收稅，對農民有利。"徹"法是永遠固定收取十分之一，不過每年要調查田畝。後來"貢"、"徹"二法並用。每100畝徵收七擔，收成好並不多收，壞則可報荒，所以租稅制度很合理。

有"公田"、"私田"制度時，即有"還田"與"授田"，所有權屬於貴族，廢除此制前，當時分田公平，這是為要均勞逸，為要使"公田"有適當的照顧，但自廢除此制後，農民便可多耕殖土地，便是要"盡地力之教"。

根據《漢書·食貨志》所載，戰國初年，李悝為魏文侯作盡地力之教，以地方百里，提封九萬頃（即百里平方）。當時封的大國面積為100方里，除去三分之一土地的山澤邑居，其他則可闢為600萬畝田，完全耕作，謂之"盡地力"。預算農家有六萬戶，此處所論及之"盡地力"，是尚在格子線以內，仍在以100方里為中心的單位中。

後來商鞅在秦孝公時廢井田。《史記》載曰："為田開阡陌封疆，而賦稅平。"此項記載，至南宋朱子作《開阡陌辨》從此800年來遂成定論，一定至今。

"開"者，設置之意，或原來是牆而新開設一門之意。有人說商鞅廢"井田制"而開發"阡陌制"，朱子以為不然。原意是，井田制是有阡陌，阡陌即是大田岸，後來沒有阡陌了，即衝破了格子線而已。

百畝之田之格子線謂之封疆，封疆猶如大圍牆，為古代貴族封建分割性之主要標誌。封疆內之地便是井田，一井與另一井之間是隔了相當距離。井田的格子線一被衝破，政治上的封建制度亦隨即被衝破了。

井田制度之所以要劃成一方方的格子，乃是因為外防敵人，內以方便平均分配。

《戰國策》中蔡澤有言："決裂阡陌，以靜民生之業而一其俗。""民生之業"即是指農民之耕作。按照朱子的解釋，有阡陌時即是當時有井田制度。

農民所耕種之田地仍得歸還封建主。但廢除阡陌後，農民不論種多少田地，只繳賦稅，土地已變成私有，民生便安定了。由此可證明井田制度是有的，歷來以朱子的解釋最為適當。

所以，《左傳‧宣公十五年》（公元前 594 年）所記的"初稅畝"，以及《史記》所記載的"開阡陌封疆，而賦稅平"，都證明了中國古代有井田制度。

三、商鞅為何廢除井田制？

商鞅所以要廢除井田制，原因之一是當時有田畯查田，得悉農民多耕少報，挖少田岸[7]。因此商鞅遂把阡陌（即大田岸）破壞，井田制度亦因之而廢除了。且當時在政治上已由封建制度變為郡縣制度，因此很自然地可以把大田岸大圍牆加以剷除，遂化成大整塊之農田。

此外，尚有促成廢除井田之其他原因，如有些地區土地狹小而人口密集。《左傳‧襄公三十年》（公元前 543 年，此時孔子出生）就有記載道："子產使都鄙有章，上下有服，田有封洫，廬井有伍。從政一年，輿人誦之曰：取我衣冠而褚之，取我田疇而伍之，孰殺子產，吾其與之。及三年，又誦之曰：我有子弟，子產誨之；我有田疇，子產殖之。子產而死，誰其嗣之。"這說明了鄭國地狹人稠，因此將井田格子線破毀，由子產加以整頓，使"田無封洫，廬井不伍。"

又一原因，是由於當時已發明鐵器耕田。《孟子》中記載了"許子以鐵耕"之事實。因有鐵器耕田，農民便有能力墾殖較大面積之土地，便不必再受格子線之束縛。又如春秋晚期已有牛耕，《國策》記載"秦以牛田，水通糧"；孔子弟子中有名司馬耕字牛者，亦為一旁證。進入戰國時期，牛耕更盛。

又一原因是戰國時代水利工程專家輩出，如魏文侯時有西門豹；魏惠王時有白圭；魏襄王時有史起；秦孝文王時有李冰；秦始皇時有鄭國。灌溉工

7　"挖少田岸"即"與岸爭地"之意。即把一部份田岸當作耕種的土地。

程興建完成，灌溉比以前方便，因而可照顧到更廣闊的耕地面積了。

除上述原因之外，還有一個原因，即稅收制度改變而使井田制不能持續。

井田制是一種公田制。一塊大約一方里的土地，劃成井字形般 900 畝田，中間的 100 畝為 "公田"，由八家共耕；其餘 800 畝 "私田" 配給八戶人耕種，公田的收成歸封建主，私田則歸農戶自享。

初期的農民性情純樸，勤勞地為地主耕作 "公田"，對自己的 "私田" 反而看為次要。但這些井田之所有權全屬於貴族封君。即所謂："四封之內，莫非王土；食土之毛，莫非王臣。" 由於八戶是助耕公田，才可享受私田的收穫。正如近代有人為富豪看守墳墓而獲耕食墓田，實是一種僱傭性質。

當時之封建地主特別設置農稷之官，用來教導協助農民如何辨別土壤，如何選擇種籽，並經常巡視田野，督導農耕。由於農民智慧低，故須勤懇教督，加以扶助，如叛離主人，則易受城圈外之夷狄之侵擾，使全家不能安居樂業。因此貴族與農民可以相安無事，平安度日。

直到 "履畝而稅" 開始，稅收改為視田畝之實際收成所得而抽取固定之比率。此即《孟子》書中所說之 "徹" 法。井田制度遂完全被破壞。

井田制度是一種隨封建制度而產生的政治制度中之一環，並非社會經濟形態，是中國周代有統一的封建制度後而產生的，決非郭沫若所說的原始共產社會，然而由於周代常搬遷，故可稱之謂 "農業社會武裝的殖民開墾"。

四、"轅田" 制度 —— 農民交換耕田

春秋時，曾實行了下列一些賦稅制度。

《左傳》記載，魯哀公十二年(公元前 483 年)開始實行田賦之制。此時已較 "初稅畝" 時遲了 91 年。

當時的賦稅之種類大致上有下列幾種：

1. 田租：農民種 "私田"，向地主繳納田租。
2. 田稅：農民種 "公田"，而向政府繳納田稅。

3. 田賦：自實行"初稅畝"91 年後開始。

當時尚有一種賦，是農民納稅之外，遇戰爭時便向農民徵用運輸車輛及牛，並擔任力役。但農民並非正式軍人，只是軍中之附隨，亦無正式編入軍隊中之權利與資格。戰爭時期，農工商賈照常經營，不受影響。

《國語》中記載："先王制土，籍（助也）田以力，而底其遠近；賦里以入，而量其有無；任夫以力，而議其老幼。"此處所言之"賦"是徵收草物，"任"即"任力役"。

晉國時曾開"爰田"制，因晉國在黃河之北，地大人稀，是謂"寬鄉"。一人可耕 200 畝，亦可輪番耕種。

《左傳・僖公十五年》（公元前 645 年）說此時晉設"爰田"。"爰田"即"轅田"，轅者，易也，有更調之意。"轅田"即為了農民所獲利益均等而有交換耕地之舉。

秦孝公時亦曾作"轅田"。《漢書》有記載，大意是秦孝公用商君制轅田（制是割、劃的意思）。故商鞅自魏去秦而破棄井田，而作轅田，農民甚喜。

《周禮》將田分為三種等級：

1. 上田（上品）不更易，一年一墾。
2. 中田（中品）一年交換，三年一墾。
3. 下田（下品）交替輪耕，三年一墾。

何休云："肥饒不得獨樂，磽埆不得獨苦，故三年一換土易居。"

另一種說法是："周制三年一易，以同美惡。"

"商鞅始割裂田地，開立阡陌[8]，令民各有常制。"

又有一種說法是："三年爰土易居，古制也，末世浸廢，商鞅相秦，復立爰田，上田不易，中田一易，下田再易，爰自在其田，不復易居也。"此是輪耕制。

晉國在黃河以北，地大人稀，乃是"寬鄉"，故開爰田制。

8　錢師云：此句意思有錯。

“魏氏之行田也，以百畝，鄴獨二百畝。”可見此時期之土地制度以 100 畝為單位。

以上是人口少土地廣的“寬鄉”，行的是交替輪耕的“爰田”制。但如《左傳‧襄公三十年》所載，子產管轄的地區地狹人稠，施行的則是“狹鄉”制度了。

五、井田制與西方莊園不同

西方的“Manor”（莊園）乃西方貴族的領地[9]。中國人稱出現在“莊園”為在唐朝以後。此種西方的“莊園”是大塊的、開放的、無界的，即無阡陌的。在此大面積的田中，有很多農民耕種，相當於中國古代井田制之“公田”，但無“私田”。一個“莊園”，等於一個社會單位，用簡陋方法耕種，到 18 世紀時，西方此一公田制度取消了，遂用新法耕種。

西方用莊園的耕地方法約實行了 1000 年，卻與中國的井田制度剛好相反。井田制有格子線，但西洋中古時期的“Manor”，是大塊的耕地，由農民合作公耕，農民是附屬於土地，是謂“農奴”。土地主即貴族，耕作粗簡。到地主階級取消，有了自耕農，於是將土地分割給各家自耕，土地轉讓給農民自己。但中國的井田制是把土地劃成井字形，農民並不附屬於土地；土地所有權雖是貴族的，但農民並非農奴，所以中西兩種制度大相逕庭。蘇俄今日有集體農場，因其距沙皇封建時代不遠，故仍有大規模莊園制，此乃與中國大不相同。

中國井田制有格子線，後來此格子線被破壞；但西洋時期之莊園並無界線；自 18 世紀西洋封建莊園制破壞後，土地有了分割（劃分），此亦是與中國井田制截然不同之處。

9　《牛津辭典》譯為“封建制度下貴族的領地；采地；采邑”。西方此種土地部分為貴族自用，其餘租給佃農耕種。

　　西方的莊園，土地是農民無份的，分不到的，是謂封建農奴制度。原始共產社會是土地公有，大家沒得分的。今日的共產政府是無產階級專政，土地權屬政府所有。代替無產階級統治的政府，可謂統一封建。

　　原始社會是大家有份的；封建社會、資本社會均是大家無份，屬於一人的。但中國貴族較西洋的好，因為是講人情。如中國將來有資本主義，可能亦比西洋的為好。

第三章

封建時期的工商業
（公元前 770～前 221 年）

一、工商業的興起

從井田制度衝破格子線後，發展到山海林澤。農業生產由黍稷到稻麥，再而到桑麻興起；鹽鐵、水利、紡織等工業亦隨之而發達。工業一展開，商業亦就開始，運輸業亦隨之而開始興旺起來。

古代運輸用車及船。船用舫船，以兩船相並，亦有作渡船用。一條舫船可裝載 50 名戰士及三個月食用糧食再加上軍隊的武裝，已相當大了。秦以後更有樓船。舫船是加闊；樓船是加高。民間砍伐山上大樹造船作為運輸工業之用，與鹽鐵、紡織、水利等工業，均可稱大工業。西方的工商業發展，亦按部就班而來，無不如此。

近代西方人與東方之印度做生意，專收購胡椒等香料；因西方人每逢冬季有數月停止畜牧業，須用香料醃肉防腐，使冬天有食物，而印度香料價賤，西方商人因之而發大財。

戰國時期，煤鐵、棉花、交通運輸、紡織等均為重要之大工商業。孟子所說"五畝之宅，樹之以桑"之時，其實尚未具備商業性，稍後才有商業。

農田以外的山海林澤，謂之新生產。如林礦生產再加上手工便是。農業是先加手工；工業是後加手工，如砍大木燒成煤炭。伐木捕魚，收益比種田好。戰國時代才有真正的民間商業。春秋時並無商人工人，但稱為"工商食於官。"其時的商、工人員是由政府所養，是世襲的。其生產品有限，職業並無自由，均由家族相傳，分為"輪氏"、"車家"、"鮑家"、"皮家"等，至今尚有鹽戶之業。故古代只有國家養的工商人；只有國際商業[1] 而無國內工商業。

今日的共產主義其實是復古，並非打倒古制。因共產黨不讓私人經營，由政府主持交易買賣；共產黨統治之區無窮無富，惟有共產黨是高一等級，此之謂復興封建。

1　"國際"指侯國與侯國之間。

二、戰國時代的商業大都市

　　戰國時有商人；春秋時並無商人，當時雖有弦高，不過是國家所派遣，並非貿易，而是送禮。子貢是外交家，被派到各國時帶了黃魚等山東土產到江蘇出售，因此發財，稱為貨殖，即以物易物而有剩餘之得。子貢是走私，由一國至另一國，是國際性的走私。

　　商人中如陶朱公（范蠡）、白圭、呂不韋等均為大商人。范蠡佐越破吳後，於是改姓名遊江湖，到齊國時，改名鴟夷子皮；到陶後，改為朱公，居19年，三致千金。他是在齊、魯等國東西交通要道地區經商而發財。其子孫經營得法，遂成巨富。

　　魏國的白圭，善觀周遭環境，能夠適應時勢。曾說："人棄我取，人取我與。吾治生猶伊、呂之治國；孫、吳之用兵。"因此生財有道。後世經商者皆祖之。

　　戰國時代亦開始出現商業大都市。此種大都市與春秋時代的不同，亦與西洋貴族在堡壘中的不同。中國的是城圈，規模大，內有宗廟社稷；戰國時此種城圈即具有商業性，如齊國京都臨淄在戰國時即成為大商業城市。

　　《史記》記載："臨淄之中七萬戶[2]。臨淄甚富而實，其民無不吹竽鼓瑟，擊筑彈琴、鬥雞走犬、六博蹋鞠[3]者。臨淄之途，車轂擊，人肩摩。連袵成帷[4]，舉袂成幕[5]，揮汗成雨。"足見當時人民生活之繁榮。此為井田制度時代所沒有的。

　　臨淄是舊的都市，邯鄲則為新的都市，後者更為熱鬧繁榮，猶如30、40年代之上海一般；孟嘗君時之薛城亦為一大都市，人口有六萬家，近20萬

2　　七萬戶約有 20 餘萬人口。

3　　即指音樂、運動等項之表演。

4　　指男人之裙成帷。形容人群眾多。

5　　袂指衣袖。全句指行人擠擁狀。

眾。此時人民一面衝破格子線(疏散)，一面卻往大城市跑(集中)。所以蘇秦說：「大王之地方千里，地名雖小，然而田舍廬廡之數，曾無所芻牧。」意即所有的土地，都成了商業區，連放牧牛羊的草地都沒有了。猶如今之江浙地區一般，於是人口、職業、制度，都起了變化。故戰國時期成為工商業最旺盛的時期，但此時亦發生了新的問題。以上便是戰國時代的經濟形態。

由於戰國時代工商業之發達，以前以物易物之商業交換方式已不足應付，貨幣之使用與流通遂成為戰國之另一新形態。

根據《左傳》記載，春秋時代列國之間，或君臣之間互相饋贈、賂遺，甚至贖罪、納歡，都不是用金錢，而是用禮物，包括車、馬、錦、璧、鐘、鼎、寶玩以至美女、樂師為止；絕無用黃金貨幣相贈送者。如有的話，要自戰國開始。據《六國表》記載，秦惠文王二年才開始發行錢幣。此時距離春秋末年已有 155 年。

不過，當時東方的一些國家，如齊國、燕國的刀幣；韓、趙、魏三國的布幣，以及楚國的鬼臉錢已早於秦國在市場上流通矣，直至今日，出土的仍極多。而秦國是繼東方諸國之後發行錢幣而已。

綜上所言，從春秋到戰國是中國史上變動最激烈之時期，無論政治、社會、經濟、學術，都起了大變化。經濟方面主要的是從貴族御用工商及貴族私有的井田制而轉變為後代的農工商兵的自由業，遂使戰國時代有了一個前所未有的嶄新面貌。

三、封建崩潰與郡縣興起

封建制度之崩潰，並非單純的打倒就算了。也並非一個力量被打倒，便馬上產生新的力量，而是漸進的。這在西方制度亦然。

封建制被破毀的明顯特點便是衝破了格子線。封建時代農民與牧民混合雜居，如今格子線一被衝破，亦即封建制度崩潰之日。《左傳‧春秋大事表》等篇中已有記述。

春秋時代約有 150 餘個諸侯國家，亦即 150 多個城圈。在城圈之外再築城，即是衝破格子線。春秋 240 年中，所築新城 49 座，其中魯國築了 24 城。因春秋為魯國歷史，故描寫他國史事者較少。晉國之虎牢在鄭州，地處黃河之南，已證明築城在格子線之外了。

總之，春秋時築城甚多，以後日漸擴充建築在格子線之外。

從春秋到戰國，已有郡與縣[6]。造在遠處的稱"縣"。縣者，懸也，即懸於格子線之外之意。此乃封建崩潰，郡縣興起之情況。

所謂"封建"者，古語有云："名山大澤不以封。[7]"證明"封建"是農民的武裝墾殖。到了一地，圈地耕作，其外之地不管，正如香港、澳門之間的一些荒僻小島無人管理一樣。

封建格子線衝破後，人民便跑進名山大川，便有新生產事業興起。最主要者為鹽、鐵，因鹽、鐵乃家家戶戶必須食及用之物。例如春秋時代，"戰爭"是貴族的專利，諸如戰車、甲冑的製造、戰馬之飼養、戰爭之參與，皆由住在城圈子內的貴族所包辦，平民無權參與。

如《左傳‧莊公十四年》記載，是楚國開始用戰車之始。據《考工記》的記載，有兵車戈殳戟矛四等。又《吳子圖國篇》所記，當時用的長戟二丈四尺，短戟一丈二尺。證明這些甲仗兵器都不在民間。又如《左傳‧昭公四年》所記，鄭國作邱賦。成公元年魯國作邱甲。皆是一種額外增賦，用來製造甲仗兵器，但仍然是貴族另聘專匠製造，亦非民間自造。

四、封地與私產的界定

當時的農民除了耕種井地以外，"普天之下，莫非王土。"一切山林池澤湖泊，均為貴族采邑，如《周官》記載：當時有看守山澤禁地的"跡人"和"囿

6　秦始皇以前是郡小縣大，秦始皇時是郡大縣小。

7　即如泰山、太湖等不能封給國家。

人”；至於《齊語》中也記載有“山虞”的官，澤有“三衡”的官看守；《晏子春秋》也提到山林中的樹木有“衡鹿”看守，澤湖中的蕉蒲有“舟鮫”看管。藪中之薪，有“虞侯”看守；海裏的鹽蜃，有“祈望”看守。

因為山澤林藪都是貴族封地的私產，《孟子》中所稱“文王之治，澤梁無禁”；晏嬰所謂“山林陂澤，不專其利”，都是一種理論而已。事實上，人民是不准踏入這些山澤禁地的。直到封建制度崩潰以後，農民遂漸漸離開他們的耕地，侵入了山林澤海地區，尋求他們的新生業，貴族已無法阻擋。

《左傳‧昭公二十年》記載，鄭國子大叔派兵攻擊闖入水澤的萑苻之盜，但攻之無效，仍不能禁，遂只好採取增加一項新的徵收稅。本來視農民為盜賊的，現在不得已而加徵一項商業稅一類的名目，其實就是“徵誅”。古人所以看不起工商業者，便是一開始視經營工商業者為奸利之人，其因在此。直至今日，這種傳統的老觀念，在有些人的腦中，仍或難免。

從此，不少農民離開他們的耕地，去從事各種不同的新興事業。因此民間工業大為進步，無形中也促進了自由商業的興起。於是人民可以開礦採鐵，自鑄兵器，甚至鑄錢；於捕魚、煮鹽、燒炭、伐木等種種新生產事業，皆由農民侵入禁地後應運而生。

五、經濟興旺靠水利陸路

踏入戰國時期，開始有大規模的水利河渠興修。此時期已是稻麥生產重於黍稷生產，已進入稻麥時期了。為了生產稻麥，所以要大興水利，可見稻麥已日漸重要。

在歷史上，西門豹、白圭、李冰等可説是遊民，但李冰在成都灌縣督導興建大規模的水利工程，後來當地人民建“二王廟”以紀念李冰父子功績。上述諸人對水利建設都立了功。又如鄭國渠，是韓國建議秦國建造。於是“沃野千里，號為陸海”，秦國因而大富。

《周禮》溝洫制中説，井田制是具備大規模水利的一種制度，此説不可信。但當時已有相當的水利興修，則為事實。

《周禮》又載曰："遂上有徑；溝上有畛；洫上有塗。澮上有道；川上有路。"

"遂"為二尺寬，其人行道曰"徑"；"溝"為四尺寬；"洫"為八尺寬；"澮"為16尺寬；一"川"為一萬家地，為900萬畝，其大水田曰"川"。"徑"上可跑牛馬；"畛"上可通行大車；"塗"上可跑乘車[8]；"道"是雙道，同時可並行通過兩乘車；"路"大約二丈寬，可同時並行通過三乘車[9]。

以上為《周禮》書中之講法，可見當時水利興修與陸路建設已初具規模。《周禮》出書於戰國末年晚周時代，其時已有大批農田出現，先衝破了格子線，山川也開發了。種植稻麥需要較多水利興修。

接着，可稱為第三農業經濟的桑麻事業興起了。桑麻生產事業最興盛的要推當時的齊國。齊有"冠帶衣履天下"的美譽。即當時全中國所穿戴的衣、帽、帶、鞋均是齊國產品。古代"抱布貿絲"是一個商業行為。當時齊、魯地區，千里之地，極目遠望，遍植桑麻，其絲麻織物，足供全國人穿用。人吃米麥有所限量，但衣着卻可奢侈些，衣服可多做幾套。此為孟子時期所無；這是孟子以後的事了。

新生產事業，諸如煮鹽、採鐵、紡織、水利、捕魚、鑄錢、伐木等，在《左傳》中是沒有的，乃是封建制度被打破後的新生產、新經濟。

8　古代乘車乃用四匹馬拉。

9　秦始皇時築馳道、驛路亦有二丈寬。

第四章

秦代經濟
（公元前 221～前 207 年）

一、秦代土地兼併及土地私有制

封建制度崩潰後，戰國時代進入新經濟形態及新的經濟情況；到秦漢時，其經濟情況與經濟政策又繼戰國時代而有所發展。

封建社會時有上層的貴族和下層的平民。貴族在政府階層，平民在社會階層。但此時的社會大體上是平等的，因當時之井田制度，實是一種均田制度，並無你貧我富的現象。

封建社會時的人民所以造成不自由，是因為農民必須跟隨地主所分配的田地，不能另闢土地；工商業人士則必須繼承上一代的職業，世代相傳，無法改變。彼等均以服侍貴族為職志，不能另轉職業，故依賴性甚強，自無法自由隨意地去發展原先固定職業以外的業務。

封建制度破壞後，土地開始可以兼併，或用暴力強佔，或用錢幣收買。亦有了可自由經營的工商人士；有了貨幣，可以自由交換貨物；一切工業生產物均有一定的經濟價值。

社會上造成貧富不均的原因，是因為從事農耕的人，在格子線破壞後，便把空地、路徑、水澤都闢為耕地，土地又可以兼併，又可以侵佔。《孟子‧滕文公》云："暴君汙吏，必慢其經界。"由於地主可以增加租稅，也不加禁止了，反而加以鼓勵。一面以貨幣收買土地，因此從事農業生產的人，也有了貧富之分。

社會上又有了可以自由從事工業生產的人，有的獲利極高；亦有了商人，可以用貨幣自由交易商品。他們以低價買進，以高價賣出，商人藉着此種商業行為而獲利。因此秦以後的社會中，其平民如農、商、工各種職業的，亦多有成為富豪者。按諸事實，自戰國時起，中國已是一種四民社會。除了上述農、工、商之外，尚有一種"士"，《論語》中云："學而優則士"，此種"士"乃西方社會所無。亦非中產或有產階級，卻是社會上的領導者。此種讀書人有其流品，乃經過考試而任官，與貴族的世襲社會絕不相同。中國的政權，亦可稱為士人政權。

　　中國人可以說具有任何宗教，也可說，甚麼宗教都沒有，以"士"領導人民，使人人奉公守法。總之，中國可說是四民社會，包括宗教、政治、經濟、社會。教主是孔子，教育出很多士人來領導此社會，而士也成為四民之首。

　　秦始皇時明白肯定的廢封建，定郡縣，是一項極為進步的政策。當時丞相王綰就主張冊封始皇諸子於荊、齊、燕邊遠之地，以鎮服剛被平定之諸侯。

　　當時任廷尉的李斯提出反對。始皇認為"天下共苦戰鬥不休"，如要息戰弭兵，決不能再封建。其後有博士淳于越又主張封建，認為要師古非封建不可，又為丞相李斯所力斥。始皇認為行郡縣制才可使國家達於永久的和平，實為中國歷史上政體之大躍進，是一種極純潔偉大之理想[1]。

　　始皇三十一年(公元前 216 年)，據《史記・秦始皇本紀》所載："使黔首自實田。"使全國的土地私有制度正式合法化。

　　中國的土地制度演變情形，由古代的井田制，到列國有所改革。如：

齊國"按田而稅"[2]；

晉國"作爰田"[3]；

魯國"初稅畝"[4]；

楚國"量入修賦"[5]；

鄭國"作丘賦"[6]；

1　按：此節論及秦始皇相李斯，其治國功績甚多，但李斯與趙高合謀，破壞了秦始皇駕崩立長子蒙恬為繼承者的遺詔。近人論李斯功罪，莫衷一是。某年去台北拜訪賓四師，當面向師請示："李斯功大抑罪大？"賓四師即大聲答道："罪大！"茲事體大，附筆相告。

2　見《管子・大匡篇》。時為公元前 681~ 前 662 年。

3　見《左傳・僖公十五年》。時為公元前 645 年。

4　見《左傳・宣公十五年》。時為公元前 594 年。

5　見《左傳・襄公二十五年》。時為公元前 548 年。

6　見《左傳・昭公四年》。時為公元前 538 年。

魯國"用田賦"[7]；

秦國"初租禾"[8]。

秦始皇三十一年時，人民可向政府呈報自己擁有之田地。即所謂"自實田"之意，並推行實物稅制。即由此時起，土地可以自由佔有，可以自由買賣。即土地開始合法兼併。《漢書‧食貨志》謂商鞅："改帝王之制，除井田，民得買賣。"又言："及秦孝公用商君，壞井田，開阡陌。然王制遂滅，僭差亡度。庶人之富者累巨萬，而貧者食糟糠。"

連當時的將軍們也莫不有兼併土地的意圖。此即秦始皇時"授民授疆土"的賞賜制度。如王翦奉命伐楚前，向始皇請賜美田園宅便是一例。秦時亦設立軍功爵：如斬獲敵人一首級者，便可"賜爵一級，益田一頃，益宅九畝。"而富者成為大地主，貧者成為向地主租田之佃戶。

二、秦代經濟農工商並重

在歷史上凡敵對的雙方有所鬥爭，往往眼光淺而文化低的一方戰勝眼光較遠文化較高的一方，古今中外莫不如此。

一個文化較高的民族，經濟制度也較為複雜，而且人才分散在各方面，有做官的，有經商的，有辦教育的，有搞藝術的……因此力量分散了，不像文化較低的民族，壯丁不種田而專職打仗作戰，不必分心於其他方面，生活單純。

自古以來文化高的國家往往戰敗。如當時東方之齊國經濟條件最高，而秦國最低，秦因而獲勝。在西方，猶如北方蠻族打倒了文化經濟高的羅馬。

7　見《左傳‧哀公十二年》。時為公元前 484 年。

8　見《史記‧六國年表》。時為公元前 408 年。

今日美國經濟情況勝過俄羅斯，但不一定打得過俄羅斯[9]。又如日本佔領中國，經過八年抗日戰爭，中國終能不亡，中國當時經濟較為落後亦為其中原因。

秦始皇做皇帝後，並不重農而輕工商，而是農工商並重。他廢封建，興郡縣，政治上有進步，度量衡制度也很高明。他不依照商鞅之政策，所行之政策乃近乎東方諸國的經濟思想，重視工商業投資，也不純用法家思想，而含有儒家學說在內。

我們看輔佐始皇治國的李斯經濟思想，即可見其一斑。

琅邪刻石言："勤勞本事，上農除末，黔首是富。"

石門刻石云："男樂其疇，女修其業，事各有序，惠被諸產。"上兩則說明李斯重視農業，提倡男耕女織。

李斯焚書奏說："今天下已定，法令出一，百姓當家，則力農工。"此則力言農工並重。

據《史記·貨殖列傳》所記載，因烏氏倮以經營畜牧業而成巨富為秦始皇所尊重；巴蜀寡婦清因丹穴而致富，始皇尊敬之而為其築女懷清台。

李斯《諫逐客書》中云："今陛下致昆山之玉，有隨和之寶，垂明月之珠，服太阿之劍，乘纖離之馬，建翠鳳之旗，樹靈鼉之鼓，此數寶者，秦不生一焉。[10]"此處說明了秦主張對外貿易開放，各國間物資互相交流。李斯認為應做到"地無四方，民無異國"。這樣才能互惠互利，貨暢其流。

從上述可見，秦代的經濟思想是農、工、商業並重的。

三、秦代的工業發展

秦極為重視水利事業之興建，如"決通川防"。當時齊國與趙、魏以河為

9　錢師開課講講述"中國經濟史"及"中國社會經濟史"時，乃 1953 及 1954 年。當時美、俄國情與今不同。

10　見《史記·李斯列傳》。

境，各自築堤者；又有壅水不下，以害鄰國者，此時一律破毀堤防，打通壅水，整飭各地陂渠，以溉田畝。據《史記·河渠書》所載："命蜀守李冰壅江水作壩，穿二江以通船，灌三郡之田畝，使四川沃野千里，號為陸海。"又《越絕書》載："同起馬塘，湛以為陂，治陵水道到錢塘，越地，通浙江。"此等水利設施，使當時農業生產和交通運輸，獲得極大利益。

秦代工業方面，由於秦統一後之社會趨向安定，工業亦隨着當時農業商業的發展而有所恢復和進展。如冶鐵、冶銅、紡織、造船、建築、製漆莫不皆然。

如**冶鐵業**在戰國時已有可觀之成績。《管子·地數篇》云："凡天下名山五千二百七十，出銅之山四百六十七，出鐵之山三千六百有九。上有丹砂者，下有黃金；上有磁石者，下有銅金；上有陵石者，下有鉛錫赤銅；上有赭石者，下有鐵。"可見中國礦藏之富。秦時已有管理鹽鐵市及徵收鹽鐵稅之官吏。

始皇時，遷移東方豪家 12 萬戶於咸陽，尚有遷往巴蜀、南陽等地者。其中便有大冶鐵商人。如蜀之卓氏，其祖先原是趙人，便是冶鐵致富者，他要求遠遷，遷到臨邛，"即鐵山鼓鑄，運籌策，傾滇蜀之民，富至僮千人。田池射獵之樂，擬於人君。"

又如山東的程鄭，遷到臨邛，亦是冶鑄鐵礦致富，其富足與卓氏媲美。

又如宛孔氏，本為梁人，用冶鐵為業。

又如將魏人孔氏遷到南陽，"大鼓鑄，規陂池，連車騎，遊諸侯，因通商賈之利"。

秦始皇時冶鐵業政策，由民間經營，政府收其稅，撥歸少府，供皇帝使用。司馬遷的高祖便曾任秦時鐵官。

秦代之**冶銅業**，也正如冶鐵業一般，繼承自戰國時代。如傳世的銅鑄兵器，咸陽鑄造的相邦戈，為秦王政五年時製造；上郡製作上郡戈之一，為秦王政二十五年製作。監造者為呂不韋及上郡守，又有"工師"、"丞"等官員負責生產管理。其他重要的銅器生產有權、量、兵符及錢幣"五兩錢"等。

又如始皇收天下兵器，“聚之咸陽，銷以為鐘鐻，高三丈，鐘小者皆千石也。銷鋒鏑以為金人十二”，各重 24 萬斤 [11]。此為一種弭兵理想之實施，亦可見當時冶銅技術已極高，冶銅規模亦已極大。

秦之**製漆**工業亦相當發達，產量亦甚豐。秦二世即位後，欲以漆油漆其整座阿房宮 [12]，並欲“開渠而運南山之漆” [13]。雖受大臣勸阻未行，但亦足見此時產漆之豐富。

秦之**紡織業**依附於農耕之家，男耕女織乃當時農業經濟之特點。當時紡織主要為麻布，除自用外，亦用來出售，絲織業亦相當進步。《史記・李斯列傳》之“阿縞之衣，錦繡之飾”及《貨殖列傳》所記之烏氏倮“求奇繒物，閒獻遺戎王。戎王什倍其償”，文中提及之絲織品名已知出產之絲織物已非常精美。

秦代**造船**工業亦有新的發展。據《史記・秦始皇本紀》及《淮南子》所載，當時已有很多數量之內河船航行於黃河、湘江、灘江、雲夢、長江、錢塘江及汦江之間。至於海上運輸，已可自長江口直達琅邪，從琅邪繞榮成山到之罘。且始皇曾在之罘海面“見一巨魚”，射殺之。當時已可差遣“童男童女數千人，入海求仙人”，可見造船業之發達。

秦代**建築業**也極發達，始皇“每破諸侯，寫放其宮室，作之咸陽北阪上。 [14]”當時咸陽的新建築，實滙集了戰國時各國的營造藝術之大成，並在關中建離宮別館 300 多所。至於建造帝王陵寢，亦承襲了儒家理論，造成中央政府的充實物質外貌，造成全國共仰之新首都。陸賈《新語》曾批評他說：“秦始皇驕奢靡麗，好作高臺榭、廣宮室，則天下豪富製屋宅者，莫不倣之。設房闥，備廄庫，繕雕琢刻畫之好，博玄黃琦瑋之色，以亂制度。”可見當

11　見《三輔黃圖》所記。

12　見《史記・滑稽列傳》。

13　見《括地志》。

14　見《史記・秦始皇本紀》。

時之帝王與民間，已享受着高度之建築技術及雕刻繪畫藝術了。

四、貨幣與度量衡制利商業

秦代商業也隨農工業的發展而勃興。民間自由營業的中小商人也日益眾多。《國語・齊語》記載："負任擔荷，服牛輅馬，以周四方。以其所有，易其所無，市賤鬻貴，旦暮從事於此。"當時的商人，已"能金玉其車，文錯其服；能行諸侯之賄，而無尋尺之祿。[15]"

當春秋戰國時發號施政的大城市，至秦代均兼具了商業大城市的特質。如燕之涿、薊；趙之邯鄲；魏之溫、軹；韓之滎陽；齊之臨淄；楚之宛丘；鄭之陽翟；三川之二周，多數在今河南、河北及山東地區，都成了"富冠海內"的"天下名都"[16]。此外如山東之即墨、安陽、滕縣、定陶；山西之離石；河南之大梁(開封)、南陽；山西之安邑、長子；河南之新鄭；湖北之鄢郢(宜城)；安徽之壽春(壽縣)；江蘇之蘇州；河北之濮陽；陝之雍(鳳翔)、咸陽，亦都是有名的商業城市。

為了發展商業，隨着有史以來郡縣制的創局，秦始皇把戰國時代四分五裂各自為政的舊經濟制度一律取消，而重新建立全國統一貨幣制度和度量衡制度。

中國的貨幣開始甚早，起初使用的不一定是錢幣。它可用貝、龜、珠、玉作貨幣。至春秋末年戰國時才開始有錢幣。如齊、燕主要用刀形錢幣，趙國亦有用刀幣的，通用於齊國臨淄、河北邯鄲等地。

韓、趙、魏三國用的貨幣似布[17]，流行於河南開封的梁、河南安陽的魏及山西的離石。

15　見《國語・晉語》。

16　見《鹽鐵論》。

17　布為鏟形，為"鎛"的假借字，為古代農具之一，亦稱鏟布。

　　楚國用小方塊的金餅作為主幣；輔幣則用海貝似的銅幣，俗稱蟻鼻錢，通行於湖北江陵、河南淮陽等地區。

　　當時各國錢幣不同，猶如今日之英鎊、美元和澳元一樣，使用時換算困難，為求商業上的交易方便，遂使全國用同一種貨幣。

　　《漢書・食貨志》云：“秦兼併天下，幣為二等，黃金以鎰為名，上幣；銅錢質如周錢，文曰‘半兩’，重如其文。而珠玉龜貝銀錫之屬為器飾寶藏，不為幣，然各隨時而輕重無常。”當時幣分兩等，一為黃金，單位是一鎰（一鎰可能重24兩），為上幣；下幣為銅錢，稱半兩錢，為重半兩之環形錢。此時遂將戰國時之各種錢幣因輕重、大小、形式各不相同，遂一律禁用，商賈從此稱便。

　　始皇時亦統一度量衡制。其實秦孝公時，商鞅根據李悝之遺意，已“平斗斛權衡丈尺”，已初步統一度量衡了。不過，至始皇才確立一種定制。

　　據《考古圖》所載《秦權銘》云：“廿六年，皇帝盡併兼天下諸侯，黔首大安，立號為皇帝。乃詔丞相狀、綰，法度量則不一，歉疑者，皆明一之。”《史記・秦本紀》亦云：“一法度衡石丈尺，車同軌，書同文字。”使商品的重量、容量與長度有了劃一的準則。始皇亦把當時各國不同寬度的車軌劃一化。使全國的車輛皆寬六尺。後來在琅邪的碑石刻頌：“皇帝作始，端平法度，器械一量。”

五、苛捐重役致秦滅亡

　　始皇對農牧工商業之經營有大成就者，常加獎勵，並懷敬意。如烏氏倮以畜牧起家，“畜至用谷量馬牛。秦始皇令倮比封君，以時與列臣朝請。”又巴蜀有寡婦清，以經營丹穴累積至巨富。始皇以清能以寡婦守其業，“以為貞婦而客之，為築女懷清台。”又如始皇末年，班壹避地於樓煩，畜牧馬牛羊數千群。入漢初，以財雄邊。出入弋獵，旌旗鼓吹。年百餘歲，以壽終。故北支多以壹為字者。

以上諸富豪，皆能在經濟上有所開發，助長民族擴展，可說是秦代社會一種活力的表現。

秦之速亡，並不在於廢封建而創立郡縣制，而是統一大卜以後，役使民力過多過急。如為建造阿房宮及驪山陵寢就勞役了 70 多萬人；戍守五嶺役使 50 萬人；戍守長城役使 30 萬人。加上墮城郭、決川防、夷險阻及築馳道的力役，恐經常得徵用 200 萬勞動人民，乃是驚人之數。民力安得不竭？

古代封建小國，每冬農閒時節，人民得為貴族封君服役三日，行程不過三四日，連來回路程計算在內，不過十日便可完工。現在秦代統一後，版圖擴大，如寓居江南會稽地區被派到北京以北的漁陽地區，相距遙隔數千里，沿途食宿自備，其苦況可知。

由於政府動用如此龐大之勞動力，糧餉物資自亦相應增多。原來徵收十分之一的田租，可能增加到十分之五，甚至更多。

《漢書·食貨志》云：“或耕豪民之田，見稅什五。”又謂：“至於始皇，遂併天下，內興功作，外攘夷狄，收泰半之賦，發閭左之戍。”可能還要繳供軍事費用的人頭稅。人民在苛捐重役之下，且當時秦人對東方各國之人，仍以戰勝奴虜視之，指揮鞭撻，毫不體恤。

始皇卒後，趙高弄權，人民之怨望更深，戍卒一呼，響應者眾，秦遂滅亡。

第五章

西漢時期經濟

（公元前 206～公元 9 年）

一、西漢幣制的變遷

漢代時，當作黃金的貨幣以斤為單位。以一寸立方黃金為一斤計算。與秦代之以"鎰"為單位已有不同。大概一萬錢相當於黃金一斤。

漢代之錢幣以銖為重量計算準則，以 12 銖為一錢幣之單位。根據《算經》，24 銖為一両計算。故 12 銖錢亦為半両錢，一銖等於 100 黍，十黍等於一絫。

根據《漢書・食貨志》所記，因為秦錢太重，遂鑄造輕便之筴錢，即民間所稱之榆莢錢。此種漢初所鑄之莢錢，重一銖或三銖，亦當半両錢用。但民間嫌其太輕少，遂又行使八銖錢。

漢文帝時曾鑄四銖錢。但莢錢與四銖錢質劣量輕，且文帝時放任民間私鑄錢，因此造成商賈官員鼓鑄謀利。由於貨幣大小輕重不一，私幣充斥市場；而將質量降低，價格提高。幣制造成混亂，使社會上金融動盪不安，國家財政大受影響。當時賈誼曾上奏疏給文帝，列述貽害之烈。

漢武帝鑄造五銖錢[1]，禁止私人鑄錢。武帝元鼎四年，整頓全國幣制，將鑄幣權收歸中央，郡國亦不得鑄錢。專令水衡都尉所屬之鐘官、辨銅、均輸三官，負責鑄造新的五銖錢，通行全國，以統一貨幣。

統一幣制後，武帝以後 100 餘年之西漢，共鑄造銅錢 280 億枚，使國家財政得以安定富實。

武帝時又鑄造了一些用其他金屬或物質製造之貨幣。如將鹿皮造成皮幣；又用銀錫等金屬鑄幣曰白金三等，曾經紛擾一時。以後遂專鑄五銖錢，一直甚受後世歡迎。

漢自武帝以後，以五銖錢最為普遍流通。至王莽時才改幣制，為五物、六名，及 28 品。金、銀、龜、貝、錢、布為六名；錢布均用銅。故為五物，分別為 28 等，極為複雜，為人民所憎厭。直至後漢光武帝，仍恢復使用五銖

1　此時亦有發行三銖錢、四銖錢及八銖錢。

錢。此後一直至三國、南北朝及隋朝，仍有繼續鑄用五銖錢。大概十個五銖錢共重一兩。自秦 2000 年來，此種傳統性之優良幣制使金融穩定，是中國一種了不起之貨幣制度。

二、西漢貨幣幣值及用途

西漢時之幣值如用米價計算較易明白。但漢代之米價只記載特別高或特別低者，而無一般的普通價格，不能作準確之憑證。

漢宣帝時米價最賤，一石米只需五個錢。"石"非"量"名，為"衡"名。大約 120 斤為一石。當時有常平倉之制度，實為中國一偉大的制度。當時由耿昌建議，米價賤時由政府收買，使政府與民間兩受其利[2]。當時邊界趙充時一斛米售八個錢，可能是最廉宜的米價了。

漢代最高米價當為元帝時，石米 300 餘錢；亦有說當時石米 2000 餘錢的，總之是漢代最貴的米價了。

太史公《貨殖列傳》云："糴米二十文一石則病農；九十文一石則病商[3]。"最標準之米價當以 30~80 文左右之間，即最貴不超過 80 文[4]，最便宜不低於 30 文。此為戰國初年李悝所提出之意見。

總之，漢代一文錢之用途要比後代等值貨幣之使用價值為高。如清代要用七元才能買得一擔米，可見古代之錢幣價值較大。

錢的第二種重要用途是用來代替更賦。漢代有更賦，當時的農民除了服勞役外，一般自 23~50 歲的男丁，尚須服兵役。其兵役包括"更卒"、"正卒"

2　有人謂 50 個錢一石米，此說可能不確。

3　石米二十文，農人便吃虧，不願再耕種；石米九十文，商人就吃虧。不願做生意，錢財就不會流通於社會。

4　今日粵語中一元稱一文，"文"讀如"蚊"，"文"與"蚊"二音之轉，可見粵語中保留了很多古音古字，仍使用至今日，此又為一例。

和"戍卒"三種。

"更卒"是上述年齡之男丁要在郡縣或京師服徭役一個月。親自去服役的叫"踐更";如自己不願去服役,則可納錢二千(即 2000 文),由政府僱人代役,名曰"過更"。更賦的"正卒",凡達上述年歲的男子,須到本郡服兵役一年。亦可以錢代役,每月 2000 文計,一年則為 24000 文。還有一種"戍卒",每一男丁一生必須去邊境屯戍一年,不願去的亦可以繳納 24000 文代役。此外男子每年還須戍邊三日,不去者亦可納錢 300 以代,但事實並非每年要戍邊。

更賦類別	服役內容	代役價
"更卒"	23~50 歲的男丁在郡縣或京師服徭役一個月	可納錢 2000(即 2000 文),由政府僱人代役
"正卒"	23~50 歲的男丁到本郡服兵役一年	每月 2000 文
"戍卒"	23~50 歲的男丁一生必須去邊境屯戍一年	可以繳納 24000 文代役
戍邊	男子每年須戍邊三日	可納錢 300 以代

上述以錢代役的官定公價,每月 2000 文是相當高的數目。當時不去服役的甚多,為國家增加了一筆相當大的收入。

錢的第三種用途是有關家庭日常開支。李悝説,一農民每月收糧得錢。但是一年之中的花費,包括閭社、嘗新及春秋之祀,300 錢已足夠;一人一年之衣着費用 300 錢亦已足夠,可見漢代錢幣之價值甚高。

漢之三公(大司馬、大將軍及丞相)每月俸祿六萬錢,御史大夫月入四萬錢,看似不多,其實照當時米價及更賦折錢繳付來計算,已是不俗。當時一家人若擁有十萬錢之財富,已可謂中等之家,即所謂"十金中人之產"是也[5]。可見大司馬年俸 70 餘萬，其豐厚可知。

漢元帝時，全國只有 70 多億錢，當時來說是一筆巨額數字，比諸今日卻是微不足道。

當時皇帝賞賜大臣 100 金或 200 金，已是一筆巨大之數目，足成大富，因其時有十金者已成中等之家矣。

三、漢代的役賦與田租

更賦，原是力役的一種，不過可以用錢代役。但西漢尚有一種徭役，不論男女，均得為國家或王室服役。如建城池、造宮殿陵墓、修馳道、治江河、水利灌溉工程、填塞黃河缺口、運送糧食物資赴邊境等。規模有大小，有多至數十萬人者，時間由數天至數年不等，十分辛苦，富豪多有逃避，遂多由平民負擔。

除了力役，重要的為田租，為國庫最主要之收入。高祖時行輕稅政策，《漢書・食貨志》云："天下既定，民亡蓋藏，自天子不能具醇駟[6]，而將相或乘牛車，上於是約法省禁，輕田租，什五而稅一。"高祖以戰亂之後，國窮民敝，皇帝所乘馬車想找同一毛色的四匹馬都不可能。為了紓解民困，便輕稅十五分之一。稍後因軍費孔急，又略增田租。惠帝時又恢復十五稅一；文帝十二年(公元前 168 年)採納晁錯"重農貴粟"政策，免租一半，稅三十分之一，十三年全免田租一年；景帝二年時改十五稅一為三十稅一。直至西漢末年，田稅一直是三十稅一。

隨附田租的，還有按田畝多寡須繳納蒭稅(即禾稈)，以供皇帝及軍隊餵養牲口之用。

5　"十金"即十斤金。

6　醇駟是指四匹同樣毛色的馬。

漢代還有按人口出錢的人頭稅，名叫算賦和口賦，乃自秦代之口賦發展而來。

算賦是無論男女，凡 15~26 歲者均要繳納。高祖四年開始，每人每年一算，即 120 錢，文帝時減為 40 錢。女子 15~30 歲不出嫁的，算賦要按等加收，分為五等，按等收至五算。此乃為了鼓勵人口增長，提倡早婚，否則加收算賦。

口賦是徵收 7~14 歲的少年男女的人頭稅。每童每年 20 錢，為天子之私收入。武帝時提早至 3 歲開始納口賦，不少平民因為付不起口賦，將嬰兒弄死。元帝時，接納大臣禹貢建議，恢復自 7 歲開始才徵收口賦。

西漢之田租很輕，但一家人之算賦與口賦，合算起來負擔相當重，因此造成社會上商業普遍不景氣，消費能力低，一般商品都買不起，只是上層階級的批發生意尚可，而小商店生意甚差。但人口稅 (算賦與口賦) 非繳不可，免繳一途唯有出賣本身，才能免算賦以減輕負擔。繳不起的則做官的奴隸，罰做苦工，或賣給有錢人，由主人代出算賦。漢代規定，奴隸每人每年由主人繳納 240 文。養奴隸者反而佔了便宜，因獲得廉價之勞動力。亦由此可知漢代已有奴隸出現。

另外尚有一種可以販賣的奴隸，正如歐洲人去非洲買得黑人再轉手賣給美國人當奴隸。中國邊疆曾有少數民族的販賣，有所謂 "僰童" 者便是。

總之，漢代之所以有奴隸，乃是因繳不出算賦、更賦或戍邊費而造成。但當時亦有一種善心人願為窮人代為繳費的。

四、漢代有 "素封" 千戶侯

西洋人士判斷羅馬、埃及之古歷史只看一種遺物，但中國之古文物有詳確之歷史數字。故西方人對中國之鐘鼎甚為珍重，因彼等藉此可獲知中國歷史具體之數字與記錄。

古代諸侯有封君，他們兼理政治。漢代亦有，但漢之封君不管政治，只理租稅，即所謂"食租稅"。如每年率戶 200，封君可每戶取其 200 錢之租，等於其生活費之三分之二。故 1000 戶年獲 20 萬錢，是謂千戶侯。照近代計算，1000 錢為一銀元，千戶侯之年收入只有 20 銀元，但當時之利息是二分。如 100 萬錢，每年利息就有 20 萬錢。如具有此資本，即可形同"千戶侯"。太史公稱之曰"素封"，意即無人封他，但有此利息收入，即等於封了他。

如一家蓄養 50 匹馬，即等於 20 萬錢，亦即等於 150 頭牛，或 250 頭羊，或 250 頭豬，亦等於魚塘養 1000 石魚（一石為 120 斤），亦等於 1000 棵棗樹或栗樹或橘樹，亦等於 1000 畝田。由於上述每一種動物或植物或田地均相當於 20 萬錢，亦即等於一個千戶侯，即太史公所稱的"素封"了。

如以田地來衡量，有一萬戶之城，在城外不遠之帶郭處有佳田（上上田）1000 畝。普通一畝地產一石米，其值為 200 文，則 1000 畝田地才合到 20 萬錢。比較來說，養 50 匹馬或 250 頭羊或種 1000 棵橘樹較為容易，但要 1000 畝城郭上田才抵得上述馬、羊之數，農民經濟情形之困苦當可想見。尤其是錢貴而米價低的時候，農民生活便更艱苦了。

漢代之錢價高，故當時之商業是在上層而非下層。古代商人謂之賈，經營如今日之批發生意，並無舖面。如唐代《太平廣記》所載，大門外是小門，由窄巷進入，其內大如皇宮，貨物堆積如山。外貌看不出是店，亦無懸掛招牌，而店舖設在大廳之內，此為當時一種經商之方式。另有一種如天橋之市場，等於今日之擺地攤，日出開攤，日落收攤。此為古代在城圈內做小生意之一種方式。

如當時有人栽種千樹之橘，可得淨利 20 萬錢，即每棵橘樹可賣得 200 錢，如每樹結果子 100 個，每橘售兩文，可見值錢。不過，其銷路要視商業地理而定。

當時商品有三條經銷線。一至長安；二至洛陽；三至廣州。如出產十萬枚橘，分別運送至商業大城市，先用大船由十二陵運送至州。到目的地後搬運上岸再用車子運送，將一切成本計算在內，即包括種植、運輸等一切費用，及售出後盈利所得，1000 棵橘樹當值 100 萬文之價值。

商人做生意時要僱用員工，讓其穿絲綢衣服，坐上好車輛，排場大，以便做成大生意。如用車馬由十二陵運三萬枚橘至長安，尚需一位能幹精明之帶隊人員，此人即是被主人收買之奴隸。但當此位奴隸外出替主人辦事，如替主人押運水果赴外地售賣時，其所享受待遇極為闊綽，事情辦完尚可與主人同分黃金。

又如當時之女奴隸，其妝扮比皇宮中的宮女還要漂亮，因而當時之少女，便嚮往做女奴隸。

當時之"奴隸"稱為"奴客"；種田稱為"客田"；"客"為尊稱之意。真正的奴隸有正式文書，"奴客"則無賣身文書。其待遇比普通農民好得多，可乘馬車穿錦衣，應酬於王侯將相之間，昂首闊步做其生意。

所謂以100萬文之成本可賺20萬文，這一切"奴客"的開銷費用並不計算在內。

五、先秦諸子對農商的評價

如謂封建井田制是一種制度，則政策亦是一種制度，該政策乃針對某一種經濟狀態而發，此政策乃根據某一思想而決定。

戰國以後的經濟時態是一種自然的演變。到了秦漢時代之經濟狀態便較封建時期為複雜，且貧富不均之現象日益明顯，尤其是當時之農民與商人更甚。

在貧富不均的嚴重情況下，政治家採取兩種相應的不同態度。

一種態度是自由的、放任的，繼續任由工農業自然地發展下去，並沒有加以特殊的壓迫或加以扶植。

另一種態度是對貧富不均的現象採取重農輕商的政策，即對商人加以遏抑。

上述兩種態度，在秦漢時亦有出現。

儒家中的孔子，在《論語》中少有提及商賈之事。對農業之事亦不大講到。不過他的學生要學耕事及園藝，曾向孔子請教。孔子回答說："吾不如老農，吾不如老圃。"[7]

孔子訂禮樂，刪詩書，在《詩經》上有很多是歌頌農村與田園生活的。《書經・無逸篇》云："先知稼穡之艱難乃逸，則知小人之依。"照此說則似有重農之意。《禮記・大學篇》則主張"有人此有土，有土此有財。"

又如《孝經》中提到的"因地之利，以順天下"，這是孔子弟子曾子主張發展農業使民食富足而安定。

孟子時商人興起，影響當時經濟甚巨。但《孟子》書中似無提及商賈之事。不過孟子相當重農。《盡心篇》云："易其田疇，民可使富也。"

又《孟子・公孫丑篇》云："耕者，助而不稅，則天下之農，皆悅而願耕於其野矣。"

《孟子・盡心篇》特別提及要勸督農桑，教民耕織，使地無曠土，國無遊民。所以文中說："聖人治天下，使有菽粟如水火，菽粟如水火，而民焉有不仁者乎？"勤耕織，多生產，則人民自然由富庶而興仁了。

法家中有兩派思想：一派以放任為主，主張扶助工商業。《管子》書中即重視工商資本，此種思想在東方各國流行，如齊、趙、魏、韓等國均是，可謂自由經濟主義者。

法家中的另一派主張遏抑工商業。如《商君》[8]一書中所載，則重農而抑制工商。商君認為是農業生產戰鬥化的社會，不應太重視工商業。

商君思想在西方的秦國實現，可謂重農的統制經濟思想。

《管子》書中所載與商鞅所主張者，同是為了國家的富強作出發點，但實施方式有所不同。

道家的經濟思想可謂重農輕商。

老子排斥物質文明，所以主張"見素抱樸"。

7　見《子路篇》。

8　《商君》此書非商鞅親撰。

莊子輕視財貨，故曰：“擿玉毀珠，小盜不起。”

莊子與老子，可說均偏重於精神生活，厭棄仕途，過其田園生活。

六、高祖武帝輕商恤農政策

漢武帝最輕視商人，此種傳統態度亦起自漢初，漢高祖“乃令賈人不得衣絲乘車”，並且“重租稅以困辱之。”至孝惠帝及呂后掌政之時，雖對商賈政策稍有放鬆，但對“市井之子孫，亦不得仕宦為吏。”故武帝之輕商，亦有其傳承之淵源。武帝以商人常常剝削人民利益，且對國家所定經濟政策的推行起不到好的效果，反而壞事，遂於元鼎二年實行均輸法，乃是為了控制商品運銷，平抑物價和增加收入。

元封五年(公元前110年)，由大司農奏請在郡國設置均輸官，正式實行。其法是將政府原來要自商賈手中購買的貨物改作貢賦繳納，由工官製造運載用之車船將貢物輸送到京師；至於中央政府不需要的貨物，由均輸官運到賣價高的地方出售，將錢交回國庫，如此可免商人牟取暴利，國家增加收入。

又在京師設平準法，專管自全國各地運到京師之貨物，在市場物價賤時買入，貴時賣出。如此可免商人囤積居奇，賺取暴利。國家亦可增加收益。但以上政策，國家收入固然有所增加，但對人民並無好處。因均輸官強令農民繳納貢物時，乃本地所無，農民得向商人購入高價貨品，反受其害，則平準法施行後，官商勾結作弊，使農民負擔加重，受害更深。

同時西漢初興起，民間壯丁耗亡極大，經濟亦衰落。自惠帝高后採取寬簡的政策後，前後23年，民間社會漸呈活潑氣象，經濟亦趨於復甦，但連帶而來之新商人階級崛起，而造成資金之集中與不均之弊患，且導致社會奢侈之惡習。

賈誼上書文帝曰：“古之治天下，至纖至悉也，故其畜積足恃。今背本而趨末，食者甚眾，是天下之大殘也。淫侈之俗，日日以長，是天下之大賊也。殘賊公行，莫之或止，大命將泛，莫之振救。”

當時眾多人民捨農而就商，又糜費奢侈，萬一發生二三方千里之旱災，或邊境告急，外敵入侵，兵旱相乘，此時人民將聚徒而衝擊，國家將日趨於危亡矣。

所以賈誼主張"今毆人而歸之農，皆著於本，使天下各食其力，末伎遊食之民轉而緣南畝，言皆趨農作，則蓄積足而人樂其所矣。"

西漢第一位提倡重農主義者首推晁錯，他站在人道主義的觀點上，洞察當時民隱，見農民辛勞而日窮，商賈安逸而日富，勢必造成嚴重後果，他的重農，並非為使國家富強，乃在體恤農人。他說：

"今農夫五口之家，其服役者，不下二人；其能耕者，不過百畝；百畝之收，不過百石。……尚復被水旱之災。急征暴賦，……朝令而暮當具。有者，半價而賣；無者，取倍稱之息；於是有賣田宅，鬻子孫，以償債者矣。而商賈，大者積貯倍息，小者坐列販賣。操其奇贏，日游都市，乘上之急，所賣必倍。故其男不耕耘，女不蠶織；衣必文采，食必粱肉；無農夫之苦，有仟佰之得。因其富厚，交通王侯，力過吏勢。以利相傾，千里遊遨。冠蓋相望，乘堅策肥，履絲曳縞。此商人所以兼併農人，農人所以流亡者也。"

此種商人兼併農人之情勢，賈誼亦憤慨而言曰："今民賣僮者，為之繡衣絲履偏諸緣；而庶人得以衣婢妾。白縠之表，薄紈之裏，緁以偏諸[9]，美者黼繡。是古天子之服，今富人大賈，嘉會召客者以被牆。古者以奉一帝一后而節適，今庶人屋壁得為帝服。倡優下賤得為后飾。然而天下不屈者，殆未有也。"

此種商人之兼併奢糜現象，決非國家之福。晁錯在文帝時，又提出務農貴粟政策，主張"募天下入粟縣官，得以拜爵，得以除罪"，文帝接納此議，下令人民繳粟600石者，可封爵，4000石者，可任五大夫；12000石者，可為大庶長。但五口之農家，所耕之地不過百畝，全年所收不過100石，根本無600石餘糧來換爵，反為富商大賈所乘。人民因政府重農政策而益受輕視；

9　偏諸乃織絲為之之意。

因貴粟政策而金益貴。士宦之路仍為有財富人所壟斷。

所以自商業大都市興起，山澤開放之後，耕農中有大部分人轉而為工、虞、牧、圃、商賈，脫離了田畝末耜生活而從事新生業之經營者，往往可得巨利，而耕地百畝者，卻日陷貧困，連衣食亦不能自給自足。

《漢書‧食貨志》中記載了李悝盡地力之教所說。凡有五口之農家，耕種百畝之田，每畝年收一石半，共收粟 150 石，尚餘 135 石，每人每月食一石半，五口之家全年食粟 90 石。尚餘 45 石，每石粟值 30 錢，共值 1350 錢，社閭嘗新春秋之祀用錢 300，尚餘 1050 錢，每人衣着年用 300 錢，五人年用 1500 錢，尚餘不足 450 錢，其他疾病喪亡等意外及皇上臨時賦斂尚不計在內。所以農民生活日困，再加上商人之剝削，至武帝時農商貧富之現象更形懸殊，因此導致漢武帝遏抑商人而向商人徵收重稅之措施。

其中，“算緡錢”的稅項便是武帝重農抑商政策下所造成。其後是向商人及高利貸者徵收財產稅。凡是商人、收取高息的高利貸者，及囤積貨物者，必須就其所有貨物或財產的價值，坦誠向政府呈報。政府根據所呈報的財富數字，每值 2000 錢徵收 120 錢，名為一算，即抽取百分之六的稅。凡製造手工業商品出賣的，凡 4000 錢抽取一算（120 錢），即抽百分之三的稅。有市籍的商人及其家屬不准置買田地，違反者即將其土地財產一概沒收入官。

武帝時還有一種“算商車”的稅。凡非“三老”[10]、“騎士”而有軺車[11]的，每乘車抽取一算；商人而有軺車的，則徵收 240 錢（即兩算）。如擁有船隻而船身長逾五丈者，每船徵收一算。

上述“算緡錢”與“算商車”，凡隱瞞不報者，或呈報不實者，除沒收其財產外，並須罰去邊郡戍邊一年。對告發者則加以獎勵，可得被告發者財產的一半。

元光六年（公元前 129 年），開始向有車船的商人徵收“算商車”。

10　三老是掌教化的鄉官，秦設鄉三老；西漢設縣三老；東漢後設郡三老。

11　軺車為古代之小車。

元狩四年(公元前 119 年)則開始向商人及高利貸者徵收"算緡錢"。

但上述算緡令及算商車令公佈後，大工商業者、高利貸者和車船主均無依法呈報政府，意圖逃避繳稅，於是在武帝頒發算緡令兩年後，於元鼎三年頒發了告緡令，促使人民揭發上述瞞騙政府不報者，由楊可主持此事。於是各地紛紛爭相告緡，大商賈破產殆盡。政府沒收了大量財物、土地及奴隸。《漢書‧食貨志》云："得民財物以億計，奴婢以千萬數，田大縣數百頃，小縣百餘頃，宅亦如是，於是商賈中家以上大率破(產)。"

由於算緡令、告緡令的執行，重重地打擊了大商人，國庫收入因而大增，西漢的中央集權政策遂更形鞏固。

七、漢武帝時代經濟思想學說

中國的經濟思想，約略言之可分兩大派。漢武帝時代的全部經濟制度與政策可以代表中國自古至今的兩派不同經濟思想。

一派是以晁錯、賈誼及董仲舒為代表，可代表正統的儒家思想。是統制的計劃經濟。自經濟的立場言，亦可說是社會主義經濟，也可說是人道主義、文化主義的經濟思想。

另一派是司馬遷極端放任的自由個人主義的經濟思想。

以上為中國兩派相反的經濟思想。中國歷代以來輪番採用上述兩種不同的經濟思想，這就是中國政治的複雜之處。

儒家的經濟思想是文化主義的，可稱為"軌物主義"。軌是軌道，物是標準，含有禮樂教化的意義。

《春秋》中云："納之軌物。"意即協助人生進入一個正確的軌道，是從全體人生文化而發。此種思想自荀子開始。

董仲舒所提倡的便是一種軌物主義，即主張經濟生活應有一特定之標準與限度，即分為高水準與低水準的限度。人的生活不能高過某一水準，不然生活上會造成不道德而驕；也不可低於某一標準，否則無法生存下去。此是

一種以 "禮" 為標準的準則。正如西方人所主張的 "法"。凡經濟生活高於或低於一特定標準的人，此種人便無法再施以禮樂教化，故經濟生活要訂定一個限度，要納之軌物，使符合某一特定之標準。

孔子時代希望經濟繁榮，但出了毛病，故荀子創出此一理論。此思想在《周禮》一書中有具體的表達，為中國古代最重要的一種思想經濟史。

制度是思想具體化的表現，此種軌物主義一直延伸到賈誼和董仲舒，即人的窮富有一極限的標準，乃根據文化的意義而建立。此種思想引發了漢武帝的經濟政策。

漢武帝仿效此種軌物主義思想，但出了毛病。因此有司馬遷出來提倡極端的自由經濟主義以糾正之。

1. 司馬遷經濟思想學說

司馬遷的放任自由主義經濟思想與軌物主義和老子的主張相反。

《史記・貨殖列傳》中說："老子曰：至治之極，鄰國相望，雞狗之聲相聞，民各甘其食，美其服，安其俗，樂其業，至老死不相往來。"老子的意思是一個人如果吃得好，穿得好，對自己所搞的事業認為已很滿足，便停滯不前，不再向外發展，因此大家不相往來。老子的這一套特別的經濟文化理論，是大家各安其所，天下就可太平。

但司馬遷反對老子上述主張，所以說："必用此為務，輓[12] 近世，塗民耳目，則幾無行矣。"意即人的耳目慾望是不會滿足的。如果耳目被塞住了，把時代拉回到近代，則幾乎沒有事情可做了。

司馬遷是從整個歷史文化來看，具有遠大的眼光，是一種很進步的經濟思想。

司馬遷在《史記・貨殖列傳》所提到的經濟理論，在中國經濟史上可說

12　輓即挽回意。

別樹一幟。太史公是根據歷史上的進化論來評述。

　　太史公說："夫神農以前，吾不知已。至若《詩》、《書》所述，虞夏以來，耳目欲極聲色之好。口欲窮芻豢之味。身安逸樂，而心誇矜勢能之榮。使俗之漸民久矣，雖戶說以眇論，終不能化。故善者因之，其次利道之，其次教誨之，其次整齊之，最下者與之爭。"

　　這番話的意思是：中國自有歷史記載以來，自虞舜夏禹起，直到西漢司馬遷的時代，2000 年來，人人的慾望便是想看盡天下間美麗之色彩；想聽盡天下間悅耳的聲音；想嚐盡天下間美味的食物。人人想過身心安逸的快樂日子，有自我得意的榮耀人生。這種長期以來的習俗已無法改變了。即使用很高的理論向家家戶戶去說服他們，也屬無效。所以司馬遷認為不如照他的意思，讓人民放任自由好了。次一等的便是領導他走向一條規定的道路；其次是教誨他們，灌輸以哲學，但這已是第三等了。至於第四等，那便是用社會主義的統制計劃經濟來管制人民。最下等則是與民爭利了。

　　司馬遷這番高明的經濟理論見解，是西方歷史上從來沒有一個學者能說出的。

　　司馬遷對農、虞、工、商等各業人士，等同視之。他說："農而食之，虞而出之，工而成之，商而通之。"意即有了農人才有食物；有了虞人才能取出礦藏；有了工匠才能製成各種物品；有了商人才可流通貨物。遂使中國各地出產木材、竹子、穀、苧蔴、犛牛毛、玉石、魚鹽、漆、絲、枏梓、薑、桂、金、錫、鉛、丹砂、犀牛角、玳瑁、齒革、馬、牛、羊、旄裘、筋角、鋼鐵等物，這些都是中國人民所喜愛者。所以在太史公眼中，農工虞商是同樣受重視的職業，不分軒輊。因為上述四類業者，是人民衣食之源，不能缺其一。

　　源頭大而國富足；源頭小而國貧乏。所以說："原大則饒，原小則鮮。"國家之是否富裕，端視乎上述農、工、商、虞各業是否能充分發揮他們的才能。

　　以上看，太史公認為愛富厭貧是人的正常心理。"天下熙熙，皆為利來；

天下攘攘，皆為利往。"人人為利也是無可厚非的事。即使是千乘之王，萬家之侯，或百室之君，他們還擔憂着有貧窮的一天，何況是普通人。

軍人上戰場願赴湯蹈火，無非為了重賞；鄉村少年，殺人掠貨，掘墳鑄幣，無非為了錢財；趙國美女，鄭國香姬，塗脂抹粉，媚眼逗人為了財富，即使遠走千里，也在所不計。遊蕩青年，舞刀勒馬，也是為了富貴；漁夫獵人，不管早晨或深夜，不理狂風和霜雪，入山谷、進深溪，無非是為了想獵些美味的魚獸；賭博賽跑，鬥雞走狗，也無非想爭勝賭贏。除非靠盜賊奸惡而富有，不然，做農工商賈而致富的，都是分屬正當。

司馬遷支持一切謀利的正常活動，與董仲舒的輕利正好相反。所以說："無岩處奇士之行，而長貧賤，好語仁義，亦足羞也。"說明了太史公看不起那些空談仁義，既不能為政府工作，又不能治生為商賈的遊民。沒有謀生本領的人，才是羞恥。

其實，司馬遷的主張，也相當接近孔子在《論語》中所說的："不義而富且貴，於我如浮雲。富而可求也，雖執鞭之士，吾亦為之。"從不義而獲得富貴，才是可恥，但用勞力而獲得的財富，那是光明正大的。

司馬遷指出"致富"是人人的共性。追求財富，在私有社會中是每一個人的社會本能。

司馬遷同意"倉廩實而知禮節，衣食足而知榮辱，禮生於有而廢於無[13]"的主張。他發揮了管子思想中對"禮"的見解，認為如無物質經濟基礎，便難以建立社會道德。

司馬遷在《史記・貨殖列傳》中提到了世上所出產林林總總的動植礦物，包括農業、畜牧業、伐木業、捕魚業、採礦業、冶鐵業、製漆業、絲織業、金屬業、珠寶業等，乃人人在日常生活中所必須食及用之物。則虞、農、工、商應當各守其業；要使得農夫分田而耕，商賈分貨而販，百工分事而勤。如此分工合作，務使貨暢其流，工商興旺發達，增加人民消費能力，共享繁榮生活。

13　見《史記・貨殖列傳》。

2. 董仲舒經濟思想學說

漢武帝時代，向政府提出意見者，多達 100 餘人。惟董仲舒所對之策，較為受武帝重視，但接納卻不多。

董仲舒首先提出凡不屬於“六藝之科，孔子之術者，皆絕其道，勿使並進。[14]”然後才能一統紀而明法度，人民才知所跟從。

董仲舒重道德而輕物質，故主張“正其誼（義）不謀其利，明其道不計其功。”他把重財利與否作為區別“大夫”和“庶人”的標準，所以說：“夫皇皇求財利，常恐乏匱者，庶人之意也。皇皇求仁義，常恐不能化民者，大夫之意也。”所以他把經營商業和搞生產手工業的人視為“庶人”，主張對這些人要施以教化。

限民名田便是董仲舒為了抑制豪強們兼併土地弊病的建議。當時他上書給武帝，大意是謂：古代田租不過收取十分之一，人民易於負擔；力役不過三天，也易應付。但自商鞅廢除井田後，人民得自由賣買土地，遂造成了富者田連阡陌，貧無立錐之地的現象。又擁有山林川澤富庶寶藏的人，變成了有君王之尊，公侯之富，困苦的只是小百姓，力役比古代增至 30 倍。田租及人口稅等項比古代增至 20 倍。耕豪民之田的人，租稅重至百分之五十；因此貧民常衣牛馬之衣，食犬彘之食；人民還得不時受惡吏的刑罰。因此造成無靠的貧民逃亡到山林中，流為盜賊，漢代掌政以來，仍未改善這種陋習。

因此董仲舒大力主張限民名田，弗使富豪再有兼併事情發生。應該接近古代井田制度之法，較平均地使農民擁有土地。政府亦當放棄管制天下鹽鐵，廢除奴婢賣買，薄收賦斂，減輕徭役，使人民寬鬆些，施行善政。

但以上提出之政策，漢武帝並沒有採用。

當時任官之途有“任子”與“算貲”兩種方法，“任子”是父為大官，其子亦可世襲為大官，有如封建時代之貴族世襲。“算貲”是向政府付出一筆數

14　見《漢書・董仲舒傳》。

目可觀的金錢，即可做大官。因此這些有錢的資產階級便成為新貴族。董仲舒以為上述兩法進入仕途者，極不正常，且良莠不齊，故主張每年由列侯或郡太守選出賢者推薦給中央政府以便任用。

董仲舒亦反對官吏經商貨殖。他認為，身居高位食厚祿的人，藉着權貴的資力，尚要與人民爭利，是不當的。如此則人民只有貧窮愁苦，以致不能樂生而走險犯法，刑罰因而加重，奸邪不可勝數，人民便無法安居樂業。

漢武帝並不採用董仲舒之政策，猶如文帝之不能用賈誼。武帝唯獨採取了董仲舒"罷黜百家，尊儒家孔子"的意見而已。

八、西漢的鹽業與鐵業發展

鹽與鐵要到戰國時代開始才成為一種新生產事業。鹽鐵之大量使用亦自戰國時代開始。

鹽鐵為人人所必需的日常生活用品，成為暢銷商品亦當自戰國時代開始。先講鹽。戰國時有大鹽商叫猗頓[15]，他以販賣池鹽致富，為中國歷史上第一大鹽商。

中國當時山東地區(齊國)出海鹽，煮海可以為鹽。但猗頓是販賣山西解縣地區所產的池鹽，數量不多，遠不及海鹽出產之豐，故想像中戰國時人食用鹽的亦稀少。

春秋時代僅有貴族食用王鹽，普通民間是不吃鹽的。即使有亦只是少量池鹽而已，這是由於春秋時代海是禁區，人民是不能任意取海水煮鹽的。

太史公在《史記‧貨殖列傳》說："山東食海鹽，山西食鹽鹵。""鹽鹵"便是指池鹽，可見當時有海鹽陸鹽之分(池鹽即指陸鹽)。

據《史記》所載，知山東產鹽之外，山西也產鹽，亦由此可知海鹽在戰國時產的亦有限，並不盛產。

15　猗頓無姓，頓是名，猗是地方名，在今山西解縣附近。

《管子》書中講到"海王"，海何以可稱王？因海中產鹽，故可稱王。

煮鹽是戰國以來民間的一項私人新生產事業。當時在山東地區追逐魚鹽的，也都成了積財千萬的富商，那已是進入漢代了。

有人說《管子》書中已提到管仲已有鐵鹽專賣之法，那可能是出於後人偽造，不足信。

不過，漢初民間仍可自由經營鹽業。根據《鹽鐵論・錯幣篇》的記載：漢文帝時，人民仍可自由煮鹽，不受禁止。

鹽鐵之歸政府國營專賣，秦代雖已有，但要到漢武帝時才正式定為一種重要的經濟制度。

而鐵為古代所無。人類文化的進步，先由石器而銅器，再由銅器而鐵器，鐵器是較遲出現的。

鐵在中國，可能在春秋時代已有，但只是少量。用作耕器之用，《孟子》書中已有"鐵耕"的記載。戰國時之兵器如寶劍，已有用鐵鑄造者。

戰國時代已進入鐵器時代，冶鐵之生產到戰國才興盛。此時不但有大鹽商，也有大鐵商出現。古代特別受人注意的商人是鹽商和鐵商，因鹽鐵是家家戶戶必用之物，生意大而獲利極豐。

酒在當時銷路也很大，但不能獨佔，因人人可釀酒，所以無大酒商；又如竹器，因竹到處可栽種，亦是非可獨佔的事業。

如英國的紡織業，因為用機器代替手工生產，生產量多，成本便宜，因而致富而有在紡織業中稱王者。

《史記》中記載當時有大鐵商名叫郭縱，其富有可與國王媲美，此為戰國時已有大鐵商之證明。根據《鹽鐵論》的記載，當時的豪強大戶，取得管理出海之利，採鐵礦用來鼓鑄，有時一個豪強大家甚至聚徒眾至 1000 餘人，他們來自各地，因稅重而來投靠豪強大家者。聚集在大山之中，開鐵礦以冶鑄鐵器。

《史記・平準書》記載，當時有一位祖先梁國人名叫宛孔氏，以冶鐵為業，秦伐魏時，孔氏搬遷到南陽，大肆鼓鑄，成為巨富，遊酬於諸侯之間，人人刮目相看。又如四川的卓姓、程姓等家族，都是冶鐵致富。説明秦始皇滅六國時，仍是任由民間開礦冶鐵，不加禁止。卓氏程氏在六國未滅時亦以冶鐵為業。

西漢初，有魯人曹邴者，可稱為最大之冶鐵業托拉斯（Trust）。而當時之吳王濞亦為兼營鹽鐵事業，擁有山海之利的一位侯王。故《鹽鐵論·禁耕篇》有云：“異時，鹽鐵未籠，布衣有胊邴 [16]，人君有吳王，皆鹽鐵初議也。吳王專山澤之饒。”

吳王劉濞是漢高祖之姪，當時封地有三郡 53 城。他招募天下亡命之徒，鑄錢煮鹽，使國用富饒。他搞七國之亂時，以文書告諸侯，凡斬捕大將者，賜金 5000 斤，封萬戶；斬捕列將者，賜金 3000 斤，封千戶。吳王濞聲明他的財富所在並不限於吳地的江蘇，其封地連安徽、浙江也在內。因此他可製海鹽，擁有安徽的銅礦可鑄錢，稱吳王錢，是吳王的私產；吳之政府經費乃用田租，由於鹽、銅太多，吳王慷慨而廢田租，其他各地流氓由他給養，擔任勞役。遂使吳王誇口説：“諸王即使日夜用錢也用不完。”可見他的富裕已到達了何等豐厚程度。

漢武帝時代的鹽鐵官賣政策，可以説是中國繼井田制度後的第二個重要的經濟制度。

在武帝以前，已有徵收鹽的實物，但尚不能算為正式的經濟制度。

如果照《尚書》所載，則夏禹時代“海岱惟青州，厥貢鹽絺。”説明夏禹已徵收鹽的實物作租税了。但恐是極少數地區，並不普及，因當時食鹽者少。

春秋時代，如《管子》書上所記：“山上有赭者，其下有鐵；上有鉛者，其下有銀。”但“謹封而為禁。有動封山者，罪死而不赦。有犯令者，左足入，左足斷；右足入，右足斷。[17]”但山海地區遼闊，人民有擅取者，不能禁絕，遂改收山澤税，漸成默許。

16　胊邴即曹邴氏。

17　見《管子·地數篇》。

本來鹽鐵之利是取自山澤。在古代，山澤之財富是屬於天子所有。先有部分人民不理皇家禁令，紛紛上山伐木採鐵，下海煮鹽、捕魚，據為己有，使王室不勝其煩，遂不得已在"盜賊"必經之地設立關卡，收取山澤稅，凡是山上或海中取得財富者，須繳付商稅，謂之徵商。虞人從事此種不正當的商事，謂之奸利，屬不正當，晁錯之輕商，原因在此。此種商業犯罪，徵稅是懲罰。

在《鹽鐵論》中記載："澤梁以時入而無禁。"即人民可被允准按季節時令進入山澤採鐵、煮鹽、伐木、捕魚。

在西周時期，已經徵收實物的鹽，猶如徵收山林川澤的其他租稅一樣。

事實上，鹽鐵官賣政策並非從漢武帝開始。《史記‧太史公自序》中稱："(司馬)昌為秦主鐵官，當始皇之時。"照此記載，司馬遷的曾祖司馬昌已在秦始皇時任鐵官。很可能秦始皇時已有鹽鐵官賣的措施了，但制度並不明確。

但在漢文帝時，民間仍可自由鑄錢冶鐵及煮鹽。此點在《鹽鐵論‧錯幣篇》中就有記載："大夫曰：文帝之時，縱民得鑄錢、冶鐵、煮鹽。"由於漢初採取放任政策，因而使豪強大戶專擅山澤之利，頓成巨富，而民間反受商賈剝削，其生活更為艱苦。《漢書‧食貨志》云："富商大賈，冶鑄煮鹽，財或累萬金，而不佐國家之急，黎民重困。"

武帝時仍沿襲秦制，也設鐵官。漢代很多制度是學自秦代。但因秦為時短暫，僅十多年而亡，因此不成制度，到漢代才定型而確立。

較司馬遷年長二、三十歲之董仲舒曾說："田租口賦，鹽鐵之利，二十倍於古。"意即田租、口賦與鹽鐵三個項目總和的稅，比古代要重 20 倍。而其時田租與口賦並無增加，稅重主要由於是鹽鐵一項，可見秦代已抽鹽鐵的重稅了。

《管子》一書所述主要是戰國末年的理想，是秦代所施行過的一些制度。亦可藉以證明漢武帝時之鹽鐵政策秦時已有。因秦並不遏抑商賈，漢高祖卻抑制商賈，後來法制漸趨寬鬆，也是學秦代之法所致。

直到漢武帝元狩五年，鹽鐵專賣制度才正式實行。

　　武帝所以要推行鹽鐵政策，此制度乃由稅收制度演變而來。因當時北伐匈奴，需錢孔急，遂行鹽鐵專賣，以增國家之稅收。《鹽鐵論》中有云："邊(防)用度不足，故興鹽鐵。"

　　武帝元狩三年時，山東有水災，人民多遭饑溺。於是中央派特使赴郡國盡取倉糧賑濟之，仍是不足。又向豪強大戶募款，亦不能相救。於是在元狩四年初將貧民 70 餘萬人遷往關西。由當地縣官供給衣食。再使貧民有產業得以安居，弄得當地縣官大窮。當時亦有大商富賈，以錢財役使貧民冶鐵煮鹽，成為萬金巨富，但並無協助國家之急。於是政府借重大鹽鐵富商東郭、咸陽及孔僅等人出來擔任大農丞或鹽鐵丞的官，來主持鹽鐵國營的事業。咸陽是山東的大煮鹽家；孔僅是南陽的大冶鐵家，都是千金巨富。

　　咸陽與孔僅向武帝上奏，從事鹽鐵業者由國家供給糧食費用及生產工具(如供應煮鹽盆等)，但得由政府主持出賣。民間不得再私鑄鐵器及煮鹽，如違將施以"釱左趾"之刑，並沒收其器物。另在產鐵處設置鐵官，其不出鐵處則設小鐵官，以主持鐵器之製造及買賣。

　　於是孔僅、東郭、咸陽乘着官車到各地巡視鹽鐵的事務，並任命各地的大煮鹽家及大冶鐵家為鹽官與鐵官。此為武帝元狩五年之事。

　　以上是漢武帝鹽鐵專賣制度成立之經過。

　　武帝時鹽官鐵官設置之地，全國有 28 郡設鹽官，有 40 郡設鐵官。此等鹽鐵官員，均由大農丞統管。設置鐵官地區，《通考》一書有記載：凡今河南、河北、山東、山西、陝西、四川、遼寧、甘肅、安徽、湖南、江蘇各省均設鐵官，可見當時冶鐵事業的發達。

　　鹽鐵的國營專賣，可說是極重要之一項制度。它增加了國庫收入，也抑制了豪強的攫取暴利。因此招致豪強富商的反對。武帝崩，昭帝於始元六年召開鹽鐵會議，召集了各地民眾代表討論鹽鐵政策。政府出席者是桑弘羊，民眾代表是賢良文學士，後者主張開放經濟。今有桓寬《鹽鐵論》一書傳世，雙方以文化歷史背景來討論。兩派曾有激烈爭辯，辯論內容並不太精彩。但昭帝仍堅持鹽鐵專賣政策，直至章帝章和元年，才廢鹽鐵官營而改為徵稅制。

不過自漢武帝死後，新經濟政策並未嚴格執行下去。司馬遷的理論卻甚風行於當時，但至今 2000 多年來，大體上説，鹽業均由政府管制，製鐵業則後來放鬆了管制。但也説明了漢武帝時已具有現代一般的進步意識，實行其國家社會主義的經濟政策了。

九、王室財政與政府財政之劃分

漢代的財政制度分為王室財政與政府財政。西方國家在民主政府未出現時，王室可隨便動用國庫的錢，其弊病乃是不懂將國庫與王室之税收分開管理。故西方要逼出民主政府，由政府設機構監管，才使財政上軌道，中國則不必有民主政府，早有一良好的制度了。

漢代的政府財政總管是大司農[18]，所管不限於農業，乃管理全國的財政。其屬下有 60 多個署，包括太倉、均輸（調劑物資流通）、籍田、斡官（管鹽鐵）、鐵市、農監、都內、都水、平準等署。

漢代九卿之一的少府專管王室財政，謂之小財政部。此卿管王室的“山海地澤之税，以給供養。[19]”正如顏師古所説：“大司農供軍國之用，少府以養天子也。”

少府也即是皇帝的總管家，是小府。宰相則為大府[20]。少府屬下也有多個署，專管皇帝的事務，如尚書署專管皇帝的文書；太醫署專管皇帝的醫藥保健；太官署是御廚、湯官署做糕餅；樂官署有皇家樂隊；考工署做器具；東織署與西織署織布製衣；東園署造棺材；黃門署管太監。但少府最重要的乃

18　漢初九卿之一的大農令是承襲秦代的治粟內史而來，不但主管糧食，還是掌管國家財政的大財政部，至武帝時改稱為大司農。

19　即將山海之收入，如捉魚、煮鹽、伐木打獵、採礦、鑄錢等收入為皇帝私人收入，以為供養。

20　地方政府亦有少府，管地方長官之財政。

是掌管王室的財政收入。

中央政府在京城所有官吏的俸祿，由大司農負責支付，是政府的第一大開支。其他如祭祀、軍費、土木建設、外交費用、救荒費以及各種行政費用均由政府支出。

政府的主要收入來源包括田租、算賦[21]及更賦，均歸大司農掌管。故大司農亦是一個大銀庫[22]。

少府的主要收入來源包括江海陂池所得；山澤所得；園稅[23]；市井稅[24]；口賦[25]；苑囿池的的籞[26]。

少府負責支付王室的一切費用，包括支付王室的衣、食、住、行、娛樂費、賞賜太監宮女等[27]。

何以田租與山澤要劃分呢？此為土地所有權的問題。由於古代封建井田制度時的土地屬於貴族。如天子封了齊國的諸侯，再由此諸侯分贈土地給各貴族。但名山大澤並不封給諸侯[28]。自封建制變成郡縣制後，田租由公家取用，因此山澤成為天子的私人財富了。

漢代的財政既把國家與王室各自分開，前者由大司農主管，後者由少府料理，如此可省去不少麻煩，且王室耗費開支亦極巨大，即皇帝後宮妃妾一項，所費已是不貲，如漢高祖、文帝及景帝，尚能遵循古俗，開支極為節

---

21 即人口稅，16 歲以上之人口稅由政府收取。

22 地方行政費則由地方政府各自負擔。

23 田中不種稻麥而種漆樹桔樹等植物者。

24 指房租及商業稅。

25 指小童之人口稅歸王室。

26 此指皇家花園，廣數百方里，其內可畜牧、狩獵、栽果樹、種菜、開礦，及植林等，謂之上林。

27 王室之興建則由政府負擔。

28 小山在受封之內。

儉。宮女不過十餘人。

漢文帝的皇后所穿服裝尚不及當時待出賣女奴服裝之美。

但到了漢武帝，於後宮妃妾，則多取好女，達數千人之多。此種宮中妃嬪，分為多種等級，漢初時只有美人、良人、八子、七子、長使及小使等幾個等級；但到漢武帝時又增加倢伃、娙娥、嫆華、充依等多種等級，至漢元帝又加昭儀，將妃嬪一共分為 14 個等級及 19 種職位，她們的等級及待遇（俸祿）如下：

後宮妃嬪職位	待遇（俸祿）	等同爵位
1. 昭儀	"丞相"	"諸侯王"
2. 倢伃	"上卿"	"列侯"
3. 娙娥	"中二千石"	"內侯"
4. 嫆華	"真二千石"	"大上造"
5. 美人	"二千石"	"少上造"
6. 八子	"千石"	"中更"
7. 充依	"千石"	"左更"
8. 七子	"八百石"	"右庶長"
9. 良人	"八百石"	"左庶長"
10. 長使	"六百石"	"五大夫"
11. 小使	"四百石"	"公乘"
12. 五官	"三百石"	-
13. 順常	"二百石"	-
14. 包括無涓、共和、娛靈、保林、良使及夜者等	"百石"	-

以上 14 等妃嬪，其飲食由"太官"負責；被服衣着由"服官"負責；使

用器具由"考工"負責;由"掖庭令丞"的官負責雜務。以上均屬於少府屬下的官,一切支出皆屬於王室宮廷的私費,此後宮費用為一筆甚為龐大之支出。

當時2000石已是漢代最高的官俸了[29],像丞相的萬石乃是極少數的幾位而已。即使第14級的妃俸給100石,當時平常百姓的八口之家也只有100石收入,也是在政府衙門任職的最低一級公務員的年俸,但百姓另外要繳賦稅,而妃嬪與衙門公職人員則可免繳賦稅。

十、對漢武帝財政政策的評論

漢代政府官員,自丞相、太尉、御史大夫以下,屬於為國家辦事者,俸祿統由大司農支付,其費用當然比後宮妃嬪為巨大。

凡內廷及外朝所需日常用品,例皆各自向郡國民間採購。諸官各自為市,由於政府人員及王室人員在市場上大量搶購物資,使物價不斷飛躍,為了平抑物價,控制商品的運銷,因此在漢武帝時設立了均輸制度。

1. 均輸、平準兩策

武帝實施均輸法在元鼎二年(公元前115年)試行;五年後,即元封元年由大司農桑弘羊奏請批准,正式在郡國各地設置均輸官實行。

古代各地要向政府貢上當地土特產。南北各地方政府要向中央政府輸送貢物。由於路途遙遠,運費比本身貨物還貴;或因運輸途中時日耽擱過久而中途腐敗,因此實行均輸法。

這情況在《鹽鐵論‧本議篇》已提到說:"大夫曰,往者,郡國諸侯各以其方物貢輸,往來煩雜,物多苦惡,或不償其費。"

所謂均輸法,即將民間進貢給各地方政府的土產,有用不完者,中央政

29　按:漢代的三公,丞相與太尉各年俸萬石,三公之一的御史大夫,亦僅二千石而已。

府規定不必再運送京師，可送到中央政府派駐各地的"均輸官"那裏暫時儲存，隨時聽候京師命令。數量過多的某些項目，便可在貢地附近賣出。譬如廣東的土產可在江西地區出售，將款項上繳中央。又如山東省的織絲，每年王室需用若干，如有剩餘的便可在附近地區售出，得款歸中央。

武帝所以要實行均輸法，歸納其原因有三點。

首先，由於征伐匈奴需巨大戰費，富商巨賈又不願踴躍捐輸，不得不開源，故除了鹽鐵專賣以外，另訂均輸法；

第二點是為了進一步重農抑商；

第三點，中國歷史上的傳統觀念，視商人為奸利。

上述情況相結合，政府亦需增加稅收，因此除了鹽鐵國營以外，更實行了均輸法。

均輸法者，照政府的解釋，是各郡設"輸官"後，人民只需將所貢土產送到郡的"輸官"處，而郡的輸官由京師委派，因此不必勞師動眾的由民間直接運輸到中央政府所在地了。此政策的原意是可以平均勞逸，便利百姓。然而民間意見卻不以為然，因為隨均輸法而來的，還有一個平準法。

《鹽鐵論》曰："開委府於京，以籠貨物。賤即買，貴即賣。是以縣官不失實，商賈無所貿利，故曰平準。平準則民不失職，均輸則民齊勞逸。故平準均輸，所以平萬物而便百姓。"

所謂平準法，即由天子收集儲存天下百貨，價貴時出售，價廉時買入，商賈之力自無法與天子匹敵，因此商人無法獲利，物價自然無法抬高。商賈亦無法再囤積居奇。

但事實上是政府以各地方所貢物作為資本，用來高價時出售，成為賺錢之事。

政府對均輸、平準的解釋是為方便人民，但民間則有不同意見。這兩種政策看起來似對人民有利，但實際上是政府在做生意了。正如《鹽鐵論》所說："今釋其所有，責其所無。"意即均輸官強迫百姓繳納本身所無的土產，百姓便只得將自己所擁有的貨物賤價忍痛賣出，再向商賈高價購入政府所指定的貨物，如此一賣一買，人民不但未蒙其利，反受其害了。

同時平準制度施行稍久，便生弊端，有奸商與官吏勾結作弊。"收賤以取貴"，即將貨物賤價買入，貴價賣出，此乃由於均輸官拒絕接納本地所普產之貨物，反而要求本地所無之物資，致為奸吏豪賈所操縱，使人民生計益困。

但實行均輸、平準之法，卻使國家富庶了。歷史記載，當時天子到極北的邊疆，向東封泰山，並巡遊海上，所到之處，無不大加賞賜，大灑金錢，計共用去帛 100 餘萬疋，金錢數以萬計，此等貨財皆取自大司農。

大約一年之中，因均輸而獲得帛 500 萬疋，人民雖不加賦稅，但國家富饒異常。

這是桑弘羊擔任大司農時所推行的制度，弄得民怨沸騰。故某年發生小旱，天子下令求雨，卜式憤然道："這都是桑弘羊搞出來的災禍，居然令官吏在街市中販賣貨物以圖利，只要把桑弘羊拿來烹宰了，天就會下雨的。"

司馬遷對此政策亦極端反對，他在〈平準書〉中狠狠地批評了當時擔任財政大臣(大司農)的桑弘羊，文中還引用了"烹弘羊，天乃雨"的民謠。

如有人說中國的傳統思想是重農抑商的，此種評語也非全對，司馬遷之極端反對桑弘羊的政策，便是一例。

2. 祭宗廟 "酎金" 與 "榷酤" 酒稅

漢代還有一種與均輸制度有關的政策，就是各地諸侯每年須向中央上獻 "酎金"[30]。每年八月獻酎以祭宗廟，命各地諸侯獻金以助祭。

漢文帝時所訂酎金之法，是每年正月釀酒，八月成酒，名曰酎酒。此酒乃各諸侯助祭所貢之金造成。凡諸侯列侯，其轄下之民有 1000 人者，須進獻黃金四兩，其不滿 1000 人而有 500 口者，亦須獻金四兩。

30　顏師古解釋 "酎" 字，即三重釀醇酒之意。即第二次釀酒用的是酒而不是水，第三次釀酒時用的亦非水，而是用第二次用酒釀成的酒。用此酒祭宗廟，以示對祖先尊敬。

又凡官至大鴻臚而其食邑在南方邊區的交趾、日南兩郡者[31]，可以長九寸以上犀牛角或玳瑁甲獻上以代黃金。

凡食邑在今廣西省之鬱林郡者，可以用長三尺以上象牙或翡翠二十以代黃金獻上。

此種酎金亦為國家所定之律令，必須上獻者，由少府收受之，以供王室祭宗廟之用。

每一諸侯王每歲必須獻黃金給漢王室之宗廟，由皇帝親自接受獻金。所獻黃金如成色不足，或斤兩不足者，如係王，則削其所封之縣；如係侯，則免其所封之國，所訂之律不可謂不嚴。

漢武帝元鼎五年時，有 160 位列侯因犯了獻黃金酎祭宗廟不合上述條例者，均被剝奪爵位。這一次武帝之所以如此嚴厲處罰這麼多位列侯甚至奪去其所封之國，乃因列侯們不肯協助討伐南越有以致之，於是藉口酎金不合標準而重罰之。亦由此可見漢代帝王極為重視宗廟之法，甚至可以藉此取消列侯之封國[32]。

漢代尚有一種"榷酤"的稅收政策。"榷"是獨木橋之意，"酤"是指做酒，"榷酤"者，意即賣酒之唯一可通行之途徑是要由政府公賣，政府在各地設立酒的公賣局。

當時之"均輸"法，不必由政府規定之處所賣出，但酒之出售則非經政府官賣局不可。由此說明當時之經濟制度已很進步，可見當時中國之行政措施甚為高明。

3. "鬻爵"制度供買爵免役減罪

漢代尚有一種"鬻爵"制度。

31　即今越南一帶附近地區。

32　據《漢書‧儀註》記載，謂此乃漢代定制，錢穆師疑此並非定制亦有可能。

"鬻爵"制度乃秦孝公時商鞅所訂立。商鞅把古代"公、侯、伯、子、男"五等封爵改變成 20 種等級的封爵；此制度一直沿用到漢代而未變。當時規定，較低的封爵不能參政，但可得到多種優待。

漢高祖五年下詔，凡是有"七大夫爵第七"等以上的爵位者皆有食邑；凡非"七大夫"的封爵者，其本人及其全戶可免徭賦。説明了第七級封爵以下者為低等爵位，亦可免除一家人之徭役。

高祖又聲明第八等爵位[33]以上，均為高等封爵，可得所賜田宅及官府要給予封爵者所提出的要求。

漢代常有賜爵之舉，得爵者可免徭役及豁免一部分田租。每逢新帝登位、或立皇太子、或朝代改元、或皇太子及冠之年、或封皇子為王及郊祀時，多為賜爵之時；民間得爵者，等於獲得政府在經濟上的一種優待券。

平民賜爵，亦可減罪。漢惠帝元年，民有死罪者，買爵 30 級可免死。一級值錢 2000，買 30 級之爵位，須付出六萬錢[34]即可免死刑。總之，朝廷准人民以錢買爵，可見爵位有其經濟價值。

但漢時買爵的價錢是時有增減的。文帝時爵價稍貴，爵一級為二萬錢；漢武帝時如買爵 30 級，便得付出 50 萬錢。司馬遷為李陵事，得罪武帝，吏議判死刑，無錢買爵贖死刑，因此不得已接受宮刑代死。

按照晁錯上書漢文帝所言，當時可用粟代金錢買得爵位，得以免罪。能以粟買爵者，其人必有餘財，既有餘財以供上用，則朝廷因賣爵而增收入，貧民賦稅便可相應減輕，則此政策亦有利於人民。

漢代粟價已不能詳細考證，但按照文帝時爵價之記錄，則約略可推算出一個大概價格。

漢代粟價最高時，一石不過 100 錢。600 石粟可買第二等爵，約為六萬錢，相當六斤金；以後每高一級，增價五萬錢，買第九級爵，則出錢 40 萬。

---

33 "七大夫公乘"為第八爵。

34 一説亦可用 30 疋縑代金。

文獻説明買第 18 級爵得出 120 萬錢，則自第九級起，每一級爵增約十萬錢。文帝時買爵之價可算高價。

同樣，漢代政府為適應人民的購買能力，爵位賣出價並不固定，也可調整。

景帝時，因上郡以西地區[35]旱災，因此修改賣爵令，將爵價降低，使人民能買得起。

武帝元朔六年，因北伐匈奴，當時命衛青統率十餘萬軍出擊。賞賜俘虜及斬下敵人首級的將士用去黃金達 20 多萬斤。漢軍戰士戰馬死亡十餘萬。武器裝備及水陸運輸費用不計其數，支出浩大。

大司農上奏國庫舊存之錢已盡，新賦税亦用竭，為彌補戰費需要，乃增設賣武功爵。漢代原設武功爵定為 11 個等級，但政府只賣爵至第八級為止[36]。第八級武功爵價為 17 萬錢，大約每一級價為二萬錢左右。即 15 萬錢可買到第七級爵；13 萬錢可買第六級爵，餘此類推。

文帝時出錢六萬可買到第二級爵，照推算，武帝時第二級武功爵價約五萬錢，則爵價較文帝時廉宜，而待遇則較文帝時為優。因武功爵第七級"千夫"之待遇相當於文帝時 20 等爵之第九級的"五大夫"了。

人民爵位亦可賣出，如人民逢旱年無力存活，政府亦無法恤災民，便允許人民賣爵，以示體恤百姓。漢惠帝六年夏，因旱災，朝廷准人民賣爵以自救。

漢時朝廷賣爵，其性質有如近代國家之發行公債。持國家公債券者，得向國家取其券價應得之本息。

漢時民戶買爵，主要目的在免徭役；而朝廷賣爵，則為濟國家之急，卻喪失了多數徭役，此猶如發公債必償其息。

35　今陝西省西北及綏遠省部分地區。

36　即第九級以上之武功爵不賣。

4. 厲行告緡出於懲罰心理

在漢武帝的多項財政稅收計劃中，如從利害得失方面而言，則算緡錢與告緡錢這項措施，最為困擾人民了。

根據歷史記載，當時中等以上家庭都因算緡告緡而遭受破產。人民即使有錢剩餘，也不再積蓄，從此大家吃美食，穿好衣，人人如此心理，其為害之烈，可以想見。

但是當時政府厲行告緡法，亦有其不得已之苦衷。因漢代財政，政府與王室已公私劃分，各不相干。漢武帝為了縣官短缺政費，常自內廷把王室私人財富取出濟急，武帝自己節省膳費以及不坐四匹馬拉的馬車，並將王室珍藏捐出，甚至將鹽鐵出賣所得撥歸大司農，即將是項收入讓國家支用。

當時孔僅、東郭等提到説："山海天地之寶藏物資，本來都是屬於少府的，但皇上卻不據為私有，拿出來交給大司農以協助國家之不足。"

武帝能將其私己之奉養，捐出作為政府開支，實是慷帝王個人之慨。但相對來説，當時民間豪富紛紛藏匿財富，不肯捐輸助國，與王室相比，就顯得格外自私了。

當時只有一位卜式，肯分財以助縣官之急需。雖經武帝百般獎勵勸勉，仍然少有人肯慷慨解囊，才縱民間告緡，成為朝廷憑藉權勢以強奪民間財富之現象。但在武帝而言，帝王之家尚願捐財助國，諸王侯以及百姓，竟坐視不願拔一毫而助官府，乃訂出告緡錢之措施，全國雷厲風行。

武帝及當時主計之人，推行時毫無忌憚，亦不顧惜民間困情，其所以有此種心態，乃由於當時政制所然。因當時政制，帝王好像一巨室，別有其私產。王室縣官，別為二體。今帝王尚願捐輸助國，而諸王侯以下至人民等，只顧私室，不肯分財以佐官家，遂使武帝憤而出此。亦猶如上獻酎金而不照法定，褫奪了 100 多位列侯之封爵的心理相同。

5. 武帝幣制亂而返正

　　武帝之財經政策中，尚有鑄錢幣一項，也是十分擾民的。

　　文帝時，取消盜鑄錢令，任由民間自由鑄錢，賈誼曾上書力諫。其大意是：

　　由於可以自由鑄幣，因此上山採銅礦者日多，大家放棄了農事，丟掉了耕耘田地的工具，爭着去燒炭火鎔銅鑄幣。以致奸錢日多，使生產五穀者日少。連善人都去從事這一類奸邪之事，弄得盜鑄者如雲，以後即使用死刑威脅，也無法再阻遏了。

　　錢幣之興起，為時不久，由戰國末期至漢初，僅 100 年左右歷史。憑當時人之智慧，實難解決當時之矛盾。如放任民間鑄幣，則幣制雜亂，為害極大；如嚴禁私人盜鑄，則禁不勝禁，且判死罪者必眾。

　　當時賈誼提出建議，收銅歸國有，使民間不能鑄幣，但文帝沒有採納。

　　景帝時重新頒佈盜鑄律令。

　　至武帝，更改了多次錢幣制度。建元元年時，改行使三銖錢，四年後又取消三銖錢，改行半兩錢。由於屢改錢幣，錢益輕薄而物價日益昂貴。商賈遂囤積貨物而逐利，且民間盜鑄之風大盛。依法盜鑄錢幣者死，但盜鑄者多而不能盡誅，五年之間，因盜鑄而受死刑者已達數十萬人。赦罪者亦有 100 餘萬人，數量可謂驚人。

　　武帝同時並下令禁地方政府亦不得鑄錢，遂廢銷天下諸錢而專令上林三官[37]才可鑄錢。至此民間盜鑄者遂減少，漢之幣制，於是上了軌道，奠定了以後的基礎。

　　歷史的演變，往往在一件新興事物的興起，歷經苦痛之後，始得善策。則武帝一朝以錢幣之紛亂，而社會生命經濟遭受了大劫難，良可慨歎。但由於人類智慧之所限，經過困頓而後思變，實亦不宜深責政府有關之財經大臣。

37　三官即中央政府的水衡都尉屬下的"均輸"、"鐘官"與"辨銅"三位令丞。

6. 鹽鐵均輸兩策非全不可取

漢武帝一朝理財大計最多，最為擾民者厥為告緡與鑄錢，爭執最大者則為鹽鐵專賣。

昭帝始元六年（公元前 81 年），朝廷詔請各國賢良文學士詢問民間疾苦。召開了一個有 60 多人參加的鹽鐵會議。朝廷官員有丞相車千秋、御史大夫桑弘羊及丞相史、御史等；地方代表有賢良文學士谷唐生、魯萬生、朱子柏、劉子雍等。在會議上，賢良文學士首先提出請廢鹽鐵專賣。理由是縣官所鑄造的鐵器多為大器物，供民用者多為粗製濫造，其鈍無比，刀連草都割不斷，於是農夫工作加重，收穫卻減少。而且鹽鐵賣價貴，百姓負擔加重，只得用木器耕耘，少用鹽而淡食。此可能當時實情，想未必全都如此。

但當時御史大夫桑弘羊力主鹽鐵專賣不可廢除。其理由是：如任由民間採鐵鑄器煮鹽，則易生兼併而成奸偽之業，卻苦了貧民百姓。鹽鐵如由官營，則兼併之路塞，便不再聚黨徒，作奸非，遊俠亦無從再生。以政策言，亦並不錯。武帝以後，由國家控制山海之利，使人民不再覬覦，亦可說對國家有利。而賢良文學士力主廢鹽鐵，仍主張任民間鑄幣，可謂不明本末，不知利害。

均輸法亦在武帝桑弘羊時代所建立。史稱行均輸法後，人民不加稅而國家足用，雖語帶譏刺，卻亦屬實情。

依照漢制，天子私有產業如此龐大，士官服官飲膳輿馬等費支出亦如此巨大。政府之公用開支更不必論矣。於是設均輸官以總其滙，亦不失為經濟之道。使郡國地方政府各自貢獻其土產，由官方自負輸送之責，亦未至虐民之舉。

平情而論，鹽鐵均輸等政策，雖為時人非議及遭後世輿論所反對，其實施之手續，亦難免有流弊產生，但其立法本意，亦非全無可取之處。

7. 武帝輕取民財濫用錢財

漢代經濟制度中，賣爵一事，影響及於吏治，其流弊亦相當多。其他關係較少，用不着再討論。

綜合言之，武帝一朝財政，從其立法定義言之，並非完全不對。武帝可議之處是隨意使用國家財富，不知愛惜。

漢代國家財政，主要靠田租、算賦及更賦三大收入。而國家的重要支出有六項：包括京師官員的俸祿、天地山川宗廟的祭祀、宮殿園陵及官用營造物的建築、京師駐軍的薪餉、軍用車馬兵器的費用及京師各機關的事務費。

其中以百官俸祿及軍費為最大，自高祖惠帝文帝及景帝以來，向有節儉之風，使國庫富裕。

但國家一旦有事，因田租、算賦、更賦三項皆有定額，不能驟增，因而造成財政拮据。而山海漁鹽礦藏皆屬天子之"私奉養"。

武帝時工商業發展日盛，超越農耕，天子的收入亦相應激增，由此而導致奢侈之風，如工商資產階級造成兼併之風；諸侯王自有封邑，各有其私奉養，亦各自營其礦山海鹽之業，美其名為不加田租或減收豁免田租，實則幹其商人般兼併的勾當。因此除天子、列侯王及工商巨賈富庶外，餘均貧窮困頓，造成社會經濟不均。

因此武帝的大興禮樂，以營造太平盛世的景象，其實亦即步列侯諸王驕奢相縱的後塵，而且更為變本加厲。所以武帝之管鹽鐵，設均輸，亦猶如諸侯王之開礦煮鹽，做其兼併工作。這便導致武帝濫用錢財而不惜，輕取民財而不慚，更以為田租算賦以外，均屬帝室私產，可以揮霍無度。

總之，當時的工商兼併、列侯諸王之驕奢以及武帝之揮霍，實乃當時時勢所造成的新興資產階級的特殊變相。故武帝雖雄才大略，但其在平民社會中造成一種驕奢縱恣資產階級風氣，其功罪頗難定評。

第六章

新朝時期經濟
(公元 9 ~ 23 年)

一、王莽輔政 興利除弊

西漢統治歷 200 載後，王莽篡位，開後世以禪讓得天下之始。西漢遵循秦制，無所興革。至王莽銳意復古之制，欲返回詩書六藝之先秦時代，卻不到 20 年而覆亡。秦祚雖短，其政制仍行於西漢；王莽"新朝"亡後，其一切建樹皆滅，但王莽當時之措施，亦甚值得後人注意。

王莽家族中，封侯者九人，任大司馬者五人。其父王曼早死未能封侯，故王莽自幼即孤貧，反而使他折節恭儉勤讀經書，因此 30 歲時，叔父成都侯王商上書，願分戶邑以封王莽，且復受當世名士之揄揚，得封新都侯。王莽爵位愈尊而節操愈謙，遂於 38 歲時擢升為大司馬，繼其四父(王莽父之兄弟)輔政，此時已顯露其政治理想，已為舉世人心所歸向，其成功主要在此。

成帝哀帝之際，王莽已為大司馬。哀帝於綏和二年四月即位，六月即下詔定出"田宅奴婢限列"的新規定，大略如下：

為了防止奢淫之風，使政治上軌道，凡屬諸侯王、列侯、公主、吏二千石及豪富民等，過去可多畜奴婢，無限量擁有田宅，造成與民爭利，使百姓陷入生活困境，今起一律要有所限制。

上述各級人員均不得擁有田地超過 30 頃。

畜養奴婢，諸侯王不得超過 200 人；列侯及公主不得超過 100 人；關內侯及吏民不得超過 30 人。商賈不得擁有田地，亦不得為吏。如有違犯上述規定者，田地奴婢皆由縣官沒收。

宦家奴婢年過 50 歲者，可免奴婢名分，成為庶人。

郡國不得再獻名獸。哀帝 19 歲即帝位，登位未滿兩月，已先下詔"罷樂府"，接着"議田宅奴婢限列"，照常理推測，決非出自哀帝之意，必另有出主意之人，此人呼之欲出：即當時輔政之大司馬王莽。上述"有司條奏"諸端，可以稱為極大之善政。

西漢歷代帝王中有如此魄力者，甫登位即下詔厲行新政者，惟有武帝差可比擬，且武帝尚有所不及。有人謂此事乃大司馬師丹所主張。但大司馬王莽以病免職，由師丹接任是在七月，而"議田宅奴婢限列"是在六月，可見其時輔政者是王莽而非師丹。

二、針對貧富懸殊 行均田廢奴婢

自西漢末年元、成、哀諸帝以至莽朝，成都、洛陽、長安諸大郡因貨殖積財致富者不可勝數。成哀之時，有成都羅裒者，訾財至鉅萬；臨淄姓偉者，訾財 5000 萬。

成、哀、王莽時，洛陽張長叔、薛子仲積訾財 10 千萬；京師有富人樊嘉、摰綱、如氏、苴氏、丹王君、房豉、樊少翁等均積財至 5000 萬。以上均為以貨殖積訾財而致富。

至於朝廷公卿仕宦之家，亦無不積累財富至萬萬錢。如元帝時，都內積財富至 40 萬萬錢；水衡有 25 萬萬；少府有 18 萬萬；又如佞幸之臣，石顯達一萬萬；淳于長亦累積鉅萬；董賢旬月間賞賜巨萬，董賢死後，縣官拍賣其家財，凡 43 萬萬錢。

又據《漢書・元后傳》稱：王莽家族中的五侯群弟，爭為奢侈，各方逢迎贈送珍寶者，四面而至，後侲姬妾，各數十人，僮奴以千百數。

由於漢代自昭、宣諸帝以來，休養生息，元氣漸復。社會財富，任其自然發展，因此造成極富與極貧之現象。而當時外戚佞幸，奢僭淫放，等同封王。於是前朝如賈誼、晁錯及董仲舒所扼腕歎息之現象，一一重見。元帝對學者如王吉、貢禹眼見當時官奴婢十餘萬人，終日嬉戲無事，浪費公帑，主張免役復為庶人。

元帝時期，王吉、貢禹等向朝廷獻議罷樂府，限制官紳豪民擁有田宅及奴婢數目，以遏抑當時昇平盛世之日益熾烈的奢風。而當時朝野亦希望能做到制節謹度。王莽所抱之政治理想，亦可說自此種時代背景及時代思潮下醞釀而成，並無足怪。

王莽之可貴，在於他出身於王氏極盛之門第，卻接納了王吉、貢禹等謹度制節之說，修己治人，堅守有為，實在是相當難得。

哀帝崩，董賢伏法，王莽重執朝政，至平帝元始三年，王莽上奏"車服制度，吏民養生、送終、嫁娶、奴婢、田宅、器械之品"等政策，其實就是他接續了哀帝綏和二年時所頒佈的政策。及至王莽篡漢，新朝始建國元年，便正式下詔禁買賣田宅奴隸。

王莽下令禁止買賣田宅奴婢大意如下：

"古代一夫一婦種田 100 畝，田租十分之一，國庫充裕而人民富足。到秦代破壞了聖制，廢除井田，於是人心貪婪，兼併四起，強者擁田以千計，弱者無立錐之地。又於市場買賣奴婢，等同馬牛。違背了'天地之性人為貴'的真義。……至漢代減輕田租，收三十分之一，但又有更賦等須繳納，加上豪民的侵凌。

人民田租表面上為三十稅一，實際上是十分之五。因此造成富者驕而為邪、貧者窮而為奸，以致陷入罪網。余前攝政時，已經準備改革田畝奴婢等不平等現狀，因遭反虜逆賊擾亂而止。

今更名天下田為'王田'，奴婢為'私屬'，以後不准買賣。凡一戶之男丁不滿八口而擁逾一井之田者，當將餘田分給九族鄰里鄉黨。如今無田而受田者，亦照此制度辦理。敢有非議井田聖制者，一律充軍邊疆[1]。"

此詔用意本來相當合理。凡今人所提土地國有，平均財富及廢奴諸說，在此詔中均有提出。但凡是一種社會經濟情況，必有其自然生長之過程，亦必有其相當合理之背景，始能產生。今王莽竟以一紙詔令，欲改弦更張，實勢有所不能。史載，當時上至諸侯卿大夫，下至平民百姓，犯了買賣田宅奴婢及鑄錢之罪者，不可勝數。

三年以後，始建國四年，有中郎區博上書諫曰：

"井田雖聖王法，其廢久矣。周道既衰，而民不從，秦知順民之心，可以獲大利也，故減廬井而置阡陌，遂王諸夏，訖今海內未厭其敝。今欲違民

1　見《漢書・王莽傳》。

心，追復千載絕跡，雖堯舜夏起，而無百年之漸，弗能行也。天下初定，萬民新附，誠未可施行。"

王莽接納此議，遂下書再准人民得買賣田及奴婢。因此均田及廢奴之制始終未能推行。但到天鳳四年，規定凡畜奴婢一名者，得繳納人頭稅 3600 錢，實有寓懲於禁之意。但由於當時社會勢力仍掌握於富民豪家之手，王莽此種政令，實不能示惠於奴婢，反招致豪民主怨尤，於是民心喪失，歸於失敗。但至漢光武朝，屢詔免奴婢，事實上是受了王莽的影響。

三、王莽四改幣制擾民

王莽自居攝政到篡位稱帝，其間不足 20 年，改革幣制凡四次。

第一次是王莽居攝政時鑄造三種錢幣，與原有之五銖錢並行。一種為大錢，文曰："大泉五十"；重 12 銖；一種為"契刀"：頭環形如大錢，身形如刀，文曰："契刀五百"；一種為"錯刀"：其上刻以鍍金之字，曰："一刀直五千"。

此三種新幣，並訂定與五銖錢之兌換價，重 12 銖之大泉，當五銖錢 50；契刀當 500；錯刀當 5000，因鍍以黃金之故。但此種虛價，不易為民間所信受。

後因錢幣上有"金"、"刀"字樣，與漢王室劉姓從"金"、"刀"兩偏旁有關，恐不利"新朝"，遂廢棄"錯刀"、"契刀"及五銖錢，再有第二次更改幣制。

第二次改幣制謂之"寶貨"，"寶貨"包括五物六名 28 品，五物即鑄幣之五種材料，曰金、銀、龜、貝、銅；六名者即金貨、銀貨、龜貨、貝貨以及用銅鑄造之泉貨與布貨，合稱六名。所謂 28 品者，如下：

| 1. | 金貨 | 黃金一斤：值錢 10000 | 一品 |
| 2. | 銀貨 | 朱提銀：值錢 1580
銀：值錢 1000 | 二品 |

3.	龜貨	元龜：值錢 2160	四品
		公龜：值錢 500	
		侯龜：值錢 300	
		子龜：值錢 100	
4.	貝貨	大貝：值錢 216	五品
		壯貝：值錢 50	
		么貝：值錢 30	
		小貝：值錢 10	
		貝：一枚值 3 錢	
5.	泉貨(銅製)	小泉：文曰小泉值一，重一銖	六品
		么泉：文曰么泉一十，重三銖	
		幼泉：文曰幼泉二十，重五銖	
		中泉：文曰中泉三十，重七銖	
		壯泉：文曰壯泉四十，重九銖	
		大泉：文曰大泉五十，重 12 銖	
6.	布幣(銅製)	小布：文曰小布一百，重 15 銖	十品
		么布：么布二百，重 16 銖	
		么布以下尚有幼布、厚布、差布、中布、壯	
		布、第布、次布及大布	

　　各布以次遞增一銖，即幼布重 17 銖，至大布為重 24 銖。以上共五物六名 28 品。

　　王莽第二次改幣制共五物、六名、28 品，極為複雜，人民並不樂於使用。王莽雖以重刑迫人民使用，但民間私自以五銖錢行使，王莽不得已再改幣制，只擇其中二品通行，即為重一銖之小泉及重 12 銖之大泉。此為第三次改變幣制，但王莽以此幣制與復古不合，隨即又廢除。

　　王莽第四次改幣制及製造 "貨布" 與 "貨泉" 兩種。貨布之形狀如古代之兩足布，重 25 銖，值貨泉 25；貨泉重五銖，值一，乃因大泉行之有年，遂准大泉可延用六年，與貨泉、貨布同時行使。

王莽政制中與民生最有密切關係者，除公田、廢奴之外，要推幣制了。漢代從武帝元狩五年鑄五銖錢起，直至平帝元始年間，並無變更。到王莽時，則四改幣制，並禁止民間不得持有銅炭，以防止民間私鑄錢幣。

莽朝複雜而紊亂的幣制，使百姓憒亂，貨幣不能流通，並造成"農商失業，食貨俱廢，民人至涕泣於市道。"此實為王莽最大之秕政。

當時王莽造幣之材料，竟然仍採用已為當時人所賤視之龜、貝，仍與錢幣同行，則安得不為人民所鄙棄。王莽只知慕古，其不通情理，可謂無比迂愚。

漢自晁錯、貢禹等多位學者，深知豪民兼併之可恨，貧富不均之可憂，但欲消弭上述弊端，並非改革幣制可以解決。王莽以為廢金錢，革貨幣，使富民失去藉以兼併之資，卻不了解社會民生牽涉甚廣，拔一髮可痛全身。尤以貨幣制度關涉民生，影響極大。而王莽竟然不察民間實況，不通社會真情，空依古代文字記載，強為變更，遂造成擾民之大錯。

王莽"始建國"五年，由於民間持有銅炭者多，遂除禁令。又於翌年(即天鳳元年)作第四次之幣制更改，已見上述。但每改幣制，便使民用破產而陷入刑網。到地皇元年，王莽以私鑄錢幣者死，而犯法者多，遂減輕刑罰，改為私鑄錢幣者，犯者及其妻沒入為官奴婢；地方吏及鄰居知而不告者同罪。

因犯法者多，由郡國備檻車鐵鎖，送至長安鐘官(主鑄錢者)處，愁苦而死者達十分之六七，可知王莽幣制之擾民。

四、新朝的五均六筦制度

王莽行五均六筦之制。其"五均"一詞，源出《樂語》一書，此書為河間獻王所傳。鄧展洛釋曰："天子取諸侯之土，以立五均，則市無二價，四民常均，強者不得不困弱，富者不得要貧，則公家有餘，恩及小民矣。[2]”所以五均有稅地之義。因古人惟以農為正業，其他均視為奸利。

又以為人必靠土地才可生利，所以政府除了收取田租正稅以外，另立五均之稅。

“五均”一名，又見於《周書大聚解》，其中說：“市有五均，早暮如一。送行逆來，振乏救窮。”

王莽依據上述古代經文之意義，訂出徵收工商之稅，由五均官執行之。其法如下：

“諸司市，常以四時仲月，實定所掌，為物上中下之價，各自用為其市平。毋拘他所。眾人買賣五穀布帛絲綿之物，周及民用而不讎（售）者，均官考檢厥實，用其本賈（價）取之，無令折錢。萬物昂貴，過平一錢，則以平價賣與民，其價低賤減平者，聽民自相與市，以防貴庾者。曰欲祭祀喪紀而為用者，錢府以所入工商之貢但賒之，祭祀無過旬民，喪紀無過三月。曰或乏絕，欲貸以治產業者，均授之，除其費，計所得受息，無過歲什一。[3]”

上述又略似武帝之均輸制，但性質亦有所不同。因“五均”所掌管者，即是徵工商稅，其目的仍為工商界謀便利。如上述定物價，收滯貨，平買賣均是。

至於有賒貸一項，寓振乏救窮之意，正好與徵“田不耕”、“宅不種果蔬”、“民浮遊無事”等項之立法用意，有相輔相成之效。因重利盤剝，亦為兼併一大事，故賒貸由官方經營，使高利貸者無所牟利。而政府即以工商稅所得，作為賒貸之本金。以上即五均制之大概。正如太史公所說，中國農業社會，人民喜愛放縱，因中國向來有較多自由。今王莽推行上述諸法，要統制社會自由，便難免遭受失敗。

王莽新朝尚有管制工商的六筦之令。於始建國二年下令推行。所謂六

2　臣瓚注。

3　見《漢書·食貨志》。

筦，含鹽、鐵、酒、名山大澤、錢布銅冶及及五均賒貸六項。即鹽、酒、鐵、鑄錢及五均賒貸均由國營，不准民間插手；同時名山大澤所產貨物如礦產木材魚獲等產品均須徵稅。上述六事由政府管制，故稱"六筦"。

其實此六筦政策，亦有復古之意，其議源自劉歆，周有泉府之官，已有賒貸之法[4]，王莽乃依其意而推行之。目的在防止豪強富民壓迫貧弱，用意本善。

《漢書‧食貨志》記載：在京師長安以及洛陽、邯鄲、臨淄、宛和成都五大城市設立五均官。稱為"五均司市師"。將長安劃分為東市（稱京）和西市（稱畿），洛陽稱中，餘四都各用東、西、南、北為稱。京師連上述五都市着各置交易丞五人，錢府丞一人。交易丞乃掌管平抑物價；錢府丞乃掌管徵收工商農賈之稅和賒貸。

此外，各郡、縣也各設司市，其職掌和司市師相同。

凡工商業者所採得金、銀、銅、鉛、錫、龜及貝者，皆得將所獲貨值向當地司市的錢府丞據實呈報。

又按照《周禮》中之稅制[5]，民間凡有田不耕殖者，須繳納三丁之人口稅。凡住宅周圍不種果樹及菜蔬者，得向政府繳納三丁之布；民若浮遊無事者，得出夫布一疋。

凡在山林水澤採物或從事畜牧者，所獲鳥獸魚鼈百蟲；或婦女蠶桑紡織補縫，以及工匠醫巫卜祝方技，商販賈人及住宅客舍諸項，皆須自己從實估值，除其成本，計其純利，向所在地之縣官呈報，將其純利之十一分之一（即1100 文收取 100 文）上貢政府。此與武帝有異。如有呈報不實者，即將其所採獲各物全部沒收外，尚須作苦工一年。此制度缺點是呈報無規定最低限額，

4　見《周禮》。

5　《周禮》一書，董仲舒未見，乃西漢末年發現，按書中所述，以為周公所作，於是王莽根據《周禮》以推行新經濟政策。其實《周禮》並非歷史，乃烏托邦理想國而已，但很像具體之歷史。2000 年前古人已有很多進步思想，可說凌駕乎柏拉圖之《理想國》，故此書值得一讀。

連婦女的家庭紡織小工也要呈報。

上述制度，略似於武帝時之算緡錢，但性質頗為不同。

根據上列諸項，"五均"是以徵收一切地稅為主。故凡採礦、畜牧、坐肆、住宅、客舍及工商之就地生利者，五均皆得徵稅。即凡耕稼以外之據地以為利者，均由五均主理。有田不耕，宅不種果蔬，民無事做，雖不生利，但亦佔地，故亦徵其稅，乃寓禁於徵之意。

五、政策推行過急致新朝敗亡

王莽六筦法中，如鹽鐵酒酤之官賣，名山大澤錢布銅冶之由國營，此等政策在武帝時均已實行。武帝行上述制度，志在增加國庫；王莽推行此等制度是根據傳統的文化經濟思想而來。則確是為了"齊眾庶，抑兼併"。後世人以成敗論事，認為王莽新朝之政制一無足取，實非公平之論。

即以莽朝六筦之令，其用意亦非全錯。如《食貨志》所批評的：

"羲和置命士督五均六筦，郡有數人，皆用富賈。洛陽薛子仲、張長叔、臨淄姓偉等，乘傳求利，交錯天下。因與郡縣通奸，多張空簿，府藏不實，百姓愈病。"

此說意即奉行五均六筦法者不得其人，致生流弊，並非制度本身。此乃改革政制進程中所常有之現象，不能單責王莽。

天鳳四年，王莽再下詔重申六筦之令，據《資治通鑑》記述曰：

"夫鹽，食肴之將。酒，百藥之長，嘉會之好。鐵，田農之本。名山大澤，饒衍之藏。五均賒貸，百姓所取平，仰以給贍。錢布銅冶，通行有無，備民用也。此六者，非編戶齊民所能家作，必仰於市，雖貴數倍，不得不買，豪民富賈，即要貧弱。先聖知其然也，故幹之。"

此詔令明顯說出六筦制之用意。以近代人術語言之，這些都是國家社會主義政策之推行。但王莽推行此等政策時，確實有不少流弊。《漢書‧王莽傳》載：凡執行每一筦，多設科條防禦，犯者往往死罪，吏民犯罪者漸多，有納言[6]馮常上書諫停止六筦之法，王莽大怒，免馮常之納言。

地皇二年，群言設計推行六筦之大臣魯匡使工商窮困，宜殺之以慰人心。王莽以百姓怨恨，遂將魯匡免職。明年，地皇三年，王莽以天下叛亂，遂下令廢除即位以來一切不便於民之規章條例，包括井田、奴婢、山澤六筦的禁令。可見此時王莽已覺悟其所抱負政治理想之推行太急。然正待遣使發令，光武兄弟已起兵，王莽遂覆亡。

其實王莽所推行者，均與社會民生有關。王莽雖志在民生，但慕效古昔近乎迂執。又欲一蹴而就，不思精心密慮，逐漸推行，宜乎其促致早亡也。

6　納言相當於西漢之大司農。

第七章

東漢時期經濟
(公元 24～220 年)

一、穩經濟釋奴婢行"度田"

東漢光武即位以後，為了迅速穩定戰亂後的社會秩序，即標榜中興漢室，宣佈廢除王莽所訂政策制度，也以黃老無為思想為依歸。建武十七年(公元 41 年)，光武曰："吾理天下，亦欲以柔道行之。"遂"解王莽之繁密，還漢世之輕法。[1]"因此選用賢良，重視吏治，與民休息。

光武首先釋放奴婢。自登位次年(建武二年)至十四年，曾六下詔令釋放奴婢。包括因饑荒窮苦而"嫁妻賣子"者，王莽時沒入官府者，戰亂中劫略者等，如有抗命不釋者，以"略[2]人法從事。"

東漢畜奴婢之風仍盛，如"馬防(馬援子)兄弟貴盛，奴婢各千人以上。[3]"又如"(梁)冀又起別第於城西，以納姦亡，或取良人，悉為奴婢，至數千人，名曰自賣人。[4]"

此時期不但畜奴多，且常加以殘害虐待，故光武又在建武十一年二月，三次下令嚴禁殘殺奴婢。詔令中說："天地之性人為貴，其殺奴婢，不得減罪。[5]"同年八月又詔："敢炙灼奴婢者論如律，免所炙灼者為庶民。[6]"十二年詔："隴、蜀民被略為奴婢自訟者，及獄官未報，一切免為庶民。[7]"十三年詔："益州民自八年以來被略為奴婢者，皆一切免為庶民。[8]"十四年詔："益、

1　見《漢書·循吏傳》。

2　略：劫略、奪取。

3　見《後漢書·馬援傳》。

4　見《梁統傳》。

5　見《後漢書·光武帝紀》。

6　同上。

7　同上。

8　同上。

涼二州奴婢自八年以來自訟在所官，一切免為庶民，賣者無還值。[9]" 此舉對恢復並穩定社會經濟，頗有成效。

當時，西漢末年所留下之土地問題亦待解決。建武十五年，光武遂實行"度田"，下令各州、郡清查人民佔有田地數量和戶口、年歲，目的為要限制豪強富民兼併土地和畜奴婢之人數。而且亦可便於徵收賦稅及力役。如十五年"詔下州郡檢覈墾田頃畝，及戶口年紀。"

有呈報田地不實者，如"河南尹張伋及諸郡守十餘人，坐度田不實，皆下獄死。[10]" 但當時豪姓將帥，常有隱瞞田地，反對清查者，竟有武裝反抗者。光武帝讓步，只將違法者遷徙他郡，給予田宅安排，事件遂平息。

二、東漢主要財政收入來源

東漢的財政制度多承襲西漢舊軌，無大改動。其國家財政收入方面，主要有下列三項：

1. 田租收入：東漢初，因戰費等支出浩大，田租徵收十分之一。至建武五年(公元 29 年)，以屯田 [11] 相當成功，倉有餘糧，翌年十二月復西漢舊制而收三十分之一。其徵收方法為"以畝定稅" [12]。

至章帝建初三年(公元 78 年)，徵收辦法改為將全國田地按土地的肥瘠分為上中下三等，對不同收穫量課以不同稅率，使肥田多納租，瘠田少納租，較為公平，可說較西漢為進步。

桓帝、靈帝時，田租之外，還徵收臨時附加稅。桓帝延熹八年(公元 165 年)，每畝加徵銅錢十文(即十錢)。這就是《桓帝紀》所載的"初令郡國有田

9　　見《後漢書·光武帝紀》。

10　　同上。

11　　編按：屯田政策將在後文討論。

12　　即以畝為單位，按照若干年之平均收穫量乘稅率。

者，畝斂稅錢。"

靈帝中平二年，因皇宮大火，宮門等燒毀，因此又加"稅天下田，畝十錢。[13]" 田賦附加，遂由此開始。

2. 鹽、鐵徵稅：東漢時期的鹽鐵專賣，只實行了一個短時期，由於章帝元和年間財政困難，在公元 84~86 年間，施行期極短。和帝即位，章和二年，即廢除專賣而改為課稅。當時冶鐵業除了政府製造兵器、車馬用具及生活用具外，其餘均由人民自由經營。

至於酒的專賣，因東漢常有自然災害，地震水旱，經常發生，以致糧穫不豐，政府禁止賣酒，也不徵稅。

3. 賣官鬻爵：東漢之賣官鬻爵，較之西漢更甚。桓、靈二帝時，宦官弄權，政治更為敗壞。

如靈帝開西園賣官，斂財作為私己，二千石的官位賣 2000 萬錢；一千石官賣 1000 萬錢，餘此類推。關內侯 500 萬錢。如依照年資理當升遷者，則出半價或三分之一便可。賣縣令(長)則按照各縣土地肥瘦各有定價，即視其利祿多寡而定價錢之高低。富者先付錢，後任官；窮者先任官，後付錢，但得加倍付款。即使三公九卿也有暗價，公 1000 萬錢，卿 500 萬錢。當時曹操之父嵩以一億錢買太尉，比官價高出十倍。因此造成東漢末年地方官吏的橫徵暴斂。

此外，東漢時如算賦、口賦的人口稅，更賦以及徭役等項，則仍照西漢舊例，變動很少。

三、東漢財政支出兩缺口：軍費及俸祿

東漢政府的財政支出，主要是政府各部門的經常性開支，以軍費、官員俸祿為最大，此外如用於交通運輸、撫恤賑災、農田水利及建校育才亦佔相當數額。

13　見《靈帝紀》。

軍費方面，光武定天下後，盡量停止用兵，但建武二十六年(公元 50 年)，將南匈奴遷徙內蒙以實邊疆，政府得供應糧食、布帛、牲畜及其他財物，每年需支出費用達 1 億 9000 萬錢。給西域每年 7480 萬錢[14]，所費浩大。

安帝永初年間以來，屢次出兵，其中五次全軍潰滅，"動資巨億。[15]" 又自安帝至靈帝的 60 年間，對西羌作戰戰費巨大。安帝永初年間，對羌連年用兵，長達 12 年之久，費用達 240 餘億錢，使國庫空虛。

順帝永和元年起，對涼州、并州及關中羌用兵十年，又耗軍費 80 餘億錢。靈帝時與東羌戰，又耗費 44 億錢。故軍費實為政府之龐大支出，使人民負擔加重，雜稅因而加多。

官員俸祿支出方面，東漢初年，為節省政費，全國裁併 400 餘縣，裁撤冗吏十分之九，命地方軍人退伍返鄉，但東漢官吏仍有 7560 餘員，其下內外諸色吏員 14 萬名以上，仍比西漢時多出二萬。尤其桓、靈二帝時大賣官爵，使國庫無錢支俸祿。桓帝時曾兩次扣減官吏俸祿，亦為東漢末年官員舞弊猖獗原因之一。

至於興建學校，為國育才方面，西漢武帝時已甚為重視，當時令郡國察舉賢良方正文學之士外，並在京師長安建太學，培養官員子弟。又令天下郡國興建學校，以造就地方人才。

東漢光武帝開始，亦極重視人才之培養，建武五年(公元 29 年)即籌建太學及地方之郡國學校。班固《東都賦》有云："四海之內，學校如林。"可見教育之甚受重視，支出亦頗不少。

兩漢時政府與王室財政雖有劃分，但亦有互相挪用之情形，如武帝以"私奉養"撥作戰費；宣帝本始二年以王室錢為平陵徙民起第宅。但在東漢後期，帝皇奢貪成性，便常有挪用國帑以益王室者。

14　見《後漢書·袁安傳》。

15　見《和帝紀》。

四、東漢的屯田政策成功

東漢初屯田頗有成效，使國有餘糧，導致田租減至三十稅一，以下略述屯田制之梗概。

"屯田"一事，正式起於漢代。如以廣義來説，春秋時期的封建制度亦可説是"屯田"。因西周封齊、魯等多國，由國家率領一大批人前往封地處築城，並住下劃田讓人耕種，謂之"井田"。可稱之曰農民集團的武裝墾殖。近代西方的英國殖民於香港，在港設軍營，亦可算是武裝殖民，且帶來傳教士與醫生，並有集團做生意。中國古代是築城而有武裝保衛，由貴族將田地分給農民開墾耕種。

秦漢大一統後，封建制取消。當時中國之邊疆如熱河、察哈爾、綏遠，均有荒蕪之地可供開墾，因此可以大量移民殖邊。其實當西周時，周公分封諸侯至陝西、山東，亦有移民殖邊之意。

漢文帝十一年(公元前 169 年)，晁錯三次上書，其中有《守邊勸農疏》及《復言募民徙塞下疏》，提出了對付匈奴的戰略及徙民邊塞以鞏固國防的一套計劃。他指出"胡人衣食之業不著於地……食肉飲酪，衣皮毛，非有城郭田宅之歸居，如飛鳥走獸於曠野，美草甘水則止，草盡水竭則移，……往來轉徙，時至時去。[16]"因此他提出移民實邊之法，以逸待勞，來對付流竄性的匈奴騷擾。

中國正式屯田當始於武帝通西域時，因新疆地區多水草，可種田，軍隊是兵農兩兼，經濟與軍事活動同時進行。此乃因為西漢的立國姿態是從長安再向西北伸展，從而驅逐匈奴，開通西域，是動而進取的。武帝遂徙關東貧民於隴西、北地、西河、上郡，一次凡 70 餘萬人。

西漢初，高祖以輕敵匈奴致敗；至文帝用和親政策亦非長久之計；武帝時初用誘敵政策，亦不效，後遂大張撻伐。為伐匈奴，取河南地為朔方郡，

16　見《守邊勸農疏》。

向西伸展至令居(今甘肅)，派吏卒五六萬人，沿途設置田官，以屯田作持久戰養兵對付匈奴，先以騎兵任先鋒掃蕩，繼以步卒屯田為後勁，步步為營而前進，遂使匈奴屈服。

宣帝時，將軍趙充國亦以屯田政策而擊敗西羌。趙充國是經歷武帝、昭帝和宣帝的三朝老將，忠心而多智謀，宣帝時已 70 多歲，對當時青海的西羌仍很頭痛，一時無適當將領，趙充國自告奮勇，願意率軍出戰。蒙准許領一萬騎兵步步為營，深入羌區，他先用重賞以分化瓦解羌人的團結，製造西羌各部落間的矛盾，以拆散羌人力量，但如要徹底消除羌人後患，便需使用持久之策。

於是趙充國提出用"屯兵"之法，經多次上書宣帝，始獲批准。由於對付西羌，須用持久戰略，兵費極大，單糧餉一項，每月須糧食二三萬斛，但國庫財力有限，軍費太大，無法長期支撐，於是他想出"屯田"之法，以解決糧食之困難。

屯田之法是，將騎兵撤返後防，只用一萬步卒，每卒給予 20 畝田耕種，共可開墾田地 2000 頃，一面屯田防守，一面勸化羌人。亦有監視之意，糧餉有了着落，不愁持久作戰；宣帝一面又派遣中郎將趙邛等出擊，一年以後，羌人因投降、被殺、飢餓溺死及逃亡，終於徹底平定。

到東漢和帝時，羌人再起叛亂。安帝時有大臣主張放棄涼州(今甘肅)，後得虞詡勸諫而止。此時西羌叛亂凡十餘年，漢兵屯田邊境者 20 餘萬，但曠日持久，徒勞無功。考其原因，東漢軍乃步卒，羌人皆騎兵，漢軍無法追及。西漢軍屯田之所以成功，乃先有騎兵驅逐掃蕩，等敵人遠遁，乃以屯田繼之，所以成功。

後尚書令虞詡教導任尚撤銷諸郡屯兵，各令出錢數千，20 人共購一馬，合以萬騎逐數千羌虜，遂使羌人遠遁，任尚因此立功。

東漢光武時，屯田頗為成功。各地廣墾田地，興修水利，收穫大增。如建武七年，杜詩任南陽太守，"修治陂池，廣拓土田，郡內比室殷足。[17]" 又："鄧晨復為汝南太守，……興鴻郤陂數千頃田，汝土以殷，魚稻之饒，流衍它郡。[18]" 又："建武中，太守鄧晨欲修復鴻郤陂，楊曉因高下形勢，起塘四百餘里，數年乃立。百姓得其便，累歲大稔。[19]" 鮑昱後拜汝南太守，以"郡多陂池，歲歲決壞，年費常三千餘萬。昱乃上作方梁石洫，水常饒足，溉田倍多，人以殷富。[20]" 可見光武時屯田成功，遂得減收田租。

五、東漢興水利改農具重視農業

東漢時期對農業生產仍極重視，亦有相當發展。明帝永平十二年時，已距離東漢立國 45 年，史載："是歲天下安平，人無徭役，歲比登稔，百姓殷富，粟斛（石）三十，牛馬被野。[21]"

當時農穫豐收，與農具的改進亦有極大關係，此時鐵製農具已廣泛使用。從這一時期出土的鐵製農具來看，已知遍佈南方的廣東、廣西、雲南、貴州及西北地區的內蒙、寧夏、甘肅、新疆等省區。且農具的器型已較西漢有所改進。如鐵犁的尖端縮小，刃部加寬，並有大型與小型多種款式，以便深耕及翻碎土壤。當時更普遍使用耕牛，不但在黃河流域，而且遍及華南及內蒙等地區。

水利方面，東漢初年已甚注重。由於西漢末期的水利長期失修，"河決積久，日月侵毀，濟渠所漂數十許縣。" 如"汴渠亦潰決"，因此東漢初極重視水利興修。

17　見《杜詩傳》。

18　見《鄧晨傳》。

19　見《許楊傳》。

20　見《鮑昱傳》。

21　見《明帝紀》。

明帝時，有人推薦王景能治水，便派遣他與將作謁者王吳修復浚儀渠（在今河南開封）。王景用"塢流法"控制水流，除滅水患。

明帝又請王景、王吳修整黃河及汴渠，以工程浩大，徵用農民夫卒數十萬人。王景等親自巡察查勘河南至山東千餘里河道地形，疏通河道，決通壅塞，每隔十里置一水門，以控制水流，費錢百億，歷時年餘，才完成工程。從此黃河與汴水分流，並用兩水沿岸的淤土闢為良田，經此修治，黃河此下800多年未再改道[22]。

安帝時下詔"修理西門豹所分漳水，為支渠以溉民田"。又下詔"三輔、河內、河東、上黨、趙國、太原各修理舊渠，通利水道，以溉公私田疇。[23]"

又，章帝之年，"遷廣陵太守，興復陂湖，溉田二萬餘頃。[24]"

同時各地郡守縣令亦重視水利興修，因此使糧食增產，如當時非水旱牛疫時常發生，糧產當不止此數。

六、東漢其他各行業情況

1. 手工業較前代進步

東漢之手工業仍沿襲漢代所有，主要如冶鐵、煮鹽、鑄銅、漆器及紡織等。

東漢冶鐵業，除政府鑄兵器、車馬具自用外，其餘均自由經營。由於東漢發明水排[25]，同時此時期發明了低溫煉鋼法，因此全面廢除了銅兵器而代之以鐵製的刀劍。

22　見《後漢書・明帝紀及王景傳》。

23　見《安帝紀》。

24　見《馬援傳》。

25　水排為水力鼓風機，冶鑄鐵器時少力而多功。見《杜詩傳》。

東漢的鑄造銅器亦比前進步，當時鑄銅業遍及全國，如今湖南、湖北、四川、雲南、安徽等地均設有冶銅場及鑄銅作坊。

當時銅器製作精巧，有飾以鎏金、鑲以金銀的。有刻花紋的動物器皿，並鑴以吉祥語如“祝福吉祥”及“富貴”等。

紡織業方面，東漢亦較以前為普及，種植桑麻也比以前擴大。如綏遠之五原，人民冬天無衣，績細草而臥其中，至崔寔任五原太守，開始教民紡織麻布，使民得免寒苦[26]。

如雲南省的哀牢地區，光武帝時陸續教民養植蠶桑，染采文繡，織成文章如綾錦。陸續又教以織布，幅廣五尺，潔白不受垢污[27]。

產絲尤以山東、四川等地為盛。政府在上述地區設服官，京師洛陽設織室，專為王室及貴族官僚製衣。近代在“絲綢之路”上，玉門關附近發現了一疋東漢時所產的縑，上書“任城國亢父(今山東濟寧)縑一匹，幅廣二尺二寸，長四丈，重廿五兩，值錢六百一十八。[28]”東漢時代之絲織品，所知已有綾、羅、綢、緞、錦、紗、絹、繒、縠及綺等。其上所繡圖案，古雅清麗。

又如光武帝時，見尚書令喜穿越布單衣，亦甚喜好，於是常勑會稽郡獻越布[29]。

東漢以前，長沙地區人民多赤足無鞋，冬天剖裂出血，春天潰爛。至光武帝時，桂陽太守教人種桑養蠶織履，使人民免受其苦[30]。

至於漆器方面，東漢時發展亦大。如長沙出土之漆彩盒，繪有歌舞、狩獵等圖案，紋飾十分精美。又如樂浪(今韓國平壤)出土之漢墓中的漆彩盒，彩繪人物，色澤雅緻，情態如生，恐怕當時的富商巨卿才有充裕的經濟能力使用。

26　見《後漢書・崔駰傳》。

27　見《西南夷傳》。

28　見羅振玉、王國維之《流沙墜簡》。

29　見《陸續傳》。

30　見《東觀記》。

2. 東北及西北畜牧業興盛

東漢的畜牧業相當豐盛，有些地區甚至耕稼與畜牧兩便，如當時西北地區便是。

鄧禹是長安求學時期劉秀（後來之光武帝）的同學，鄧禹知劉秀非常人，常親附之，迨秀得天下，禹歸附之，以獻策得光武器重，封為將軍。某次命禹攻赤眉所佔長安，禹告部下，赤眉財富充實，應先避其鋒銳。建議宜暫時駐軍上郡（陝西西北及綏遠）、北地（甘肅東北及寧夏）及安定（甘肅東部）三郡，因上述地區地廣人稀，饒穀多畜。暫且休兵養士，伺機再圖赤眉，後果將赤眉驅走。鄧禹因功封梁侯。此乃全靠陝甘綏寧地區饒穀多牲畜而致[31]。

東漢初年，遼東（今遼寧省）盛產豬隻，當時該地產一白毛之豬，以為稀物，主人遂攜之欲上獻朝廷，到了河東（今山西省西南），見遍地都是白豬，知非珍奇，遂慚愧而還，足見當時產豬之盛[32]。

又當時光武派遣竇融鎮守河西（今黃河以西之陝西、甘肅兩省及綏遠、寧夏部分地區）五郡，行大將軍事。河西兵馬精強，平四川甘肅地區之先零羌時，得牛馬羊萬頭，穀萬斛。後帝詔見，竇融及五郡太守赴京師“駕乘千餘兩，馬、牛、羊被野。[33]”可見西北區畜牧之盛。

東漢末年靈帝時，亦有家貧而苦讀成才之學者隱居田野畜牧者。如山東濟陰之孫期，“習京氏易及古文尚書，家貧，事母至孝，牧豕於大澤中，以奉養焉。”追隨他學習的弟子便得在田壟之旁向他執經問難。當黃巾賊起時，相約不得侵擾孫期所居之田舍里陌。後來朝廷想徵選他為“方正”，他便趕豬群入草叢中不顧而去[34]。可見不但西北盛行畜牧，連東方的山東亦多畜牧。

31　見《鄧禹傳》。

32　見《朱浮傳》。

33　見《竇融傳》。

34　見《後漢書・儒林傳》。

桓帝時拜陳龜為度遼將軍，陳龜臨行前上疏曰："今西州邊鄙，土地堉埆，鞍馬為居，射獵為業，男寡耕稼之利，女乏機杼之饒。[35]"足見當時東北地區及河北、山西以北等地，少耕稼而多畜牧遊獵。

亦由此可見東漢時東北及西北地區畜牧業均甚盛。

3. 漢代絲織業發展

中國是全世界養蠶織絲最早的國家。西周絲織業已初具規模。至戰國時代，齊魯等國的絲綢生產已相當進步。所謂"天下九州，而有絲者六。[36]"可見其發展之速。

中國絲綢很早就從西域傳到波斯、印度、羅馬等歐亞諸國，造成了歷史上有名的絲綢之路。在東方，則中國先將絲綢傳至朝鮮，再達日本。當時傳出國外的都是高級錦緞，而非粗下的絹織物。早在公元 4、5 世紀，希臘便以"塞里斯"（Seres）一詞稱中國，意即"絲綢之國"。足見當時中國絲綢已贏得國際上的美譽。

中國古代對紡織事業已極為重視。《禮記》稱紡織事業為"婦功"。與王公士大夫、百工、商旅、農夫等並列，稱為"國之六職"。"婦功"亦說明當時社會已有男耕女織的分工。正如《呂氏春秋》所說："士有當年不耕者，則天下或受其饑矣；女有當年不績者，則天下或受其寒矣。故夫親耕，妻親績。"

周代為了發展紡織業，便設立了妥善的管理制度。從紡織、漂染到製衣，周代政府設有專職的機構。在"天官"下設"典婦功"、"典絲"、"典枲"、"內司服"、"縫人"和"染人"等六個生產部門；又在"地官"下設"掌葛"、"掌染草"等原料供應部門。還在"冬官"屬下的"百工"內設了專管絲帛漂練的"荒氏"，分工合作以完成絲綢的生產和服裝的製作。

35　見《陳龜傳》。

36　六州指兗州、青州、徐州、揚州、荊州及豫州。見《尚書・禹貢》。

　　秦代設"正准令丞"，是經營染織工藝的專官。到漢代"少府"下設立"東織室"和"西織室"，各置令丞，專管織作繒帛，規模甚大。《漢書‧貢禹傳》記載當時織工達數十人。此外，襄邑、臨淄等大縣，皆有服官，以管理當地的絲綢織造事宜。此外亦有民營的紡織工業。

　　到東漢時，官營的織造仍然十分發達，規模亦相當大。京師洛陽仍在少府屬下設織室丞的官員，專管染織工藝。

　　大體上説，西漢絲織業以北方(指山東、河南、河北)為盛；到東漢時，蠶桑事業已開始南移，長江流域的四川、江浙地區已發展興盛，北方亦保持不衰。

4. 漢代冶鐵工業技術高

　　漢代的冶鐵工業，當以漢武帝時開始大盛。元狩四年(公元 119 年)，政府在全國重要冶鐵工業區設鐵官 49 處，其地點相當於現今的山東 12 處；河南、江蘇各七處；陝西、山西、河北各五處；四川三處；安徽、湖南、湖北、遼寧、甘肅各一處，即當時的冶鐵工業集中於黃河流域各省，長江流域有四川與江蘇。

　　東漢開始，冶鐵工業稍有發展，增加了八處設置鐵官，連西漢原有的共有 57 處。多了四川三處；雲南、河北各兩處及甘肅一處。

東漢冶鐵工業區	鐵官數目
山東	12 處
河南	7 處
江蘇	7 處
河北	7 處
四川	6 處

陝西	5 處
山西	5 處
雲南	2 處
甘肅	2 處
安徽	1 處
湖南	1 處
湖北	1 處
遼寧	1 處

　　根據過去所發現的冶鐵設備，有四種煉爐：一種是用耐火磚和耐火泥砌成的"長方形煉爐"；一種是能使鐵礦石還原的"煉燒結鐵爐"；一種是用鼓風設備，可使鐵塊熔解而煉成鋼的"煤氣反射爐"；一種是用鼓風設備使爐溫升高而使生鐵熔解的"低溫鋼爐"。

　　築爐的設備所用的器材包括耐火磚[37]；用青石刻鑿而成的石夯；以煤(原煤或煤餅)和木炭為燃料。

　　西漢以來的冶鐵工業技術無疑是比古代有了相當大的改進。例如原料的加工和精整、豎爐的擴大及其鼓風設備的改進。鼓風能力增大能使溫度升高。西漢時用牛馬鼓風，有所謂"牛排"、"馬排"等，但功效較低。漢光武帝建武七年(公元 31 年)南陽太守杜詩創製"水排"，利用水力鼓鑄，"用力少，見功多，百姓便之。[38]"此種"水排"的發明要比歐洲早 1200 年。南陽本是戰國以來的著名冶鐵名城，武帝在此始設鐵官，當地的冶鐵技工積累了豐富的經驗，由杜詩帶領發明了水排。

　　由於鼓風強化，因此西漢不但生產出質量較高的白口鑄鐵，而且有了灰

37　用石英砂、綠色岩石砂和耐火土合成。

38　見《後漢書・杜詩傳》。

口鑄鐵。

　　總結中國古代的煉鋼技術，從戰國萌芽；到兩漢有了發展和改進；到東漢初年，已完成了用生鐵炒成熟鐵或鋼的新工藝，實是一大進步。

5. 漢代銅鐵鑄造業發達

　　漢代的銅器鑄造方式，大致沿襲商周時代舊法。先在範母上刻以紋飾及文字，然後印在範上。範用幾個模配合，有內範、外範，再將銅液倒入內外範的夾縫中，便成銅器。

　　漢代銅器的成分並非純銅，約含銅八成半，錫一成半。

　　西漢的官府銅器鑄造，由少府屬下的尚方令及考工令負責。東漢時則由太僕主持。其次蜀郡及廣漢郡的工官也有主持。現在可考的有武帝時中尚方鑄造的建昭宮鼎、駘蕩宮壺及鷹足鐙；蜀郡工官鑄造的鎏金獸耳銅壺以及廣漢郡工官鑄造的書刀等。

　　漢代鑄造的銅器可歸納為八類，分別為：

1. 食器(銅鼎、銅豆等)；
2. 水器(銅盂、銅盆、銅洗、銅匜等)；
3. 酒器(銅壺、銅盆、銅鐘、銅缶、銅鐫等)；
4. 烹飪器(銅的釜、銚、鑊、鋞、鉹等)；
5. 樂器(銅的鐘、鐸、鈴、鼓等)；
6. 農具(漢代已普遍採用鐵農具，但有銅的大宮鋤)；
7. 虎符(有給諸侯王及郡守各一種)；
8. 其他，包括銅鏡、銅帶鈎、度量衡器、兵器及璽印等。

除官府外，亦有民間鑄造的銅器。

漢代官府的銅製度量衡器，乃由大司農主管，大城市首長檢定然後使用。

漢代鑄造鐵器之法與戰國時相同，但漢代使用鐵器範圍，已較戰國廣泛。

漢代主要的鐵器是農具，其次是兵器和日常生活用具，進入東漢，鐵器使用更廣。

漢代的鐵器顯然已比戰國時期進步。如戰國時期用的銅製短劍,漢代已改進為鐵製長劍。又如農具方面,形式已有改進,且漢代增加了鐵鋤、鐵鐮等品種。此外尚有鐵犁鏵、鐵钁、鐵鏟等。至於漢代的手工工具,已有鐵製的錘、鋸、斧、錐及剪刀等。

由於漢代鐵製農具及手工工具有所改進及品種增多,使當時的農業及手工業生產力相應提高。

中國冶煉鐵業及鑄造鐵器的使用比世界各國為早。根據江蘇六合東周墓出土的鐵器,經考證是春秋晚期出品,比西方早了約 2000 年。

6. 漢代造船、製車業先進

秦漢的交通工具主要是船、車兩種,與古代相同。

造船業方面,漢武帝時所造"樓船,高十餘丈,旗幟加其上,甚壯。[39]"當時打擊南越,南方已有樓船卒20餘萬人,可見南方之樓船巨大而數量亦多。

漢初官府造船由船司空主持。如係三輔地區(長安京城)範圍,則由輯濯會丞主管[40]。又如廬江郡駐有樓船官,是專門製造樓船的官吏。

漢代亦有民營造船業,可惜歷史無記載。

漢代造船材料,有木船與陶船兩種。漢墓中陪葬之明器有陶製與木製的"偶車"[41]及陶製與木製的船模型。當時有所謂"南船北車",在墓葬明器中也有顯示。

廣州東郊東漢墓葬中曾有出土陶船模型,船前有錨,船後有舵,兩舷各有司篙船員的走道。又廣東另一東漢墓中發現木船一件,船上建有層樓,有

39　見《史記·平準書》。

40　輯濯,為"楫櫂"之假借,船官之名。

41　"偶車"即土木製造。

槳十，櫓一，多數木板上有五色彩繪花紋。可見東漢的造船技術已相當進步。

至於秦漢的製車工業，史書記述甚多。當秦始皇崩於沙丘平台的旅途時，將其棺轉載輼輬車中[42]，秘不發喪。漢代霍光遺體，《史記》謂"柩以輼輬車"，可見漢代亦有此類臥車。此種車設有窗，閉暖而開涼，故名"輼輬車"。

漢代官營製車工業，由少府屬下尚方令主管。漢代車的種類甚多。有"軺車"，有頂蓋而無屏蔽，為低級官吏乘坐；有"軒車"，有車蓋，兩側有屏，卿大夫高級官吏乘之；有"輬車"，甚舒適，車蓋與四側屏蔽密封，乃貴族婦女所乘，因可躺臥，亦適宜老病者乘用。皇帝乘車有四馬駕引；一般用車多為一匹馬；必要時左右各加一匹。

漢代運送糧食物資之車，多用牛拉，無上蓋，但可加篷，亦可乘人。從武梁石刻所見，漢代有獨輪車，名"轆車"，用人力推動，可乘人或動物，平民常用。漢代尚有"棧車"，是一種役車，在墓葬明器中發現。

7. 漢代陶瓷工業技藝高

中國向以瓷器聞名於世。漢代的陶瓷工業已相當發達。漢代早期的青瓷製作乃承襲周、秦而有所發展。

由於漢代冶鐵業的技術改進，又因缺銅，便將銅製工具改用鐵製，銅製的日常用品改用陶瓷器，因而使陶瓷器的用途日廣。

西漢的陶器款式形狀，與周、秦時期變動不大。到了東漢，農業生產有所改進，製陶技術亦有進步。漢墓中的陪葬明器亦從銅器改為陶器。計有陶製的鼎、壺、鐘、甕、灶、磨、敦、瓶、杯、洗、房屋、畜圈及俑等。此種陶俑及陶製明器，一直自漢代沿用到隋、唐，促成了製陶工業的興旺。

東漢時期的陶製人物和動物偶像，其造型藝術很高。河南輝縣東漢墓穴中曾發掘得陶狗，形象優美，栩栩如生。

42　輼與輬均為臥車。

漢代亦出產大量陶製磚瓦，是一種內部空心的陶磚，用作墓葬材料。

中國古代之陶瓷工業，自周、秦至兩漢，向以青釉器的製作為主。西漢中期，青釉製作始盛，進而使東漢的燒製瓷器成功。

先秦時期的青釉器，當時燒成的溫度都在攝氏 1200 度以下，故未能燒成瓷器。但從浙江省上虞縣所發現的多處漢代古窰遺址，知該等古窰已普遍使用龍窰。而在遺留的瓷片上，從釉面的色彩光澤及結構內容分析，鑑知當時燒成的溫度已達攝氏 1300 度。因此使胎質堅緻細膩，達到了真正瓷器的水準。

中國真正的釉陶當在漢代真正開始創製。由於漢代施釉的瓷器色澤美觀，於是也在陶器上施釉，使陶瓷器兩者相輔相成。

漢武帝時官營陶瓷工業最盛，由宗正及少府屬下的司空令丞主持。到東漢，則由少府屬下之尚方令主持。

漢代用於宮殿及城門的瓦上，印有"宗正官當"、"都司空瓦"及"右空瓦"等字樣，文字和質地都相當好。

至於當時陶瓷器的價格，比銅器、漆器為低，故百姓樂於採用。民間製陶者亦常有發現，陝西咸陽縣的咸里窰村當為西漢民間製陶作坊的代表。

8. 兩漢的鹽政和製鹽業

在漢武帝訂定鹽鐵官賣政策以前，當時政府處理鹽的方式有三種。一種是秦代和西漢初期的鹽鐵官，採取包商制。富豪（如鹽商等）向政府取得許可後，便可"即山鼓鑄，就海煮鹽"。即是由鹽商向政府繳付一定的稅項[43]。

另一種是諸侯王自置鹽官各自煮鹽，如吳王濞"煮海水為鹽，以故無賦，國用饒足。[44]"

第三種是由漢代中央政府派鹽官管理產鹽區。如武帝元狩四年，由政府

43　見《史記·貨殖列傳》。

44　見《漢書·吳王濞傳》。

收回豪強所佔有的鹽田，自行煮鹽及轉運銷售，完全不假商賈之手。此鹽鐵專賣之制直至平帝元始五年(公元 5 年)，共推行了 125 年之久。王莽朝仍實行部分專賣，命縣官售鹽，但亦有部分民營的。至東漢章帝，因軍費開支浩大，由官府煮鹽，全部專賣。

漢初掌管鹽政的為大農令，武帝太初元年改名為大司農，其屬下設兩丞，一管鹽政，一管鐵政。各縣設置之均輸鹽鐵官，均由朝廷選派。東漢光武帝時，凡郡縣產鹽多者，均設鹽官主持鹽稅，其地位與縣令(長)等，即東漢時鹽務已改由地方政府統理，而再由中央向地方徵稅。概括言之，西漢由中央直接管鹽政，以專賣為主；東漢由地方政府分別管鹽，以徵稅為主。

鹽可分海鹽和池鹽等，有煮海水為鹽者[45]。有取池水為鹽者。《說文》記載河東有鹽池。亦有煮火井(鹽井)為鹽者。

《太平御覽》注引宣帝時"穿鹽井數十所"。亦有煮鹹石為鹽者。《太平御覽》記"汶山有鹹石，先以水漬，既而煎之"。中國以鹽產量言，當以海鹽為大宗。

漢代所產的鹽，其色澤與素質因產地不同而異。史書記載："河東有印成鹽，西方有石子鹽，皆生於水。北湖中有青鹽，五原有紫鹽。[46]"

漢代煮鹽，多數用木柴作燃料，據說漢代已有用天然氣燒煮的，恐亦為數不多。至於熬鹽用的工具，則多為鐵製的牢盆。

9. 漢代的釀酒與製糖業

中國在商、周時代已有飲酒文化。到漢代時，釀酒業已有改進。首先是釀酒技術的提高，主要是製麴術的改良，酒的品種亦隨着釀酒原料多樣化而增加。

45　見《漢書・吳王濞傳》。

46　見《太平御覽》引廣記。

其次是釀酒的經營管理，武帝天漢三年"初榷酒酤。"即當時政府已壟斷酒的釀造和出售。相當於鹽鐵的專賣，但遭到民間反對，因此使政府酒的專賣政策一時興，一時廢。例如昭帝時召開的鹽鐵會議，便廢除了酒的國營專賣。

中國古代釀酒是先用麴[47]，使穀物糖化及酒化。漢代釀酒偶也用"蘖"，但主要的酒藥是麴。照《漢書・食貨志》的記載，製酒用麴的比例是："一釀用粗米二斛，麴一斛，得成酒六斛六斗。"此種釀酒方法比諸今日亦相差不遠。

漢代人已能用多種不同穀物製成釀酒用的麴。西漢末年揚雄著《方言》中與"麴"同義的不同名字，如䅡、䴷、麷、麰、麳等均是。如麴在山西稱"䴷"；山東稱"麰"；《說文解字》把上述同義解釋為"餅狀麴"。不過製麴的材料不同，如麰用大麥造成；麳用小麥製成等。

東漢已能製造葡萄酒，中國古代早有野生葡萄，但釀酒用的葡萄是張騫自西域帶回種植。《史記・大宛傳》已記述大宛和安息"有葡萄酒"。可見中國人富有創造的智慧。從曹丕致吳監的信中所述，可知東漢末年已有釀製葡萄酒了。

至於漢代的製糖業。據揚雄《方言》所記："餳即乾飴，江東稱為糖。"上述是指麥芽糖。其材料是用稻、粱、黍，先浸濕生芽曬乾，然後加以煎煉調製。《詩經》中記述："周原膴膴，董荼如飴。"可見周代已有麥芽糖；又《楚辭》中說："粔籹蜜餌，有餦餭些。"說明戰國時期古人已懂得用蜜和糖製餅粑食用了。

漢代麥芽糖已極為普及。崔寔《四民月令》云："十月先冰凍，作京餳，煮暴飴。"劉熙的解釋是："糖之清者曰飴，稠者曰餳。"

北魏賈思勰《齊民要術》已記述"煮白糖法"、"黑糖法"及"琥珀糖"等。至於蔗糖何時開始，一說唐代，一說漢代，一說東漢末，但照《齊民要術》所記，決不會遲至唐代。

47　麴是使穀物發霉而製成。

10. 漢代已發展林業

　　林木是中國重要自然資源之一。近代人已知道植林可以調節溫度，改善氣候。但在古代為了驅除蛇蟲走獸，或開墾荒野以種植農作物，人們不得不焚燒樹林草叢，以達到驅獸及種植的目的。《孟子・滕文公》載："舜使益掌火，益烈山澤而焚之，禽獸逃匿。"舜為了在烈山耕種，便命益燒毀烈山上的叢林草木。

　　《詩經・小雅・車舝》記載道："陟彼高岡，析其柞薪，析其柞薪，其葉湑兮。"此詩意即登上那高高的山崗，斬伐那堅韌的柞木，那柞樹鬱鬱蔥蔥的綠葉，使工人砍伐時，頓生憐惜的惻隱之心哩！當時人亦想到"毀傷其薪木"[48]，對樹林的破壞是件無可奈何的事。

　　《管子・立政》已提出警告說："山澤不救於火，草木不植成，國之貧也。"可見古人已知珍愛林木了。在《荀子・王制篇》中已經提出要管理好樹林草木和水源礦藏，才能使國庫充盈，人民富盛。因此古代對山林的管理，定出了規則。《禮記・月令篇》云："孟春之月，禁止伐木；孟夏之月，無伐大樹；季夏之月，乃命虞人入山行木，毋有斬伐；季秋之月，草木黃落，乃伐為薪炭；仲冬之月，日短至，則伐木取竹箭。"意即伐木要有時節，不可濫伐，正如孟子所說的"斧斤以時入山林"。可見先賢對於林木的培養與砍伐，已有很高的識見。

　　《詩經・唐風》云："山有樞，隰有榆。"說明不同的地域生長不同的樹木。高山地區有刺榆，低窪濕潤地帶產白粉。《管子》中更解釋了土壤學和植物生態學。[49]

48　見《孟子・離婁篇》句。

49　按：編輯命余三校，讀錢賓四師論漢代林木之護養與砍伐，引用了《詩經》、《管子》、《荀子》、《禮記》及《孟子》等多種典籍，分析透闢，足見其主持校政之餘，兼任教授，備課勤謹，毫不鬆懈，又提及《管子》書中論及土壤學與植物生態學，足以為青年後輩研究寫作之用。師教之認真不苟，此僅其中一例，令人敬佩不已。

到了漢代，當時學者更明白到各種樹木的經濟價值，司馬遷說："山居千章之材，安邑千樹棗，燕秦千樹栗，蜀漢江陵千樹桔，常山已南，河濟之間千樹楸，陳夏千畝漆，齊魯千畝桑、麻，渭川千畝竹，此其人皆與千戶侯等。[50]"。漢成帝時，氾勝之作《氾勝之書》18篇，詳述了植樹之時節及方法道："種樹以正月為上時，二月為中時，三月為下時，節之有早晚，地氣有南北，物性有遲速。種樹無時，雨後便栽，多留宿土，記取南枝，是乃種樹要法，凡栽一切樹木，須記陰陽，勿令轉易。"可見漢代對植樹造林已甚注意，林業已有相當發展。

七、東漢五銖錢的興廢

莽朝覆滅後，東漢興起，此時社會經濟雖有發展，但國勢之盛已不及西漢。光武帝建武十六年，為王莽所破壞的五銖錢制度又再恢復，貨幣經濟得以暢通，但東漢中葉以後，劣幣"剪輪五銖"逐漸增多，幣值貶低，物價騰升。東漢章帝元和年間，糧價高漲，政府擔心財政拮据，當時尚書張林提出對物價的意見說：

"今非但穀貴也，百物皆貴，此錢賤故爾。宜令天下悉取布帛為租，市賣皆用之，封錢勿出。如此則錢少物皆賤矣。[51]"

上述主張即以布帛等實物交租稅，市場交易亦以實物交易，使貨物流通量減少，以便遏抑物價。張林又主張再恢復鹽的專賣，又在部分地區恢復"均輸"，使政府增加貨幣的收入。正如《管子》中所提出的"幣重而萬物輕，幣輕而萬物重"，即肯定了貨幣流通量的多寡與貨物價格的高低成正比例的原則。因此主張政府多收貨幣而"封錢勿出"，因此促成市場上貨幣的流通量減少，從而遏抑物價。

---

50 見《史記‧貨殖列傳》。

51 見《晉書‧食貨志》。

但張林主張"令天下悉取布帛為租，市賣皆用之"，顯然要以實物作為貨幣，不啻是要恢復到古代那種"抱布貿絲"以物易物的狀態，分明是使時代倒退了。

東漢晚年桓、靈兩帝時期，政治日益腐敗。桓帝時外戚梁冀擅權，饑荒頻生。延熹元年，有人上書廢除"剪輪五銖"，改鑄大錢流通之。當時潁川人劉陶(此時被選為孝廉)上書勸阻不可鑄大錢。其大意謂：

當今之憂患，不在貨幣問題，而在乎民飢。惟有糧食乃國之所寶，民之所貴。而近年來禾苗為蝗螟所盡，故所急朝夕之餐，與錢貨之厚薄、銖兩之輕重毫無關係。即使沙礫化為黃金，瓦石變為寶玉，而百姓渴無所飲，飢無所食，即使純德如羲皇，賢明如唐虞，亦對安國濟民無所補益，故鑄錢而齊一貨幣，猶養魚沸鼎中，棲鳥烈火之上。故建議皇上"寬鍥薄之禁，後冶鑄之議。[52]"桓帝遂罷鑄大錢之議。

靈帝劉宏 12 歲即帝位，性喜錢財，公開賣官斂財。光和元年(公元 178年)，張貼賣官榜於鴻都門，隨官銜高低而定價不同，賣公卿官爵竟價高達 1000 萬錢(即 1000 萬枚五銖錢)。當時靈帝以廬江、南陽二郡太守羊續清廉，擬提升他為太尉，但羊續無錢買官，不能任太尉。另有鉅鹿太守司馬直亦為清官，靈帝欲擢升他，並聲明可減價 300 萬錢，司馬直極為氣憤，託病辭歸，並於途中極陳賣官之弊，並以死諫君王。靈帝漠視輿論之反對，不到十年，賣官所得，已積五銖錢鉅萬，於是在西園建造"萬金堂"，用以藏錢。時人多有嘲笑者。

中平三年(時靈帝即位已屆 20 年)，鑄造了一種新的五銖錢，為了區別貯藏於萬金堂的五銖錢，便在鑄錢背面之方孔四角凸連一條直線至邊緣，稱為"四出文錢"。識者譏笑曰："豈非京師破壞，四出散於四方乎？[53]"意即靈帝

52　見《後漢書‧劉陶傳》。

53　見《通典‧漢紀》。

搜刮自百姓的錢財像"四出文"那樣向四方失散了[54]。

　　東漢末年，董卓挾持漢獻帝至長安，於初平元年鑄造小錢，時為公元190年，獻帝即位之第四年，於是破壞了漢代的五銖錢制度。《通典》、《通鑒》記載曰："獻帝初平元年，董卓壞五銖錢，更鑄小錢，大五分。盡取洛陽及長安銅人飛廉之屬，充鼓鑄。其錢無輪廓文章，不便時人，由是貨賤物貴，穀一斛至數萬錢，曹公罷之，還用五銖。"事實上，董卓改鑄的"小錢"錢文仍稱"五銖"，但由於錢幣的大幅度減重，遂促使物價騰升，破壞了錢幣的流通。於是荀悅為文申論恢復五銖錢的流通[55]。

　　自漢武帝建立五銖錢制度後，首次為王莽貨幣改制而破壞，至東漢光武朝時馬援建議恢復五銖錢制。初平三年董卓伏誅，至荀悅提出，是第二次恢復流通五銖錢。此後至魏文帝黃初二年以穀貴又罷五銖錢。

八、漢代黃金存量及用途

1. 漢代黃金存量極豐

　　中國是世界上最早發現黃金的國家之一。在夏、商、周三代時已經從出土文物中證實有製作黃金的器物了。如河南輝縣琉璃閣周墓葬中發現了商代早期的多片金葉。在北京市平谷縣劉家河商代中期墓葬中，發現有金臂釧和金箔殘片。更早的如在甘肅省玉門火燒溝的墓葬中發現了夏代的金銀器。

　　中國早期的黃金產地是河南、山西、河北等省。《山海經》中記載中國早期的黃金產地極多。其他地域大致包括今日的河南、湖北，以及山西、陝西的南部；四川省西北部；湖南、江西的北部。此外《管子‧地數篇》也記載了黃金的產地，如山東的萊州及河南的汝水地區均有產金。

54　此種"四出文錢"，正面亦鐫有"五銖"兩字，故又稱"四出五銖"。

55　見荀悅著《申鑒》。

夏、商、周三代的採金方法，主要乃自水砂中淘採出自然金。如發現的商代不規則的金葉，可能是未經冶煉而加以錘製的自然金。

周代以後，黃金除採自水砂外，已有採自山中金礦脈表層的巖金了。

秦代以黃金為上幣，下幣為銅錢(半両錢)，並將黃金的計量單位改周代的金為"鎰"。

至兩漢，政府儲存黃金之多亦為後代所不及，帝王常以黃金賞賜大臣。以前諸節已有述及。據歷史記載，西漢初期，使用黃金總量達100萬斤以上。到王莽新朝時尚有金數十萬斤[56]。留存民間的尚不計在內。

文景之時，晁錯反對開採金礦，理由是，"夫珠玉金銀，飢不可食，寒不可衣"，因此主張明君當"貴五穀而賤金玉。[57]"元帝時貢禹亦反對開採金屬礦，他提出的理由是由於"鑄錢採銅"，造成每年有十萬人不耕作，人民盜鑄錢者極多，弄得"民心動搖，棄本逐末"，耕種者日少。因此當時法令時開放時禁止。由於漢文帝賜鄧通銅山，因此造成私人獨佔銅礦之現象頗多[58]，且有漢代大臣私藏工匠以便冶煉及加工黃金器物。

2. 漢代黃金用途廣

產金之礦床處有時常見金色的光芒裸露在外，所以甚易找到何處有金礦。《史記‧天官書》載："金寶之上皆有氣，不可不察。"

漢代出口的金是各種不規則的圓形金餅，可能是當時的黃金形制。到漢武帝太始二年，改黃金形制為馬蹄形與麟趾形，以示吉祥。

56　見《漢書‧王莽傳》。漢代之一斤，約合今之 222.73 克，則王莽時 70 萬斤金即今之 156 噸。

57　見《漢書‧食貨志》。

58　按：產銅礦處常有與金礦共生者。金與銅的熔點幾乎相同。銅為攝氏 1083 度，金稍低，為 1063 度。

武帝以後，馬蹄金、麟趾金和餅金同時流通，互不影響。此種形制的黃金一直通行到魏晉南朝時代。《三國志・陳矯傳》注引：“(魏)文帝以金五餅授矯。”

周代黃金稱一斤為一金；秦改周制，以一鎰為一金；漢復用周名，仍以一斤為一金。照《漢書・蕭望之傳》所記，一斤金稱一金；秦制一鎰為 12 両。

漢時黃金一斤值萬錢；朱提銀(銀質之最佳者)八両為一流，值 1580 錢；普通的銀一流值 1000 錢[59]。依此換算漢代金銀之比價是一與七或一與十之比。

王莽朝末年時，旱蝗災禍頻生，農業歉收，百物騰貴，米一石至萬錢；馬一匹需百金[60]。可見當時金價不甚穩定，乃是隨市場貨物之多寡而上下浮動其價。

漢代黃金之主要用途，一是用以賞賜臣下，如漢高祖曾以黃金四萬斤命陳平執行反間計，使楚霸王項羽對其大將鍾離昧起疑心[61]。漢高祖初定都關中時，各賜功臣黃金 500 金以資鼓勵[62]。文帝即位時，諸大臣誅呂后親屬有功，賜周勃 5000 金，陳平、灌嬰各 2000 金；劉章、劉揭各 1000 金。此外，又如禦外敵有功，賜金立功之將軍更多[63]。

由於漢代及王莽時多次更改幣制，對鑄造之錢幣不及黃金受重視。當時帝王常以黃金賜臣下外，一般人士也用黃金作賄賂及餽贈之用。

漢代黃金又一用途是用來擴張版圖，征服邊疆各民族，如武帝擊潰匈奴；收服西方 36 屬國，滅南越趙佗；同時武帝又大造園庭宮殿，均須用大量黃金作戰費及賞賜、撫恤之用。

此外亦有用黃金作帝王陵墓之陪葬物者，如武帝茂陵內即埋有大量金

59　見《漢書・食貨志》。

60　見《史記・平準書》。

61　見《史記・陳平傳》。

62　見《漢書・食貨志》。

63　見《史記・平準書、匈奴列傳》。

銀；曹操發梁孝王墓，取得數萬金。另外，黃金亦可買官贖罪。

3. 漢代黃金亦可當作貨幣

由於黃金的用途廣泛，且深受人們喜愛。漢代黃金一斤值萬錢，卻無明文規定是貨幣。事實上卻以貨幣形式流通於市場，但無特定的貨幣形制。用時是按重量支付，甚至要剪割使用。所以它非貨幣，但都又當它是貨幣。

《漢書·食貨志》云："珠玉龜貝銀錫之屬，為器飾寶藏，不為幣，然各隨時而輕重無常。"意即金跟其他飾物一樣並非法定貨幣，但不僅可以通用，且其價格乃以市場貨物多寡而時高時低。

漢時黃金作裝飾品用已不僅是耳環等飾物，其使用面已擴大及於人死後的"金縷玉衣"和"金縷面罩"，以及"錯金嵌玉銅杖首"等。

黃金亦可作折付"酎金"之用，那是各地諸侯須向天子進貢的祭祀費用，前文已論及，不贅。

漢代前期如文、景帝時國富民豐，至漢武帝後期對外大張撻伐，內部大興土木，以致國庫耗竭存金，遂以賣官贖罪之法收回民間黃金。

此後，由於各方需求黃金量增多，政府必須儲存大量黃金以應付市場的需求，王莽時遂決定實行黃金國有政策，命令"列侯以下不得挾黃金，輸御史受直。"意即私人不准藏金，有金須送交御史收回等值的錢。

由於人民有強烈的黃金慾，因此製造假金之風盛行。《漢書·景帝紀》曰："先時多作偽金，偽金終不可成，而徒損費，轉相詿耀，窮則起為盜賊，故定其律(指判死刑)也。"可見當時用死刑也遏制不了製造偽金之風。

至東漢，私人冶煉黃金者仍多。如"光武皇后弟郭況家，工冶之聲不絕，人謂之郭氏之室，不雨而雷，東京謂況家為瓊廚金穴。[64]"可見富豪之多金。

東漢末年，廢少帝立獻帝，並挾帝遷都長安有篡位野心的董卓，其生前

---

64 見《記事珠》。

修築郿塢廣聚金銀珠寶，死後滅族抄家，郿塢藏金僅三萬斤而已，與西漢之庫存多金相去不可以道里計。此與漢末禁開金屬礦有關。

劉備定蜀賞賜諸葛亮、關羽、法正諸功臣，每人僅 500 金而已[65]。與西漢時帝王賞賜功臣動輒以數萬斤金至數十萬斤金，已相差極為懸殊。

當時劉備以鑄錢缺銅，竟收集帳鈎銅等熔化使用，連銅亦奇缺，更遑論金了。

九、東漢大田莊儼如王國

東漢後期，一般豪強世族，貴族外戚或富商成為大地主者，均有其獨立體系的莊園稱霸於一地。如光武帝之樊姓外祖，有田 300 餘頃；皇后陰麗華的母家，有田 700 餘頃。皇族宗室中如濟南王康（光武子）即有田 800 頃，奴婢 1400 餘人。

巨商中亦有成大地主者，他們往往"連棟數百，膏田滿野，奴婢千群，徒附萬計。船車賈販，周於四方；廢居積貯，滿於都城。琦珞寶貨，巨室不能容；馬牛羊豕，山谷不能受。[66]"

這些大田莊，不但有耕地，而且也佔有山林川澤。如東漢後期的中常侍蘇康和管霸，便擁有"天下良田美業，山林湖澤。[67]"

當時崔實著有《四民月令》一書。崔氏為河北涿郡大姓，自西漢起累世為官。後遷洛陽，此書即說明了崔宅經營田莊的活動紀錄。田莊以從事農業為主，但亦兼及手工業（農產品加工）及商業的經營。書中敍述了該田莊一年內的有關經濟、社會、教育甚至軍事等各項活動。包括種植蔬菜、竹木、花果及蠶桑、紡織、製醬、釀醋、織麻布、做飴糖、製衣鞋、漂染、縫紉、釀

65　見《蜀志》。

66　見《後漢書‧仲長統傳》。

67　見《劉佑傳》。

造、建築、農田水利、採集野生植物、狩獵、製藥及製造農具、工具及武器等各項事務。

由於田莊的上地廣，故需要大量僱工及奴婢為主人從事農業、手工業及商業等活動。在地主家長統治下，為一個自給自足的社會集團，儼如一個小王國。

而且田莊可以自訂刑法，"有不順命，罰之無疑"。莊園並訓練"部曲"和"家兵"，以防莊園外貧民之襲擊。莊園修築塢堡，以保障地主之安全。塢堡四周有圍牆及深溝，以利防守。崔實書中描述道："上家累巨億之貲[68]。斥地侔封君之土，行苞苴[69]以亂執政，養劍客以威黔首，專殺不辜，……父子低首，奴事富人；躬帥妻孥，為之服役。故富者席餘而日熾，貧者躡短而歲踧，歷代為虜，猶不贍於衣食，生有終身之勤，死有暴骨之憂。"莊園內的地主與佃農，常是同姓或同宗，表面上是宗族姻親，但事實上貧富極為懸殊。這仍是西漢以來所無法解決的社會問題。

十、兩漢奴婢眾多 工作廣待遇優

兩漢時期，豪族大戶多畜養奴婢，構成了不可忽視之巨大勞動生產力量。其來源有因家貧自賣為奴者，如《漢書・高帝紀》載："民以飢餓自賣為人奴婢者，皆免為庶人。"又如欒布"時窮困，賣傭於齊。[70]"

亦有因豪強脅迫而為奴者，如《王莽傳》載："姦虐之人，因緣為利，至略賣人妻子。"又如："梁冀又起別第於城西，以納姦亡。或取良人，悉為奴婢，至數千人。[71]"

68　貲即資財。

69　苞苴即賄賂。

70　見《漢書》。

71　見《後漢書・梁冀傳》。

或有因犯罪而沒入為奴者，如《漢書‧杜固傳》云："民犯鑄錢，伍人相坐，沒入為官奴婢。"甚至有連妻子一併沒入為奴者，如《漢書‧食貨志》云："私鑄作泉布者，與妻子沒入為官奴婢。"

王莽時沒入為官奴婢之數量極大，如："關東大饑，民犯鑄錢，伍人相坐，沒入為官奴婢以十萬數。[72]"

亦有因戰爭被俘虜為奴者，如《漢書‧金日磾傳》云："日磾以父不降見殺，與母閼氏、弟倫俱沒入官，輸黃門養馬。"又如《後漢書‧西羌傳》云："安定降羌燒何種，脅諸羌數百人反叛，郡兵擊滅之，悉沒入弱口為奴婢。"

至漢代，奴婢之總人數，《漢書‧貢禹傳》記為"諸官奴婢十萬餘人。"至《王莽傳》載："沒入為官奴婢以十萬數。"至於正確的總人數，史籍無記載，尤其是私奴婢，只散見於《史記》、《漢書》等書中所記，並無總數統計，大體上官私奴婢合計，有數十萬人之眾，比諸西漢 5959 萬餘人，比例上並不算多。

至於奴婢的勞動力，分配於多種職業崗位上。有為富豪田耕者，如《史記‧平準書》云："敢犯令，沒入田僮。"此處說明觸犯法令者沒入為田耕之奴。又如《後漢書‧馬援傳》云："防兄弟貴盛，奴婢各千人已上，資產巨億，皆買京師膏腴美田。"

馬防兄弟各有千人以上奴婢，又有膏腴美田，無疑是畜奴為之田耕。又如光武子濟南王"康遂多殖財貨，大修宮室，奴婢至千四百人，廄馬千二百匹，私田八百頃，奢侈恣欲，游觀無節。[73]"其畜奴也是為了耕作。

兩漢時之奴婢為豪強工作之範圍甚廣，除耕種田地外，亦有從事畜牧者。如《漢書‧景帝紀》載："太僕牧師諸苑三十六所，分布北邊西邊，以郎為苑監，官奴婢三萬人，養馬三十萬匹。"由上述知 36 所馬苑，以三萬官奴婢牧養 30 萬匹馬。每人照顧十匹馬。又如武帝時，"其沒入奴婢，分諸苑養

72　見《漢書‧王莽傳》。

73　見《光武十王傳》。

狗馬禽獸。[74]" 可知沒入之官奴婢，職司畜牧。

亦有從事煮鹽冶鐵者，如四川有卓氏，冶鐵致富，"富至僮千人。[75]" 又有齊地之刁間，收取桀黠奴，"使之逐魚鹽商賈之利，終得其力，起富數千萬。[76]" 説明刁間利用奴婢而成為巨富。

亦有從事手工業及經商者。如西漢張安世為富平侯，食邑萬戶，夫人自紡織，家童 700 人，皆從事手工業生產及經商[77]。如後漢樊宏"管理產業，物無所棄，課役童隸，各得其宜，故能財利歲倍。[78]"

亦有家貧從事各項雜役者，如匡衡為人作傭工[79]；申屠蟠作漆工；公沙穆為人舂粟[80]。

亦有從事漕運者，如《史記・平準書》載："徒奴婢眾，而下河漕度四百萬石。"

亦有從事建築業者，如濟南安王康有奴婢 1400 人，為之修建宮室[81]；惠帝時"發諸侯王列侯徒隸二萬人，城長安[82]"；漢武帝時，召募國人有能貢獻奴婢的，可免除終身勞役，原來已任"郎"的，可增加他的官秩[83]。

奴婢亦有出任戰士者，稱為"蒼頭"。《史記・蘇秦列傳》載："今聞大王之卒，武士二十萬，蒼頭二十萬，奮擊二十萬，廝徒十萬。" 其中"蒼頭二十

74　見《漢書・食貨志》。

75　見《史記・貨殖列傳》。

76　同上

77　見《漢書・張湯傳》。

78　見《後漢書・樊宏傳》。

79　見《漢書》。

80　見《後漢書》。

81　同上

82　見《漢書》。

83　見《史記・平準書》。

萬"，即是由奴婢所組編的士卒。史籍亦有使奴僕兵披甲上戰場為步兵者；王
莽時有所謂"豬突豨勇"的"銳卒"，亦由奴婢及死罪囚等組成[84]。

漢代之奴婢亦有擔任"俳優"、"女樂"、"伎樂"及"女倡"者，以供人歌
舞娛樂。

由上可見漢代奴婢之工作範圍甚廣。

不過，中國的所謂奴婢，其實絕不同於西方羅馬帝國時代的奴隸，照《韓
非子》所記述，中國的奴婢衣食豐厚，並有薪酬。

中國之奴婢亦可由卑賤之地位升遷至富貴。如衛青原為家僮衛媼之子，
少年時父使牧羊。一日有相士謂青有封侯之相，衛青笑曰："人奴之生，得無
笞罵即足，安得封侯乎？"後果拜為車騎將軍，賜爵關內侯[85]。

又如衛子夫，亦衛媼所生，衛青同母姊，後貴為孝武衛皇后[86]；趙飛燕，
本為長安宮人(即官婢)，後貴為孝成趙皇后[87]；又如季布，朱家買之而為奴，
高祖赦之而拜為郎中，惠帝時擢升為中郎將。欒布為酒人保，曾為人略賣為
奴；文帝時為燕相，後以軍功封俞侯[88]；胡人金日磾曾沒入為官奴，但後拜光
祿大夫[89]。

其他奴婢雖無上述諸人之飛黃騰達，但待遇亦不俗，亦有飲美酒作樂
者，如：

"昭信與去從十餘奴博飲游敖[90]"；此言以廣川王昭信后地位與十餘奴婢飲
宴遊樂。奴婢之受重視可知。

84　見《漢書・元后傳、王莽傳》。

85　見《漢書・衛青傳》。

86　見《漢書・外戚傳》。

87　同上。

88　見《史記・季布欒布傳》。

89　見《漢書》。

90　見《漢書・景十三王傳》。

又如，昌邑王"與從官官奴夜飲，湛沔於酒。[91]"此言昌邑王未被廢時與官奴們沉迷於酒。

奴婢多有穿綾羅綢緞者，如《漢書・霍光傳》云："侍婢以五采絲輓韅，遊戲第中。"又："至有走卒奴婢被綺縠，着珠璣。[92]"又："其徒御僕妾，皆服文組綵牒，錦繡綺紈。[93]"

又如靈帝時後宮綵女[94]數千餘人，每日衣食之費要耗去數百斤金之多[95]，可見奴婢享受之豐盛。

兩漢奴婢雖可如貨品一般隨意贈人，不守規矩時亦會遭受笞擊、箠楚、炙灼、黥面或腐刑之痛苦虐待，然亦受到政府之保護。如光武帝曾下詔"天地之性人為貴，其殺奴婢，不得減罪"；王莽亦詔令"奴婢曰私屬，皆不得買賣。"王莽子獲曾殺奴婢，"莽切責獲，令自殺。[96]"；光武帝曾下令凡炙灼奴婢者當判罪，可見奴婢受到人身保障，其待遇與羅馬之奴隸絕不能相比。

91　見《漢書・霍光傳》。"湛沔"即荒迷。

92　見《後漢書・安帝紀》。

93　見《後漢書・王符傳》。

94　"綵女"為女奴婢之一。

95　見《後漢書・宦者傳》。

96　見《漢書・王莽傳》。

第八章

魏晉南北朝時期經濟

（公元 220～589 年）

一、三國時期的屯田制度

1. 曹操屯田統一中原

東漢末年，由於戰亂頻仍，饑荒連年，最大的困擾就是缺乏糧食。當時歷史記載道："自遭荒亂，率乏糧穀。諸軍並起，無終歲之計，饑則寇略，飽則棄餘，瓦解流離，無敵自破者不可勝數。[1]"

當時各方軍隊沒有敵軍的攻擊便已自行瓦解，主要就是缺糧。當時在河北的袁紹軍隊，士兵靠桑椹維生；在長江淮河一帶的袁術軍隊靠蒲草螺肉果腹。因此造成人民互相殘食，流離失所，當時一石穀的價錢竟貴至 50 餘萬錢，造成州里蕭條的悲慘現象。於是曹操提出意見說："夫定國之術，在於強兵足食，秦人以急農兼天下，孝武以屯田定西域，此先代之良式也。[2]"

曹操之意，秦以農事為急務，故能統一天下；漢武帝以屯田之策平定西域，於是曹操取了羽林監潁川棗祗的屯田建議。委任峻為典農中郎將。募民屯田許下[3]，得穀百萬斛[4]，於是在州郡遍置田官，將所產積貯於當地，以便征伐四方時食用，使無運糧之辛勞。

曹操在獻帝初平三年，攻克兗州(今河北、山東)收編黃巾降卒 30 萬，軍力大增。繼又滅呂布、袁紹，征服三郡烏垣。至建安十三年，曹操以漢獻帝名義廢三公，自己為丞相。赤壁戰敗後，致力於經營內部，西進關中，平定隴右，中原遂得統一而穩定。這成功的因素主要是靠屯田政策。

屯田政策的成功，乃前有羽林監棗祗，後有典農中郎將任峻，使曹操與

1　見《三國志・武帝紀》。

2　見《三國志・魏書》。

3　今河南省許昌一帶，建安初，曹操迎獻帝都在此。

4　三國時二斛米為一石。

北方群雄混戰之際，能推行大規模之屯田以恢復農業生產。棗祗提出，命令地方官將官牛出租，鼓勵農民獨立生產，成為郡縣之編戶。同時以所獲黃巾資業，包括黃巾士卒及其家屬，及大量之無業流民，加以編組，擴大其屯田事業，不但有"軍屯"，而且創立了"民屯"，前者以佃兵或屯兵為主；後者以屯田客、屯戶為主。

所謂"募民屯田許下"，便是應募而來的屯田戶。如此幾年經營，使"所在積粟，倉廩皆滿"，"軍國之饒，起於棗祗而成於任峻。"曹操之能統一中原，棗祗、任峻兩人之功實不可沒。

2. 鄧艾屯田極為成功

當時出了一位能臣鄧艾。鄧艾著有《濟河論》，他特別重視水利灌溉，認為"田良水少，不足以盡地利，宜開河渠，可以引水澆溉，大積軍糧，又通運漕之道。"

上述計劃為司馬宣王(懿)所同意，鄧艾遂於正始二年，"開廣漕渠，每東南有事，大軍興眾，泛舟而下，達於江、淮，資食有儲而無水害。[5]"

鄧艾以驍勇多智而滅蜀(時為後主劉禪)，遂官封太尉，增邑二萬戶[6]，封子二人亭侯，各食邑千戶。

其實，鄧艾最偉大之處是他所建議的極為出色的屯田計劃。

齊王曹芳正始年間(公元 204~249 年)，未攻打蜀國前，計劃攻打東吳。鄧艾提議使用邊防軍在淮河兩岸屯田，"五里置一營，且佃且守[7]"；"自壽春到京師，農官兵田，雞犬之聲，阡陌相屬[8]"，其辦法是：曹軍在淮北屯兵二

5　見《三國志‧鄧艾傳》。

6　鄧艾在嘉平元年因擊退蜀國姜維而賜爵關內侯。

7　見《三國志‧鄧艾傳》。

8　見《晉書‧食貨志》。

萬，淮南三萬，共屯五萬人，名叫"十二分休"，即戰時由一萬人種田，四萬人打仗；平時則一萬人休息，四萬人種田。

"計除眾費"後，即四萬人每年可完成生產 500 萬斛米的任務。即每人年產 120 斛米（兩斛為一石），即十萬兵連戰五年仍有飯吃。

曹操認為，用此法攻打吳國，無往而不利。遂依計而行，其後吳、蜀兩國亦仿效。

曹魏屯田政策頗為全面，不僅在中央、前線屯田，亦在後方（陝西）屯田，有流亡人種田處，即派一屯田都尉管理之。

但有一問題是：春秋時作戰者為貴族；漢代作戰有義務兵；現在則相反，由軍隊種田，非農民當兵，所種的田在戰爭前線的區域，為無主荒田。田地屬於政府，人民無私有土地權；收穫物屬於軍隊，非屬私人。

照社會法律言，兵無公民身份；在經濟學上說，種者無所有權，如同王莽時將土地收歸國有，成為"耕者無其地"了。

3. 孫吳屯田民無饑歲

三國時，孫吳所據有的長江中下游和嶺南地區，在漢代尚無屯田設施。

吳國孫權稱帝達 50 餘年之久，國富民安。馮熙曾描述孫吳"帶甲百萬，穀帛如山，稻田沃野，民無饑歲，所謂金城湯池，強富之國也。[9]"陸凱指出吳國之"先帝戰士，不給他役，使春唯知農，秋唯收稻，江渚有事，責其死效。[10]"說明了吳兵既戰且耕的特性。

吳國有不少將軍帶兵屯田，《三國志·諸葛瑾傳》載："赤烏中[11]，諸郡出部伍，新都都尉陳表，吳郡都尉顧承，各率所領人會佃毗陵，男女各數萬口。

9　見《三國志·孫權傳》。

10　見《三國志·陸凱傳》。

11　公元 238~250 年。

陳表病死，孫權以諸葛融為代表，後代父瑾領攝。"又如《三國志‧滿寵傳》云："孫權遣兵數千家佃於江北，至八月，滿寵以為田向收熟，男女布野，其屯衛兵去城遠者數百里，可掩擊也。"以上都是屬於兵屯或軍屯。

吳將朱桓"與人一面，數十年不忘，部曲萬口，妻子盡識之。愛養吏士，贍護六親，俸祿產業，皆與共分。[12]"朱桓在孫權登位後九年任前將軍，率領部曲萬人，連家眷共同生活，其實亦是一種兵屯。

建安十九年(公元 214 年)，呂蒙擊俘曹魏部屬數萬人，孫權因此擢封呂蒙為廬江太守，並將所得人馬分而予之，另有賜尋陽屯田 600 戶[13]。可見孫吳初期已有屯田之制。

孫權之重視農耕，可見諸華覈上末帝孫皓之疏諫："大皇帝(孫權)覽前代之如彼，察今勢之如此，故廣開農桑之業，積不訾之儲，恤民重役，務養戰士，是以大小感恩，各思竭命。[14]"黃武五年時，"陸遜以所在少穀，表令諸將增廣農畝。孫權報曰：甚善。今孤父子親自受田，車中八牛以為四耦，雖未及古人，亦欲與眾均等其勞也。[15]"孫權以帝王身份將駕車之牛用作農耕，其重視農業可見。但由於東吳常將屯田賜與臣屬，因此使屯田易於衰敗。

4. 蜀漢軍屯為時短暫

蜀漢之有軍屯較曹魏、孫吳為晚。

蜀國地處四川，由於"土地肥美，有江水沃野，山林竹木，蔬食果實之饒。民食稻魚，亡凶年憂。[16]"是故境內一直無民屯出現。有之則在蜀漢後期，

12　見《三國志‧朱桓傳》。

13　見《三國志‧呂蒙傳》。

14　見《三國志‧華覈傳》。

15　見《三國志‧孫權傳》。

16　見《漢書‧地理志》。

諸葛亮與姜維與北方之曹魏戰爭時，才有軍屯出現。

東漢末年，益州是沃野千里，天府之土。連諸葛亮的〈隆中對〉也這樣說。但不過十年左右，後主劉禪建興五年(公元 237 年)諸葛亮〈出師表〉已改稱"今天下三分，益州疲弊"；翌年〈後出師表〉則稱"今民窮兵疲。"這可能由於劉備用兵損耗所致。劉備死後，"南中諸郡，並皆叛亂。"

包括牂牁的朱褒、益州的雍闓和越雟的高定都起來反蜀漢，諸葛亮用了一年時間"務農殖穀，閉關息民"，才出兵南中，把亂事平定。因此造成"民窮兵疲。"

在此以前，蜀漢恃着天府之國，物產富饒，所以沒有想到要屯田。直至諸葛亮對付曹魏，以攻作守。自建興六年開始，多次北伐曹魏，均因糧盡退軍。有時大後方並不缺糧，但苦於"道遠運艱。"所以司馬懿譏笑說："亮每以糧少為恨，歸必積穀，以吾料之，非三稔不能動矣。[17]"意即諸葛亮必須三年後才能出兵了。

本來早在建興五年，諸葛亮已派趙子龍在赤崖屯田，可能兵多糧少，仍不敷食用[18]。至十年，諸葛亮"勸農於黃沙[19]，作流馬木牛畢，教兵講武。十一年冬，亮使諸軍運米，集於斜谷口，治斜谷邸閣。[20]"此處記述一面練兵，一面屯墾，約兩年後，才兵精糧足，再圖北伐。《諸葛亮傳》亦載曰："亮每患糧不繼，使己志不申，是以分兵屯田，為久駐之基，耕者雜於渭濱居民之間，而百姓安堵，軍無私焉。"此時蜀軍已在漢中、關中屯田，但因為時短暫，成效恐不著。

此後姜維繼諸葛亮遺志，自延熙十二年至景耀五年，十餘年間，多次出兵北伐，又得羌胡擁戴協助，戰事亦因缺糧而失利。姜維遂於景耀五年率部

17　見《晉書‧宣帝紀》。

18　見《讀史方輿紀要》。

19　今陝西勉縣東。

20　見《三國志‧劉後主傳》。

在沓中(今甘肅東南)種麥，有長期作戰之決心，魏少帝聞而心驚。翌年曹魏以18萬大軍攻蜀，使劉禪投降，姜維部眾聞訊憤怒不已，屯田計劃亦落了空。

二、西晉的土地制度

1. 品官占田制按官階佔田

三國時代雖然局面大亂，但曹操、諸葛亮及司馬懿諸人仍然記得秦漢之制度，天下平定後便思改制，這是歷史傳統，歷史不能扭曲的力量仍在。到了西晉，將屯田都尉取消，派縣令(縣長)主其事，再還田於民，使耕者有其田，又定出另一套經濟制度。

晉朝在中國歷史上可以說是最壞的朝代，但在制度上仍是有它的一套。它定出了兩個制度：品官占田制和戶調制。先說品官占田制。

占者，佔也。官有高低不同品級，每一官員可佔有之田畝數量受到限制，亦即董仲舒的"限民名田"。

"名田"即"占田"。不過董仲舒並未實行，只提出建議而已。

依照《晉書‧食貨志》的記載，官品第一至第九者[21] 各以貴賤佔田。即第一品者，可佔田50頃(即5000畝)；第二品，45頃；第三品，40頃；第四品，35頃；第五品，30頃；第六品，25頃；第七品，20頃；第八品，15頃；第九品，10頃。凡各品官員佔有之田超過上述頃數者應繳出還給政府。品官限田後，田地開放出來，各官又可以品之高卑，蔭其親屬，多者及九族，少者三世(即三代)。

上述各品官所擁有之田可免賦稅；九品官可蔭三代，所蔭之親屬所擁有的田不會太多，但亦可免賦稅。這與西漢董仲舒的限民名田有所不同，因後者須繳納賦稅。

21　此時之官制仍沿襲曹魏時之九品中正制。

至於西晉所定第九品的範圍擴及到下列官吏：包括舉輦、跡禽、前驅、由基、強弩、司馬、羽林郎、殿中冗從武賁、持鈹冗從武賁、命中武賁及武騎等。其各品官可擁有的佃客如下：官品第一、第二者，佃客無過 50 戶；第三品，十戶；第四品，七戶；第五品，五戶；第六品，三戶；第七品，二戶；第八、九品，一戶。

但後來考諸實際，大官佔田超過了上述限額的甚多。如司徒王戎，"園田水碓[22]，周遍天下。[23]"西州大姓強弩將軍龐宗因犯法而被沒收的田地即有200餘頃之多[24]。

2. 戶調制有名無實

戶調制是當時對平民而言的一種土地制度。田地出產所收的叫 "稅"；"賦" 是用作軍費的；"租" 又不同，另外又有所謂 "貢"。"調" 者，"徵調"、"調發"、"調興"（動員）之意，但現在作為 "調官職" 之 "調"，已與 "調" 的原意有別。此處的 "戶調制" 是為了軍事上的調動而來。

戶調制開始於袁紹，當時黃河北岸、山東等地滿佈黃巾士卒，袁紹在河北一帶，因軍隊需要糧餉，便向每一戶徵收軍事費用。這是中央政府解體後一種亂世的臨時辦法。曹操平袁紹後，仍沿用此法，但徵費較輕。當時每畝只收粟四升；每戶人口不管多少，收絹二疋，絲綿二斤[25]，這就是戶調制的開始。

晉武帝平吳後，制戶調之式，但與曹操時不同的是，曹操時期先講年租，再講 "戶調"；西晉則是先講 "戶調"。其制如下：

"丁男之戶，歲輸絹三疋，綿三斤；女及次丁男為戶者半輸。其諸邊郡，

22　水碓為糧食加工之場所。

23　見《晉書》。

24　見《晉書·張輔傳》。

25　可見黃河北岸此時已養蠶。

或三分之二，遠者三分之一。夷人輸賓布，戶一疋，遠者或一丈。

　　男子一人占田七十畝，女子三十畝。其外，丁男課田五十畝，丁女二十畝，次丁男半之，女則不課。男女年十六已上，至六十，為正丁，十五已下至十三，六十一已上至六十五，為次丁；十二已下，六十六已上，為老小，不事。遠夷不課田者，輸義米，戶三斛，遠者五斗，極遠者輸算錢，人二十八文。[26]"

　　上述制度，男丁分配 70 畝，女子 30 畝，即每戶仍是 100 畝占田；"課"指要田租[27]。上文中較難講者是"其外"一語，乃隨上文"歲輸"而來，即每歲輸絹、綿以外，尚得有課田之數。即 100 畝中，其中 70 畝收穫交給中央政府，即田租很重，達十分之七[28]。

　　西晉的"戶調制"，其實是王莽的"王田制"和曹操的"屯田制"的綜合體。

　　"戶調"兩字首次見諸《三國志‧魏志‧趙儼傳》。曹操得河北時，下令每畝徵收田租四升，每戶出絹二疋，綿二斤，即分田租與戶調兩項徵收；西晉則"戶調"在前，下兼"田租"，由於時局稍趨安定，已由兵屯變為農民。即曹魏之屯田制，土地屬於政府，屯田者無土地所有權。

　　西晉戶調制時，則由西晉政府將土地分配給農民，並規定一個確定的土地佔有數量。即男丁占田 70 畝，女丁 30 畝。每戶共占田 100 畝，決非占田 170 畝。近人有說，照《晉書‧食貨志》所說："男子占田七十畝，女子三十畝，其外，丁男課田五十畝，丁女二十畝"，以為每戶可占田 170 畝的解法，是錯誤的。因為照該文字的解釋，是在其佔地 100 畝之內以 70 畝為課田。"課田"是課其田租之意，意即農民除了輸絹輸綿以外，還要再課田租，即是課十分之七的田租之意。

26　見《晉書‧食貨志》。

27　今日所謂"課程表"、"課"指所要的，"程"指分量，此"課程表"之名乃隨賦稅制度而來。

28　錢穆師認為此種講法乃其最大之發現，並謂呂思勉先生亦甚欽佩此見解。

西晉泰始四年，傅玄向晉武帝司馬炎上疏，謂："舊兵持官牛者，官得六分，士得四分，自持私牛者，與官中分。今一朝減持官牛者官得八分，士得二分，持私牛及無牛者官得七分，士得三分，人失其所，必不歡樂。臣愚以為，宜佃兵持官牛者與四分，持私牛者與官中分。"

由此可見，晉室當時規定由政府供應牛隻給農民者，政府收田租八份，自取二份；自有耕牛者，政府收取七份，自取三份。但當時西晉並未接受傅玄之建議，故"戶調制仍依私牛及無牛例收租"，故即 100 畝課田 70 畝。

另一證明是當時屯田是"歲責六十斛"，即每人每年繳 60 斛。此制已甚為寬大。至晉朝，則每 100 畝抽取 70 畝之田租了。漢代曾徵收十分之五的田租，西晉則為十分之七。

西晉訂出戶調制不到 30 年，天下大亂，故有其制而無其實，可能並無推行此制。

三、魏晉南北朝各時期屯田情況

1. 西晉軍屯藉以滅吳

晉武帝司馬炎即位 16 年後，運用軍屯以滅吳，統一中國後，民屯已廢，但軍屯仍維持了一段時間。

司馬炎未即帝位，曹魏已滅蜀漢。時為魏末咸熙元年（公元 264 年），"罷屯田官，以均政役，諸典農皆為太守，都尉皆為令長。[29]"此時曹魏政權已為司馬氏所掌握。

晉武帝泰始二年，"罷農官為郡縣。[30]"時為西晉建國後一年，此後即未再有典農官，即屯田都尉一類的官，亦已經改為縣令（長），即已在魏境內無民

29　見《三國志・陳留王紀》。

30　見《晉書・武帝紀》。

屯了。

西晉太康元年(公元 280 年)滅吳後，吳地會稽、無錫、丹徒、武進及延陵等縣均廢除了典農官，而只設郡縣長官，亦即廢除了民屯。但軍屯即使在統一中國後，仍有實施。

三國時，蜀漢只有北方邊境設有軍屯，但蜀亡後卻在益州有了軍屯。因晉武帝咸寧三年詔令益州刺史"罷屯田兵，大作舟船，為伐吳計。[31]"當晉軍進兵長江下游時，奉命出屯當塗的吳將沈瑩說："晉治水軍於蜀久矣……必悉益州之眾，浮江而下。[32]"足見此時西晉經營蜀地已歷多時，益州軍屯為晉所設無疑。

據《晉書‧王渾傳》載："吳人大佃皖城，圖為邊害，王渾遣揚州刺史應綽督淮南諸軍攻破之，並破諸別屯，焚其積穀百八十餘萬斛，稻苗四千餘頃，船六百餘艘。"可見晉、吳國境兩方均有軍屯。

晉泰始五年，荊州刺史羊祜命襄陽地區士兵墾田 800 餘頃，多年的屯墾，已積存糧足用十年以上[33]。

同時在京師洛陽附近，於咸寧元年(公元 275 年)詔令河南伊川地區"代田兵種稻，奴婢各五十人為一屯，屯置司馬，使皆如屯田法。[34]"足見晉立國十餘年來，新城一直有田兵種稻，顯然是為軍屯。同時，《晉書‧食貨志》亦記述晉初在豫州境內亦仍有軍屯。

《北史‧崔昂傳》云："屯田之設，其來尚矣……司馬晉平吳，兵因取給。"確切說明了西晉的滅吳是仰仗了軍屯的成功。

31　見《華陽國志》。

32　見《三國志‧孫皓傳》。

33　見《晉書‧羊祜傳》。

34　見《晉書‧食貨志》。

2. 東晉歷朝多軍屯

西晉歷時 51 年而亡，東晉繼起，歷時 103 載，其間亦有多處屯田。

晉元帝司馬睿即位後，為鞏固江東政權，便下詔"課督農功"。並要求全國將士除要任外，均須赴農，"使軍各自佃作，即以為廩[35]"，並以地方官吏上繳糧之多寡作為成績的考核。大臣應詹更上書獻議學習漢代趙充國和蜀諸葛亮屯田渭濱以抗魏的經驗，將安徽壽縣作為軍屯模範區。

當時祖逖請准北伐，朝廷只給 1000 人之糧，布 3000 疋，並且不供應鎧仗與人力，得自行招募。祖逖遂"躬自儉約，勸督農桑"，並佃於安徽亳縣之北，一面軍屯，一面應戰，卒使"黃河以南，盡為晉土。[36]"同時在荊州（鄂、湘、蜀、黔）方面亦有散兵佃作，足見於此時期軍屯有卓著成績。

晉明帝時，溫嶠建議在長江沿岸墾荒，"諸外州郡將兵者及都督府非臨敵之軍，且田且守。"由兩軍輪流更休耕耘，政府多有採納[37]。又陶侃為荊州刺史時，亦"勤務稼穡，雖戎陳武士皆勸屬之。是以軍民勤於農稼。[38]"楚"百姓勤於農殖"，說明荊州軍民並耕，成績可觀。

晉成帝時有北伐意，荊州刺史庾翼率四萬軍自武昌至襄陽，並命其子庾方在襄陽"繕修軍器，大佃積穀"，憑屯田以解決軍糧。

迨後晉穆帝北伐，命殷浩"開長江以西墟田[39]千餘頃，以為軍儲。[40]"殷浩"沐雨櫛風，廣開屯田"，一面又命部將荀羡率軍"北鎮淮陰，屯田於東陽之石

35 　見《晉書・食貨志》。

36 　見《晉書・祖逖傳、蔡謨傳》。

37 　見《晉書・溫嶠傳》。

38 　見《世說新語・政事篇》。

39 　"墟田"即燒野草而墾殖。

40 　見《晉書・殷浩傳》。

鰲[41]"，成績斐然。

至晉孝武帝時，由於苻堅統一北方，荊州刺史桓冲慮其南下，便移鎮上明[42]，命士卒在長江北岸屯田[43]。

東晉末年，劉裕掌政，下令"州郡縣屯田池塞，諸非軍國所質，利入守宰者，今一切除之。[44]"可見當時荊州以外地區，屯田數不為少。

3. 南朝屯田政策

東晉末年，北方之後秦高祖姚興死。劉裕派毛修之修復芍陂[45]，在此屯田數千頃，以積蓄軍糧[46]。

南朝宋文帝劉義隆時，派劉義欣守壽陽，"芍陂良田萬頃，堤堰久壞，秋夏常苦旱"，乃修理以利灌溉。宋文帝並在盱眙[47]一帶設淮南都督，開創屯田，以供軍糧[48]。

南齊高帝蕭道成亦極重視屯田，命垣崇祖在壽春修濬芍陂屯田，努力墾殖，以平殘醜[49]。

南齊至明帝時，淮南部分地區為北魏所佔。尚書令徐孝嗣以淮南諸鎮，

---

41 見《晉書・荀羨傳》。

42 上明即今湖北宜都縣一帶。

43 見《晉書・桓冲傳》。

44 見《宋書・武帝紀》。

45 芍陂在今安徽壽縣南，亦名安豐塘，春秋楚相孫叔敖所造，後漢王景、曹操曾有開濬，後廢。

46 見《宋書・毛修之傳》。

47 安徽鳳陽縣東。

48 見《宋書》。

49 見《南齊書・垣崇祖傳》。

皆取給京師，但漕運艱澀。建議州郡戍主帥以下，均須農墾，務使足食，則江南自豐[50]。惜南齊因內爭而未能實行。

南朝宋孝武帝劉裕時，以北魏常來侵邊，尚書右丞徐爰亦提議屯田，主張軍隊"且田且守，若使堅壁而春墾輟耕，清野而秋登莫擬，私無生業，公成虛罄。救之之術，唯在盡力防衛，來必拒戰，去則邀躡，據險保隘，易為首尾。胡馬既退，則民豐廩實……臣以為威虜之方，在於積粟塞下。若使邊民失業，列鎮寡儲，非唯無以遠圖，亦不能制其侵抄。[51]"惜此議未能切實執行。

南朝後梁國力頗盛，曾越國境至淮北，修整芍陂，增產糧食以供前線[52]。夏侯夔以豫州刺史守壽陽，輕刑薄賦，務農省役，民始安定。

後其弟夔繼任，率萬餘軍人於蒼陵立堰，溉田千餘頃，歲收穀百餘萬石，以充儲備[53]。夏侯兄弟極受人民擁戴。

南朝中版圖最小的陳朝，提出"菜荒墾闢，亦停租稅"、"有能墾起荒田，不問頃畝少多，依舊蠲稅"等獎勵[54]。因此，造成當時的嶺南地區"火耕水耨，彌亘原野"，而江南則"燒田雲色暗，古樹雪花明[55]"，南方的墾殖開荒遂發展迅速。

4. 北魏屯田成效卓著

北魏近 200 年間(公元 338~534 年)，對於屯田，無論軍屯或民屯，均極為重視，成績亦較南朝為佳。拓跋氏定都平城(山西大同)不久，即派"元儀屯

50　見《南齊書・徐孝嗣傳》。

51　見《宋書・徐爰傳》。

52　見《梁書・裴邃傳》。

53　見《夏侯夔傳》。

54　見《陳書・宣帝紀》。

55　見《陳書・徐僕射集・全陳詩》。

田於河北五原，至於梱陽塞外[56]。[57]"史籍記載這次屯田是荒地的墾闢。北魏道武帝拓跋珪登國十年(公元395年)，後燕慕容寶"來寇五原，造舟收穀。"掠去穀物有100餘萬斛，足見該地區屯田成效不俗。

北魏當時在內蒙古一帶屯田，主要為防禦盤踞於蒙古新疆地區的柔然族。北魏太武帝拓燾時期的寧夏鎮將刁雍説："總勒戎馬，以防不虞，督課諸屯，以為儲積。"因此開掘新渠，使水充足，可溉官、私田四萬餘頃。致使"官課常充，民亦豐贍。[58]"

北魏孝文帝初年，為防北寇，每歲秋冬得派兵戍邊，至春班師，人民勞累，決非久計。遂募健卒三萬人，長駐邊塞，"冬則講武，春則種殖，並戍並耕。[59]"可謂正式的軍屯。至宣武帝，"發河北數州田兵二萬五千人，與當地戍兵共五萬餘人，去沿淮一帶，廣開屯田。[60]"由於范紹為寧遠將軍，身兼營田大使，勤於勸督，因此連年豐收。

宣武帝時屯田淮南北的士卒，秋播麥而春種粟稻，"隨其土宜，水陸兼用，必使地無遺利，兵無餘力"，已較曹魏屯田時為進步。

照〈刁雍傳〉的記載，當時北魏的軍屯，除了供應軍糧外，還得交納田租給政府，有剩餘的才分配給田兵的家眷。有時不夠交租，兵眷還得捱餓。開渠灌田後才使產量增加，改善了生活。

北魏亦重視軍屯。照杜佑《通典》所載，北魏明帝正光年間(公元520年)以前，戶口已比西晉武帝太康年間(公元280年)時倍增，意即已由245萬戶增至500餘萬戶。當時既然"取州郡戶十分之一以為屯民"，即每戶四口計，50餘萬戶即為200萬。

56　今內蒙古地區。

57　見《魏書・食貨志》。

58　見《魏書・刁雍傳》。

59　見《魏書・源賀傳》。

60　見《魏書・范紹傳》。

餘人參加民屯,並設"農官"治理。屯田用耕牛由政府供給,規定一夫之田,每年收租 60 斛。《魏書・食貨志》還說:"自此公私豐贍,雖時有水旱,不為災也。"可見北魏屯田相當成功。

5. 北朝屯田更勝南朝

北朝的東魏孝靜帝歷時 18 年便禪位北齊。由於西魏在河南一帶屯田的成功,大臣崔昂向孝靜帝建議在幽州、安州、徐州、兗州、揚州及豫州等地[61]派遣農官廣設屯田,以解決轉運糧食的困難,使能"倉廩充實,供軍濟國。[62]"

後來普遍設置屯田,使東魏南、西、北三方面的邊防都有了就地供糧的方便。

到北齊執政,雖為時不足 30 年,但極重屯田,中央規定"緣邊城守之地,堪墾食者,皆營屯田。"並設置農正的官員,強制河北冀州、定州及瀛州之無業者遷徙到北京、范陽去墾荒地。

政府並以各地屯田收入多寡作為考績以褒貶之[63]。如嵇曄建議修整在幽州涿縣附近的舊陂,在長城附近屯田,歲收稻粟數十萬石。至孝昭帝皇建年間(公元 535~561 年),又在河南沁陽一帶屯田,以供應對抗北周的軍隊所需糧食。

北齊設有"屯田客郎中"、"尚書屯田郎"及"屯田曹"等官,處理諸州屯田等事[64]。又如直屬王室的司農寺,也設置典農署以管屯田,可見對屯田之重視。

同時,西魏(公元 535~556 年)與北周(公元 556~581 年)亦廣泛設置屯田。

61　上述各州即今河南、遼寧、安徽、山東、江蘇、江西、浙江、福建、河南等地。

62　見《北史・崔昂傳》。

63　見《隋書・食貨志》。

64　見《隋書・百官志》。

如北周文帝宇文泰重用蘇綽為大行台左丞、度支尚書兼司農卿，作《六條詔書》，力主 "盡地利"，"無問少長，但能操持農器者，皆令就田，墾發以時，勿失其所。" 蘇綽協助文帝使北周邁向富強之途，"並置屯田，以資軍國"，蘇綽並命司農少卿薛善監領陝西韓城地區的屯田，一面在當地派 8000 工役冶鐵鑄造兵器，貢獻甚大。

北周之能滅北齊，除借助江南陳國的兵力牽制北齊外，屯田的成功亦為主因之一。

綜上言之，北朝的魏、齊、周諸國，均積極推行屯田，除粟、麥外，更種植稻，成績較諸南朝尤勝一籌。

四、魏晉南北朝賦役制度

1. 東晉賦役繁苛稅種多

曹操擊敗黃巾得降卒 30 萬，繼而挾獻帝遷都許昌。遂募民大規模屯田於許昌一帶，得穀 100 萬斛。其屯田收租之法是，將官田[65]出租給佃戶，如佃戶用官牛耕田，則政府分六成，佃戶分四成；如自持私牛，則政府與佃戶各分五成。佃戶亦可免除徭役[66]。

曹魏並在每一州郡設置田官，如嚴匡為潁川郡典農中郎將；陳登為徐州典農校尉。《三國志‧晉書‧食貨志》說："魏武之初，歲有數千萬斛，以充兵戎之用。"

屯田不但增加中央政府的收入，亦可協補地方日常開支，據《三國志‧魏書》記載，曹操要在鄴城（今河南）建造宮室，命并州刺史梁習從上黨供應木材。梁習便請求 "置屯田都尉二人，領客六百夫"，以耕種菽粟，將所得作

65　待開墾的荒棄土地。

66　見《晉書》。

為準備供應木材的費用。可見屯田亦有助於地方財政。

曹操對非屯田的農民，另訂立一套租調制度。規定每畝收田租四升，每戶繳納絹二疋、綿二斤。但不得再攤派其他實物，並令郡國守相監察，勿使豪強逃租而造成弱民的負擔加重[67]。以當時畝收三斛計，每畝納田租四升並加絹綿，田租並不算重。

此後兩晉的戶調制，大體上沿襲自曹魏制度，不過所納田租與絹、綿有所增減而已。西晉戶調制，前節已述及。茲再略述東晉之田租及戶調。

西晉亡，東晉司馬睿在建康(南京)即位，仍沿用西晉舊制，但疆土只有半壁南方，而移居南方的北方世家豪族又有免賦役的優待，因此國家稅收日少。遂於晉成帝咸和五年(公元 330 年)實行"度田收租制"。規定畝收十分之一，每畝稅米三升。但此法為豪強所反對，弄致田賦積欠達 50 餘萬斛。至晉哀帝，田租減為畝收二升。但此處顯然"升"字為"斗"字之誤。因既然說明"度百姓田，取十分之一"，即每畝"三升"為每畝收入的十分之一的話，則每畝共收 30 升(三斗)而已，實不合邏輯。故以"畝收三斗"較為合理。

至孝武帝司馬曜廢"度田收租"而改為"按丁稅米"，由初期的每丁三斛增至五石。而《隋書·食貨志》比《晉書》所記還要多加"祿米"二石，共計每丁七石。所謂"祿米"是為供給郡、縣官的秩祿所需，所以東晉之田租比前朝更重。此中原因由於王公豪族的蔭戶可以免除課役，以及豪強大戶的逃匿田租所致有關。

至於土著或蠻夷所居之山地或荒僻之處，因無有蓄積糧米，政府便准以馬、牛、羊、翡翠、明珠、犀角、象牙等牲口產物納貢，以裨國用[68]。

東晉農民除田租外，尚有戶調。規定"丁男調布、絹各二丈，絲三兩、綿八兩、祿絹八尺、祿綿三兩二分。"丁女則照上述減半收取。

至於東晉的徭役，據《隋書·食貨志》所記，是"男丁每歲役不過二十

67　見《三國志·魏書·武帝紀》。

68　見《隋書·食貨志》。

日。"除了丁男每歲服役不超過 20 日外，又得為漕運而每"十八人出一運丁役之。"可見當時需要漕運役夫亦甚為殷切。丹陽尹提及當時雜役有 60 項之多。

關於自中州流亡到江左的僑民，政府只宣佈可任意"樂輸"，並無規定數量，以示對僑民因逃亡而給予優待。至哀帝時，桓溫下令"土斷"，僑民居住之地便須編戶以便徵收租調，以免當地土人負擔過重。

綜上所述，東晉丁男租調共計租米七石，布二丈、絹二丈八尺、絲三兩、綿十一兩二分。遂促使不少人故意弄殘身體或削髮為僧以避徭役，鰥寡則不敢妻娶[69]。此外，尚有很多攤派，如"修城錢"、"送故錢"、"商稅"[70]、"過津費"[71] 等。清代厘金費只收百分之一而已。中國之有田宅房契稅、交易稅均始自東晉。

2. 南朝宋武文二帝輕賦役

南朝宋武帝(高祖)劉裕是一位好皇帝。他經過兩次北征，鞏固了政權。他有劉穆之輔政，猶如劉邦之有蕭何。

劉穆之"內總朝政，外供軍旅，決斷如流，事無壅滯。"他首先殺了虐民官尚書左僕射王愉及其子荊州刺史王綏，繼殺"有田萬頃，奴婢數千人"的大族刁逵。殺一以儆百，政風大振。並將刁逵財富分給百姓，民心大快。

劉裕又寬施了一連串的利民措施。如義熙八年(公元 412 年)赦免判刑五年以下的囚犯[72]。義熙九年下令禁絕豪強霸佔山澤，人民均可共享山澤湖水之

69　見《晉書》。

70　商稅是買賣奴婢、牛馬、田宅者，值一萬錢抽稅 400 錢。

71　獲炭、魚、薪之類過津者收十分之一。

72　囚犯乃無辜平民。

利[73]。永初元年(公元 420 年)又大赦天下，以前被流徙遠地的人戶可回本鄉，並可免除兩年租調。

劉裕又大力整飭賦役，例如義熙八年下令荊州、江州人民除履行租稅調役外，地方官員不得濫徵浮額雜項。以前凡郡守縣令所享有的屯田養魚收益，現一概廢除。以前中央向上述兩州徵收的木材、皮毛一律停徵。

義熙十年，減輕人民勞役，讓人民有休養生息的機會。

義熙十一年，免除荊州、雍州人民租稅。

永初元年，中央政府不再向郡縣徵調造船木材及運船。以後由中央的"都水台"自行負責辦理。中央各部門所需物資，不得向民間勒索，須自備款購買；並豁免前欠之租調及債項。

義熙十一年下令荊州、雍州、西局、蠻府等地區之吏及軍人，年在 12 歲以下、60 歲以上及孤幼、單丁與家人中須扶養者都遣散為民，窮獨者且由政府長期救濟。

劉裕又對以前避重役而自傷殘的人士免除了冶鐵的勞役。永初二年又下令限制地方政府濫徵兵役，使兵戶減少，人民可專心耕種。

綜合宋武帝劉裕掌政十餘年來，整頓賦役，減輕人民負擔，以紓民困，為長江流域經濟發展奠定了良好的基礎。

南朝宋劉裕卒後，由其子劉義符為少帝，但登位兩年即被廢。繼由劉裕三子義隆繼任為文帝，掌政達 30 年之久。

宋文帝亦能善承父志，致力農桑，獎勵力田。從義熙到元嘉 40 多年間，是南朝史上賦役最輕的一段日子。

元嘉八年(公元 431 年)，文帝詔令各郡縣地方長官注意勸農，要使做到地無遺利；並每年選出地方上模範農民，以示鼓勵。

文帝並遵行劉裕的賦役政策，元嘉元年即下詔減荊州、湘州租調之半。

元嘉十二年詔免遭受水災的各郡欠課。

73　見《宋書》。

　　元嘉十七年下令以前所給揚州與南徐州百姓的田地、口糧、種籽；兗州、豫州、青州及徐州連年須繳的租穀，全部減免半數。該地如歉收五成的則全部免租穀，並從寬減收百姓的各種欠項；禁止人民分享山澤之利的地區要解禁；徵用老弱服役的措施要廢除，一切法令要從寬，並要公平。

　　宋文帝亦似乃父般重視救濟，對百姓慷慨施賑。如元嘉十二年丹陽、淮南、吳興及義興等地大水，連首都建康亦全城水浸，文帝特從其他州郡撥米數百萬斛以濟上述災區。二十年時有州郡水災，文帝遣使開倉賑恤，撥發糧食和種籽；二十五年因多處冰雪經旬，薪米騰貴，文帝命建康及秣陵之營署撥賜柴米。

　　根據《宋書‧王弘傳》所記，文帝並對人民服役年齡作了一次合理的調整。依照舊制，男丁 13 歲要服半役，16 歲則全役。在元嘉初年調整為 15~16 歲，宜為半丁，17 歲為全丁[74]。

　　文帝晚年欲繼承乃父遺志，於元嘉二十七年倉卒出師北伐，因此覆師喪旅，並使廣陵一萬多戶人家為北魏擄走。徐、豫、青、冀、兗各州之人民慘遭殺戮者無數，宋財政亦瀕臨破產。

　　皇命減百官俸祿三分之一，並向民間富有者借用資財四分之一，事息歸還[75]，可謂中國最早出現的戰時公債。但宋文帝仍堅持不向人民增加租調，可謂善政。

　　宋武帝劉裕、文帝義隆兩朝政績，《宋書》有兩篇史評，頗多稱道。一篇是《良吏傳序》，其大意謂：

　　高祖（宋武帝劉裕）平民出身，已知民事艱難。他在安帝義熙年間入朝作宰相，留心吏職。由於兩次北伐，日耗千金，因此未能寬減賦役，但他仍在這方面作了不少工作。他本人生活極為儉樸。清簡寡慾，不重絲竹之音，輿馬之飾，因而能連年出征。太祖宋文帝劉義隆幼年寬仁，繼位後於元嘉七

74　半丁即半役，全丁即全役。

75　富民家資滿 50 萬、僧尼滿 20 萬者，得借給政府四分之一。

年，宋軍攻佔虎牢、洛陽等地，大軍出征，軍費出自國庫，並不徵用民眾服役，亦不加重人民負擔，因此國內安寧。執政 30 年來，每年只徵收正額賦役，而無額外需索。人民安於自己的工作，守宰六年更換一次。雖然做到家給人足非易事，但亦無人死於飢寒。城鄉歌謠舞蹈，到處成群，確是宋世之盛世。

另一篇史評記載在孔季恭、羊玄保及沈縣慶等的傳後評語，大意如下：

史臣道，自從義熙十一年司馬休之外逃後秦，劉裕平江陵並取得東晉政權後，一直至元嘉末年，共 39 載，不用兵車，民不外勞，役寬而政務清簡，人民繁息，餘糧滿倉，夜不閉戶，可謂南北朝之極盛之期。此時地廣野豐，民勤本業，一歲豐收，使數郡忘飢。會稽郡帶海傍湖，良田亦數十萬頃，膏腴上地，畝值一斤黃金，即使長安一帶亦不能比。荊州擁有南楚地區之富，揚州有全吳之沃及魚鹽杞梓之利，絲綿布帛足供全國衣着所需。

元嘉中期，水災為患，太祖省費減用，開倉廩以賑之，因此能安然度過。宋孝武帝劉駿末年，積旱成災，雖弊同往困，但救濟工作不及元嘉時期；故災情雖未及元嘉之半，但死亡者卻加倍。

以上兩則史評均稱道了劉裕、義隆父子兩朝的德政，使政經情況趨於安定繁榮。惜文帝為太子劉劭所殺，孝武帝劉駿繼位，以後繼位者，更一代不如一代。

東晉以後之戶調是丁男調布絹各二丈、絲三両、綿八両、祿絹八尺、祿綿三両二分，但劉駿竟加至"民戶歲輸布四疋。[76]"將戶調增至四倍，安得不民窮財盡。

3. 南齊高武兩帝政績尚佳

蕭道成篡宋而成立南齊王朝，史稱齊高帝，時為公元 479 年。高帝躬自

76　布、絹各二丈相當一疋。

儉樸，將宮廷器物的銅飾改為鐵製。但在位四年中，值得稱道的，僅為"檢籍"[77]一事而已。由於當時的戶口非常混亂，有的在戶籍註明有爵位，以圖免役，有的竄改年歲；有的有戶存而不見有冊籍；有的在冊籍上註死亡而實在未死者；有人在家而冊籍上註明從役者；有的冊籍上註明稱殘廢而實乃健康者，目的為了逃避賦役，各縣長官因受賄而不核實，亦不更正。

由於戶籍不實，使少數百姓的賦役加重，地方官吏因收受賄賂而任刁民竄改戶籍。高帝下令"檢籍"是為了"均役"。因此責成各縣令(長)親自審查，改正後報送到州。但由於吏治腐敗，依然"貨賄潛通"，自宋明帝泰始三年至後廢帝元徽四年，歷時 11 年中，更正的戶籍不足四萬，工作遲緩，效果並不理想。

至武帝蕭賾永明八年，處罰不誠實巧戶戍守邊境(淮水沿岸)十年，但因刑罰過重而怨聲載道，武帝不得已撤回原議，准許謫役邊境者歸回本土[78]。

武帝在位 11 年中，可説做了一些整飭吏治的事，廢除了多項雜税，如即位後即免除"修城錢"[79]。

永明六年時，免除了向州、郡、縣官"送故錢"的陋習[80]。

永明十一年廢除"三調"中的"雜調"。據胡三省解釋：三調指"調租"(即田租)、"調布"(即戶調)，以上為正項賦税；另一項為"雜調"[81]。

所謂"雜調"，即包括上述提及的"修城錢"和"送故錢"，此外又有"塘

77　檢籍即清理戶口冊籍。

78　見《南齊書・虞玩之傳》。

79　亦稱逋城錢。

80　送故錢又稱作"邺"，即方鎮離任時帶走若干兵戶，州郡縣地方官仍須負責給付糧餉以外，還向人民攤派一筆錢，送給離職的方鎮作為補貼金。

81　雜調包括一切經常性和臨時性的多種攤派及實物和勞役的徵發。另有形形色色的捐税。

役錢⁸²"、"丁稅一千⁸³" 及 "滂役⁸⁴" 等。

南齊以後諸帝，乏善足陳，到了末年，君主荒淫，賦役無度，已無善政可言。

4. 梁武帝廢雜調謬賦

蕭衍未建梁朝時，已是方鎮之統領，頗知民間疾苦，及登位為梁武帝，減省賦役，使民得以休養生息。

梁武帝定都建康後，廢除齊末雜調謬賦，淫刑濫役。如逋布、口錢、宿債等項，一概豁免，給鰥寡孤獨不能存活者每人穀五斛。

天監初年，米價波動甚劇，由元年（公元 502 年）大旱斗米 5000 至四年豐收斛米 30。此時期梁武帝對賦役處理的要項如下：

大致來說，西晉的租調按資產定戶等定稅額。東晉的田租，起初是按畝徵收，後改為按丁徵收；戶調則仍按戶等徵收。本來此法較為公平，但徵收官吏計算資產時過於苛嚴，如尺高桑樹，便計算稅款，屋未建成，便得照新屋房產呈報，因此弄得人民不敢建屋植樹。且地方官吏作弊，富者行賄得益，窮者受害益深，武帝遂改 "去人貲，計丁徵布"，以解民困。時為天監元年。

天監十六年，免貧戶一年之 "三調"（包括田租、戶調及雜調）；無田者給予田地；產子之家可免役；平冤獄；賑濟孤老鰥寡。

普通六年（公元 525 年），梁朝收復若干地區，北魏荊州及徐州刺史率部歸，詔令新附民眾可永遠免役。

大通元年（公元 527 年），鼓勵流亡者復業，並可免役五年，家貧者並免

82　此種雜調指會稽地區人民因塘陂橋路損壞時須付出的修理費用。

83　此指齊高帝建元元年須付的軍費攤派。

84　"滂役" 為了供給雜使。意即替政府做雜工。

收一年之"三調"。孝弟力田者賜爵一級[85]。

大同四年(公元 538 年)，對全國部分地區[86]赦免宿債及一年之"三調"。

大同七年停止各郡縣役使女丁[87]。

綜上所述，梁武帝廢除了繁重的雜調，足見體恤民困。即使天監四年大舉北伐，王公以下均得繳納租穀，以助軍資，但並不增加平民的租調，十分難得。故梁武帝時代，較諸宋、齊兩代的賦役，已輕省得多了。但武帝晚年，因年屆古稀，處事已甚糊塗，因此為侯景所害，誠可歎息。

5. 五胡十六國賦役概況

五胡十六國時代[88]，田租的繳納，仍然是以八二分乃至六四分，即政府得八成或六成，人民得二成或四成。

前燕明帝慕容儁較五胡各朝看重農事。他親自巡行郡縣，勸督農桑。由於政事較清明，使四方人士來歸，並以牧牛供給貧家，供給苑中種田，政府收取八成，耕種的佃戶得二成。有牛無地之佃戶，亦在苑中種田，則政府收七成，佃戶得三成。後由記室參軍封裕向慕容儁勸諫道：

"臣聞聖王之宰國也，薄賦而藏於百姓，分之以三等之田，十一而稅之；寒者衣之，飢者食之，使家給人足。自永嘉喪亂，百姓流亡，中原蕭條，千

85　見《南史》。

86　當時南兗等 12 個州飢饉。

87　本來婦女不必服役，由於前朝徭役繁重，且逃役者日多，因此有徵用女子服役。見《梁書·武帝紀》。

88　指成漢、前趙、後趙、後秦、西秦、前燕、後燕、西燕、南燕、北燕、前涼、後涼、南涼、北涼、西涼及夏十六國。

里無煙,飢寒流隕[89],相繼溝壑。……故九州之人,塞表[90]殊類,襁負萬里,若赤子之歸慈父,流人之多舊土十倍有餘[91],人殷地狹,故無田者十有四焉。宜省罷諸苑,以業流人。人至而無資產者,賜之以牧牛。人既殿下之人,牛豈失乎!善藏者藏於百姓……(魏晉時期)持官牛田者官得六分,百姓得四分;私牛而官田者與官中分,百姓安之,人皆悦樂。臣猶曰非明王之道,而況增乎![92]"

明帝遂取消苑圍,以給百姓無田地者。貧者各賜牧牛一頭,若有餘力,可依魏晉之制多取牛與田墾殖之。大體言之,當時北方田租,情況多為持官牛者,官六私四,有私牛者,官私各半。

魏孝文帝太和十一年,大臣李彪請立農官,取州郡戶十分之一為屯田,一夫之田歲納租 60 斛。以畝收一石計,60 斛即是六四收租。

至於五胡時期兵役,多為胡人部族兵,漢人並不受重視,必需時才用抽丁辦法。

後趙石虎討前燕慕容皝時,下令五丁取三,四丁取二。征士五人出車一乘,牛二頭,米 15 斛,絹十疋。調不辦者腰斬。

到北魏時,政治漸上軌道,處理賦役北朝較南朝為有辦法。

6. 北魏前期租調概況

北魏拓跋氏統一北方中國後,即放棄傳統的游牧生活,而推行農業生產作為國家的經濟重點發展。太武帝拓跋燾太延五年(公元 439 年),景穆太子監國時下了一道命令,大意是:地方主管官員應勤督農桑,並須造報戶籍清

89　流隕即流離死亡。

90　塞表指塞外與內地。

91　前燕因逃亡者來歸而人口大增。

92　見《晉書》。

冊，其上寫明家別人數及課種土地面積，以憑考核。並規定了牛工和人工的換工辦法和標準，藉以解決貧戶因缺乏耕牛而不能耕種之苦，並免使有牛人家向無牛貧戶苛索租牛的重租。並規定各戶在其耕種田地上寫明標誌，作為是否種足課田面積的考核。此年即拓跋燾統一北方之年，即北魏推動重農政策之開始。

北魏前期大致承襲西晉的租調制度。北魏對天下戶籍的"九品混通"，亦即西晉的"九品相通"，其每戶徵收戶調是：帛二疋、絮二斤、絲一斤、粟 20 石。又另繳帛一疋二丈，交給州庫，以供調外之費[93]。

不過，北魏的田租是按戶徵收(與東晉同)，但西晉則是按畝徵收，為兩者不同之處。北魏實際上是把租與調合併為一。此外，北魏另徵收一項附加稅 —— 一疋二丈帛。

但北魏有時視民情的需要，亦有特別的措施。如太武帝拓跋燾延和三年(公元 434 年)時，曾經下詔說："頻年屢徵，有事西北。運輸之役，百姓勤勞，廢失農業，遭罹水旱，致使生民貧富不均，未得家給人足，或有寒窮不能自贍者。其令州郡縣隱括[94]貧富，以為三級。其富者租賦如常，中者(中等人家)復二年，下窮者復三年。"

此處即照顧到貧窮農戶，中貧者可免繳兩年的租調，下貧者則免三年，亦是北魏政府對人民的一種善政。

拓跋弘獻文帝時下詔，凡上三品戶須將租糧繳納到京師；中三品戶則可繳納到他州；下三品戶本州即可，由納稅戶負責運送，亦可折交運腳，實際上減低了中下等戶的負擔。

除了上述的正常租調以外，北魏還有不少額外的賦稅，包括下列各種：

a. 額外之田賦：拓跋嗣明元帝泰常三年(公元 418 年)，命諸州徵發民租，每戶 50 石，並將徵得之糧儲存於定、相、冀三州。

93　見《魏書・食貨志》。

94　隱括即調查登記。

孝文帝延興三年(公元 473 年)，拓跋弘率大軍南侵，詔令各州郡人民，凡十丁抽一助戰，並每戶收租 50 石。

b. 軍馬之賦：明元帝拓跋嗣永興五年(公元 422 年)，下詔每 60 戶必須出戎馬一匹。八年後，即泰常六年，改為每 60 戶輸戎馬一匹，大牛一頭。另外，凡擁有羊 100 頭的，亦當輸戎馬一匹。徵收戰馬乃拓跋嗣準備南侵之用[95]。本來，據《魏書‧食貨志》載，拓跋燾太武帝時，已平陝西甘肅一帶，以河西廣大水草牧地，畜養戰馬 200 餘萬匹，駱駝 100 餘萬頭以及牛羊無數。牧畜已不為少。

c. 運畜之賦：太武帝拓跋燾始光二年(公元 425 年)，詔令十戶出大牛一頭，以便運粟塞外。此時期亦有徵驢運糧的。此運糧制度為時頗長，直至北齊，歷時 170 年左右。

d. 經常性的雜調：文成帝拓跋濬太安年間(公元 455~459 年)，因歷年來增加雜調相當於正賦的十分之五。文成帝有廢除意，而尚書毛法仁以為軍國急需，勸諫不可廢。帝意以為 "使地利無窮，民力不竭，百姓有餘，吾孰與不足。" 遂廢除之，但不久又恢復。至獻文帝時才廢，人民負擔遂稍輕[96]。

e. 官吏索需：由於孝文帝元宏在太和八年前(公元 484 年)，百官不給俸祿，因此變相向人民需索更苛。史遂有 "初來單馬執鞭，返去從車百輛" 的記載[97]，農民負擔益重。

f. 徭役：如明元帝泰常八年，築長城自河北省赤城至綏遠五原凡 2000 餘里以防柔然族南侵；道武帝時建鹿苑於南台陰以便皇族行獵；泰常六年發 6000 人，築獵苑於山西省的白登；文成帝和帝年間發 5000 人治河西獵道於山西太原之北。繁重的徭役遂拖慢了農業的生產。

95　見《魏書‧太宗紀》。

96　見《魏書》。

97　見《北史》。

五、北魏的均田制度

從每一朝代土地制度、租稅制度及其戶籍可看出該時代的農業經濟情況。

漢代的地租分公私兩種，公的由政府收，收三十分之一；私的由地主私人收，要收百分之五十。

到魏晉南北朝時代，不是耕者有其地，土地是政府的。如北魏的均田制，租稅要收百分之六十。

封建社會有平民與貴族之分。即稱為公民的，歷史上叫“編戶”。東漢以後，戶口冊不同，分為“士族”與“庶”兩種。“士族”即官員，分成品級，自己可擁有田地，且可蔭親屬，稱為“蔭戶”。“庶”要向政府繳納百分之六十租稅，但“士族”可不出。“蔭戶”（即私屬戶）亦可不出。

蔭戶有兩種，一種是蔭親（包括父、伯、堂兄等），九品官可蔭三代；一品官可蔭九族。另一種是“蔭客”，即士族所屬的部曲戶。因此當時所編的戶口冊亦分為兩種，要出租稅的編入“白冊”，不必出租稅的編入“黃冊”。

“士族”與“蔭戶”不必出稅，編入“黃冊”；“庶”要出稅，編入“白冊”。“士族”固可免租稅，但規定可擁有的田畝數量有限；毛病乃出在士族可蔭庇他人免稅，因此就有人冒充為蔭戶籍以免稅。一個士族的大家庭就可擁有幾千戶“蔭戶”。因此政府的租稅少收，政府便向“庶”（窮苦人民為多）拚命搜刮，窮苦的“庶”民只得依靠“士族”做“蔭戶”，政府租稅所得就更少。南朝、北朝的情形大致上均如此。

因此政府不得不想法改革此種有弊病的制度。北魏是鮮卑人拓跋氏[98]掌政。孝文帝時[99]便思改革變法。

外國人統治外國人必得與本地人合作。古今莫不如此。如英國人統治

98　魏孝文帝時改姓元。

99　此時距太祖道武帝拓跋珪已有 100 年，如以高祖昭成帝拓跋什翼健開始計算，則已有 140 年。

香港雖高明，仍要藉中國人之幫助。孝文帝聘用中國人(漢人)作了北魏的漢奸，因漢人讀書較多，其改革方法合乎中國歷史文化精神。北魏行均田制，不論官民貧富，一律平均攤派賦稅。

北朝最重要的制度是北魏的均田制度。魏孝文帝初年，因"民困飢流散，豪右多有占奪"，有李安世上疏倡均田之議。目的為要使雄擅之家，不但有膏腴之美，而且也要使單陋之夫，亦有頃畝之分。使貧微得恤，貪慾可抑。於是孝文帝依照此疏先立三長。

據《魏書》記載，立三長同時定調法，調法正須與均田相輔而行。而在孝文帝太和九年十月正式下均田詔。大意謂："富強者並兼山澤，貧弱者望絕一廛，致令地有遺利，民無餘財。今遣使者，循行州郡，與牧守均給天下之田，還以生死為斷。"

實行均田制的第一步是整理戶籍。於十年二月，遂立黨、里、鄰三長，定民戶籍。所謂"三長"，即五家一鄰長；五鄰一里長；五里一黨長。

在未立三長前，人民對戶籍多有隱冒(或稱蔭冒)，30、50家方為一戶，謂之蔭附。蔭附者不必服官役，但任強豪徵斂，倍於公賦。當時大臣多不贊同立三長，但太后則認為"立三長則課有常準，賦有常分，包蔭之戶可出，僥倖之人可止，何為不可？"於是確立三長以管理戶籍。是年京都大饑，韓麒麟上表陳時務請孝文帝制定天下男女計口授田。

接着第二步是針對蔭戶而發。即每成立一家，即予田耕種，猶如商鞅之法，提倡小家庭制度。此種小家庭不但是倫理的，而且含有政治性與國家性，消弭了豪強所搞的"百室合戶"或"千丁共籍"的蔭冒。

第三步是人民獲得政府所分給的田，可減輕繳納租稅，但政府仍不吃虧。均田制的條文是：

"諸男夫年十五以上，受露田四十畝，婦人二十畝，奴婢依良。丁牛一頭受田三十畝，限四牛。所受之田率倍之，二易之田再倍之，以供耕休及還受之盈縮。人年及課則受田，老免及身沒則還田。奴婢、牛隨有無以還受。

諸桑田不在還受之限，但通入倍田分。諸受田者，男夫一人給田二十畝，課蒔餘，種桑五十樹，棗五株，榆三根。奴各依良。

諸應還之田，不得種桑榆棗果。

諸桑田皆為世業，身終不還。有盈者無受無還，不足者受種如法。盈者得賣其盈，不足者得買所不足。不得賣其分，亦不得買過所足。"

北魏均田制之用意並不在田畝之絕對均給，只求富者有一限度，貧者亦有最低之水準。按均田制所定，男丁（15~70歲）可受露田40畝，婦人20畝，夫婦合共得60畝。

所謂"奴各依良"，指奴婢與良民待遇相同，是一種大優待。漢代奴婢加倍收稅，但此時為了鼓勵人人報戶口，故特加優待，即夫婦加奴婢共四人，共可分得露田120畝。

照均田制中所説："丁牛一頭，受田三十畝，限四牛"是指精壯之牛，而非牛犢或老牛，丁牛一頭可受田30畝，每戶限報四牛，即四頭牛可共得田120畝。

所謂"所受之田，率倍之"是指照規定加一倍給田，即四人可分得田240畝。為何"所受之田，率倍之"呢？是希望人民都報戶口，故特別優待之。此乃暫時性之規定，為要安定民心，以作立國久遠之計。

但政府收租只收40畝，並不收80畝；丁牛收租亦只收30畝，亦非收60畝。此乃政府為了使人民樂於呈報戶口。

牛老時或奴婢死後則須將田還給政府。

丁牛有限而奴婢無限，又授田可以一倍再倍。若以一夫一婦十奴四牛計，其田已在1000畝外。北齊河清三年詔，奴婢受田，親王限300人，嗣王200人。……七品以上80人，八品以下至庶人60人。以此推論，可見奴婢受田之多。況且為了鼓勵呈報戶籍，北魏是不限奴婢人數的。同時亦為使"蔭冒"絕跡，使田租盡歸政府。

所謂"露田"，"露"或是蔭冒之反義。以其屬於朝臣，故稱"露"。以其為露田，所以須還受。以其須還受，故不得種桑榆。以其不種桑榆，始稱露田。唐杜佑《通典》注"不栽樹，故曰露。"杜佑雖是制度家，但這一點不一定對。以下這講法當較佳：因當時有蔭戶、露戶兩種，露戶無遮蔭，要納租稅，故稱露田。

桑田是調，男夫一人 20 畝，奴婢亦同。不是抽田租，而是出絲、綿、絹，故給桑田，種桑為養蠶；榆樹作材料用；棗樹作食物。桑樹六、七年者最盛，太幼或太老已不可用，故桑田不必還政府。在 40 畝露田中，加倍之 40 畝中，有 20 畝是桑田，實際上 60 畝要抽賦稅，20 畝桑田叫"民調"，不稱抽賦稅，即 60 畝地（以一畝產一石計），兩夫婦只繳納二石粟，一疋帛。

北魏之所以實行均田制，其最高意義是要將門第社會中之豪強蔭冒一概消除，與西晉戶調制略有相似之處，可以說是中央政府與豪強爭奪民眾的一種措施行動，目的使人人脫離門戶大族的豪強，亦不再向豪強納租稅，故有此種加倍分田地的優待，將門第化解，由於門第的反對，因此政府仍讓門第養奴婢。故丁牛有限制，而奴婢可無限制。親房可養奴 300 名，即有田地 9000 畝。普通庶民可擁有奴婢 60 名，亦仍可分給田地。

政府要取消門第而不可能，因此允許擁有奴婢，成為編戶。遂不受門第豪強之反對，遂得確立此一均田制度。

此種制度可用兩句話概括之，即"同富約之不均，一齊民於編戶。"即不論貧富，一律徵收賦稅。一切人民平等，官與民同樣是國家公民，政治上軌道了，中國（在北方）統一了。此乃魏孝文帝根據中國讀書人而改革經濟制度，故寓獨特的歷史文化精神，與西洋不同。

北魏之均田制度，目的為要改變原有的強宗大族所形成的政策。

其實，此均田制並不平均，並且還有一點，所謂"奴任耕，婢任績者，八口當未娶者四。"即八人當未成丁四人，八個奴婢只要出一夫一婦之賦稅。此乃對貴族大地主之通融優待辦法，但實際上並不是，乃是一種政策。

東魏[100]有云："初給人田，權貴皆佔良美，貧弱咸受瘠薄。"這是不公平現象。但從前的農民是蔭戶，現在整理戶籍後均變成公民，這是歷史的大轉

100　北魏分東、西魏。

變，而非革命。是政府減輕了賦稅，使人民樂於報戶口。賦稅減輕後，八奴只須出二人之賦稅，乃政府經濟政策。

另一方面，農民因減輕租稅而脫離豪強之蔭戶而樂於出作公民；同時優待貴族使不反對，因此使政府反而不夠錢用。於是政府另訂一法，即在州郡戶口中十分之一作為屯田，每丁收取60斛。證明當時100畝田地徵收60斛糧。

其實北魏的三長與均田制，尚有一層重要意義，即北魏本是一個部落封建制度的國家，等到三長與均田制實施後，則政體上逐漸從氏族封建變為郡縣一統。因而使胡、漢勢力逐漸倒轉，即一切依漢族制度而行。

北魏宗室封郡為王公者 90 餘人，部落大人封縣為列侯者 190 多人。此種世襲封爵，具有濃厚封建意味之割裂。但三長均田制實行後，則已成為中央一統之郡縣制。同時並分置州郡，於是中國士族[101] 逐漸得勢，而諸胡部落大人逐漸失其地位。因此魏孝文帝命鮮卑氏族全改漢姓，氏族在政治上之優越地位於是消失。

當時南方雖然多次提出要使僑寓"土斷"，及釐正戶籍，然執政者為要保全士族的特權，剝下益上，反不如北方政治理論之公平。因此北方的均田制做成了規模，但南方的黃籍積弊，卻難以清理，此為北朝勝於南朝之顯例。

關於均田制下之租額。據《魏書·食貨志》載，李沖上言立三長，並定調法如下：

"其民調，一夫一婦帛一疋，粟二石。民年十五以上未娶者，四人出一夫一婦之調。耕牛二十頭，當奴婢八。"這種所謂調，包括田租在內。一夫一婦 60 畝，倍田不計，納粟二石，以畝收一石計，60 畝收二石，即與漢代三十稅一相同。若以當時稅收慣例，100 畝收 60 斛比論，相差已到 18 倍。

照舊調之制，戶以九品混通計，戶調帛二疋，絮二斤，絲一斤，粟 20 石，又入帛一疋二丈，供調外費，比起現制是非常重。但當時 30、50 家方為一戶，其蔭冒者皆歸豪強所有。所以均田法之租調，對當時農民大有利，故

101　中央政府之官吏。

此制易於推行，因人民均可得均徭省賦之益也。

富豪亦有受惠，因奴婢受田與良民同，且所調甚少。政府因推行此制而課調驟減。太和十一年韓麒麟奏此制不可久。十二年大旱，遂用李彪議，仍取州郡戶十分之一為屯田，一夫歲納 60 斛。孝昌二年，稅京師田租畝五升，借貸公田者畝一斗。畝五升，夫婦 60 畝為三石，較孝文帝時增一石。畝一斗，則 60 畝稅六石，亦不過稅十分之一。但豪強蔭戶，一切歸公，政府亦不吃虧。

由於北魏均田制頗得民心，於政府、豪強及農民三方均有利，故到北齊、北周，仍沿襲此制。

北齊之制，人一床（即一夫一婦）墾租二石，義租五斗[102]。於正租外再加義租。正租由中央國庫收取，義租給郡縣地方政府，設立糧倉名富人倉，以備天旱災之需。此乃於政府收入外，並注意到平民災荒時救濟之準備。

此制度亦為此後之隋唐所取法。如隋文帝開皇五年間之義倉，乃工部尚書長孫平奏請諸州百姓及軍人勸課當社所共立。在收穫之日，隨各戶所得，勸課出粟及麥給社，建倉儲存之。詔定稅不過一石，中戶不過七斗，下戶不過四斗。唐太宗時，詔畝稅二升粟麥稼稻，商賈分為九等出粟，自五石以至五斗。天寶年間，天下已積諸色米 9600 餘萬石，而義倉得 6300 餘萬石。

此種義租義倉，與漢代常平倉不同者，前者為由民間輸給，後者則由官糴，但都可說是關心民食之良政。此制首先起於魏之李彪。《魏書‧釋老志》有僧祇戶僧祇粟，於饑荒之年賑給饑民，意義相同。

此時由於租稅減輕，社會經濟繁榮，民間學術文化得以發展。如北齊引進名儒，授皇太子諸王經術等。

北周租額，較之北魏北齊稍重。其制度為：

由司均掌田里之政令。凡每宅十人以上者，每宅四畝；五人以上者，每宅三畝；有室者田 140 畝，丁者 100 畝。並由司賦掌賦均之政令，凡 18~64

---

102 奴婢准半，牛租一斗，義米五升。

歲或輕疾者皆須賦。有室者歲不過絹一疋，綿八両，粟五斛。丁者繳半。今依照有室者授田 140 畝，亦即魏制的露田男 40 畝婦人 20 畝，加倍共 120 畝，再加上桑田 20 畝。但北魏只須二石，而北周增至五斛，相比已重。但比起晉代，已減輕十多倍。比起古代之十一之稅，也輕了四五倍。

此後隋、唐兩代之能復興，實乃建基於北魏之均田制與西魏之府兵制。蓋均田制使經濟上貴族與庶民的不平等取消；府兵制則在種族上使胡人與漢人的隔閡取消，北方經濟解決此兩大難題後，農民抬頭，北周遂完成了統一復興之大業。

六、魏晉南北朝的工業發展

1. 官營工業機構概況

曹魏時期，政府設置司金中郎將、司金都尉等官職[103]，以主持政府設立冶鐵機構。蜀漢與曹魏相同；孫吳雖無此官職，但亦設置不少冶鑄機構於江南各地。

曹魏時，復將鹽鐵直接由中央控制，由大司農管理，以促使冶鐵工業的迅速恢復，並禁止私人製造器物[104]。

孫吳亦有少府管理的宮廷作坊，如同曹魏一般，並由女囚犯擔任紡織。

蜀漢的官方織錦工業相當發達。左思的《蜀都賦》描寫了成都的“伎巧之家”，便是指由錦工管理的織錦工業。

當時的銅鐵金銀等礦藏開採全由官府控制，以保證官府工業的原料不虞匱乏。即使是“竹”也由政府控制，因竹不但可作建築材料及用品，亦可作弓箭兵器。

---

103 司金者，主理金屬的鐵之意。

104 見《史記‧周勃世家》。

至於晉代的政府工業組織，西晉時有少府和衛尉，其屬下設多個部門，分別掌管重要的工業機構[105]，僱用眾多工匠。東晉時，渡江後只設一尚方，官方工業機構已大為簡省。

南朝的官方工業機構大致與魏晉同。劉宋時沿用晉制，設置左、右尚方令丞的官，以製造兵器。至東晉，僅設一尚方而已。宋武帝時，將東晉時之尚方稱右尚方，另設左尚方。復廢帝時，於右尚方下設中署，主管纖綬、褻衣、補浣等。少府屬下有東冶、南冶，各設令丞以掌工徒鼓鑄。少府下亦有掌染之官、土木之官。

南齊、梁、陳各朝制度，大體沿襲前代。即在中央政府屬下，設礦冶、兵器、金銀鏤刻、紡織、染業、土木雜工等機構。南朝的地方政府，亦遍設手工作坊。

北魏初期沿用南朝舊制設少府，至孝武帝時改定百官，少府改稱太府。

北齊大致上亦依照北魏官制。《隋書》載北齊"太府寺，掌金帛府庫、營造器物。"下轄左中右三尚方，主管樂器、絲局、紬綾、染署及礦冶等局。太府亦統領各郡縣的官府作坊及礦冶。

北周亦設織染、冶鑄、城郭宮室、木工、軍器等製作機構，官府工業組織，甚為齊備。

2. 冶煉工業趨於成熟

魏晉南北朝時期的冶金工業(冶銅及冶鐵)其實較之前代有相當的發展。

由於西晉時有"八王之亂"，使黃河流域的社會經濟遭受破壞，使北方冶鐵業亦受破壞。但有關兵器鑄造的冶鐵工業則在五胡十六國時仍有發展。如後趙的武帝石虎在河南澠池建立冶鐵工業；南燕的世宗慕容德在山東博興縣鑄造兵器。

---

105 見《晉書・職官志》。

北齊與北周時期的冶金工業管理系統已甚為完整，可見亦有發展。如北周的冶鐵鑄造工業甚具規模。《周書》記載："於夏陽[106]諸山置鐵冶，每月役八千人營造軍器。"北魏則在河南浚縣以鍛煉軍刀最為著名，並在山東各地鑄造軍器[107]。

南方的冶金工業，到東晉時期才有發展。此時江南諸郡縣有冶金者均設冶令或丞的官。至梁代，將管理冶金業的少府地位提高至如同尚書左丞。此時期，南北兩方的冶鐵工業兼有官營與民營兩種。

在魏晉南北朝的後半期，北方的民間冶鐵工業，隨着北魏太武帝的滅北燕而統一中國，因戰亂減少，農業生產加快而增鑄鐵的農具。因此東晉南北朝時，在陝西、河南、山東等地，冶鐵工業甚為興盛。

而長江流域以南地區，由於東漢末年人力物力的南移，使南方冶鐵工業大盛，今日之江蘇、浙江、安徽、江西及福建等地，均是鼓鑄之地。此外如湖北黃陂、廣州均有冶鐵工業。如北魏時已有低硅灰口鐵，可謂冶鐵技術上一大突破。又如當時已能將生鐵鑄件經脫碳熱處理而造成"鑄鐵脫碳鋼"亦是極為出色的創新。

南北朝時南方有新的煉鋼法，更有新的灌鋼技術產生，即將生鐵與熟鐵按比例配合，再經熟熔煉和滲碳而成鋼，是相當進步的煉鋼術。梁代陶弘景的《名醫別錄》中便記載了"鋼鐵是雜煉生鍒作刀鐮者。"

中國古代的煉鋼冶鐵工業，大致上可以説是在戰國時代興起，在兩漢時期發展，而到了南北朝時期臻於成熟。

魏晉南北朝時期，北方的銅礦多在河南、山東兩省；如河南陝縣銅青谷，每斗銅礦可得銅五両四銖；葦池谷的每斗得銅五両；鷟帳山的每斗得銅四両；河南沁陽的王屋山銅礦每斗可得銅八両；又如山東沂水縣及桓台縣亦

---

106 今陝西韓城。

107 見《魏書・道武帝紀》。

產銅甚多。產銅礦處，便有開鑄錢幣[108]。

至於該時間南方的產銅地區，乃在四川、湖北及江蘇三省。如南齊時劉悛"獻四川蒙山銅一片，又銅石一片。上從之。遣使入蜀鑄錢，得千餘萬。[109]"

又如《水經注》記載四川靈道縣有銅山。《太平寰宇記》載，今湖北鄂城縣一帶亦有銅礦，自晉、宋、梁、陳以來，常在該處設爐烹煉。從上述情況看，當時的冶銅業已相當興盛。雖然產銅不少，但當時卻甚缺銅，其原因有下列幾點：

a. 南北朝時眾多的佛教寺廟需要大量的銅鑄造銅佛銅鐘，耗銅極多。

b. 採銅技術受到限制，一般只能開採較淺的銅礦礦床，較易採盡舊有銅礦，而新銅礦又不易即時大量找到。

c. 政府較重視於軍事用的冶鐵工業，而對冶銅業較為忽視。

按照歷史記載，白銅與黃銅均為中國所發明。如魏人鍾會《芻蕘論》中即載有"鍮石"。鍮石即黃銅。白銅是銅與鎳或銅與砷的合金。東晉常璩《華陽國志》載，雲南省"堂螂縣，因山而得名也，出銀、鉛、白銅、雜藥。"即證明中國在第4世紀已有白銅。且在秦漢時期，新疆西面的大夏已用白銅鑄幣，至今尚有當年遺存的"大夏真興"銅錢。

由於鎳礦石與銅礦石常有共生現象，因此古代中國常有冶煉鋼鎳的合金。

早在西漢時期，中國已有冶煉銅與鋅的合金，即所謂黃銅了。《漢書·景帝紀》載："鑄錢偽黃金棄市律。"又西漢劉安《淮南子》中有"餌丹陽之偽金"語，此所指之"偽黃金"及"偽金"實即黃銅冒充黃金之意。

108　見《魏書》。

109　見《南齊書·劉悛傳》。

3. 煉丹改進製瓷工業

一般來説，先秦已有瓷器，即商周時代低溫燒成的彩陶，所謂青釉器，可以説是粗瓷的開端，但嚴格來説，較為精緻的青釉器，是在高溫中燒成的，當在東漢晚期或魏晉時期。先秦時期的青釉器，可説是陶器，即瓷器的前身。

三國時期青釉瓷器已有重要的發展。據《青藤集》載："柳元谷以所得晉太康[110]間家中杯及瓦券來易余手繪二首。"晉之瓷器可易青藤之名畫，其瓷器精美已可想見。

本世紀初江蘇宜興曾出土晉代周處墓中的瓷器，瓷質灰白堅實，彩釉光滑，形狀美觀，可知晉初已有很高造詣。至南北朝，此種青釉瓷生產大增。蘇、浙、豫、皖、粵、蜀各省均有發現。

南北朝時，政府設立燒製陶瓷的機構，有東西甄官瓦署，各設督令之官，以司其事，其製品較魏晉更為進步。江西之景德鎮，自漢代已設立窰場燒製。

至陳代至德元年(公元583年)由於在建康(今南京)興建宮殿，詔令景德鎮燒製大量陶瓷器備用，推動了陶瓷工業的發展。北魏與北齊，亦設甄官署，當時在關中和洛陽燒製的"關中窰"和"洛京陶"，甚為著名。

晉代早期出產縹色瓷器，稱為"縹瓷"，色澤淡青的彩釉，產於浙江溫州。即所謂"器擇陶揀，出自東甌"，堪稱精品之一種。《景德鎮陶錄》云："甌，越也。自晉已陶，其瓷青，當時著尚。"後來的"天青"、"峰翠"等名器，亦自"縹瓷"發展而來。"縹瓷"多用作實用的器皿，如茶具、餐具等。在1200度左右攝氏高溫燒成，多帶青白或灰綠色，與北方所產白瓷成為中國瓷器兩大派別。

---

110 公元3世紀末。按：明代大畫家徐渭，又號青藤道人，著有《青藤集》，其畫作價值巨萬。今之紹興市有徐渭故居。

　　魏晉南北朝是煉丹術特別發達的時期，如魏伯陽、葛洪、陶弘景等均是當時煉丹著名人物，故而亦豐富了燒瓷的釉與胎原料的配製技術，使燒瓷的原料加工技術有了長足進步。

4. 蜀錦多產聞名全國

　　魏晉南北朝時期的紡織業，有官營亦有家庭式的經營。官府生產的紡織品多為奢侈品。如《三國志・魏志》記載："罷尚方御府、百工技巧、靡麗無益之物。"又如《魏書》載："其御府衣服、金銀、珠玉、綾羅、錦繡，太官雜器，太僕乘具，內庫弓矢，出其太半。"有時宮廷所僱用的織工，多達五、六百人。產品對民生毫無裨益，多為貴族消費品。

　　由於中國古代的傳統男耕女織生活，遂造成了農村衣食自給自足的自然經濟。曹魏建安九年(公元 204 年)曾下令除畝收田租四升外，每戶當出絹二疋，綿二斤。西晉時規定每年每戶應納絹三疋，綿三斤，可見魏晉時代的家庭紡織工業已相當發達。

　　上述時期之紡織工業主要是絲織業。其發展較蓬勃的地區包括河南、河北、山東、四川、浙江等地。左思《魏都賦》云："錦繡襄邑，羅綺朝歌，錦績房子，縑總清河。"

　　又《蜀都賦》云："闤闠之里，伎巧之家；百室離房，機杼相和；貝錦斐成，濯色江波；黃潤比筒，贏金所過。"曹操曾說："吾前遣人到蜀買錦。[111]"《隋書》亦云："蜀人多工巧，綾錦雕鏤之妙，殆侔於上國。"足見四川地區織錦事業之發達。

　　此一時期對紡織工業亦有所改進。如《三國志・魏志》記載馬鈞對綾機的改進，縮短了紡織的工時。

　　南北朝時有描寫織婦詩曰：

111　見《後漢書》。

"調絲時繞腕，易鑷乍牽衣；鳴梭逐動釧，紅妝映落暉。[112]"

當時的紡織工業，即使是家庭的手工業，亦有所改進，至於織工精巧的絲織物，乃由北方傳播至南方。

絲織物可說是當時政府財政上的重要收入之一。如蜀漢敗亡時，有錦綺彩絹各 20 萬疋為鄧艾軍中所搜去，此種貴重絲織物數量之巨，原為對外輸出的蜀錦，實為蜀漢政府的重要財政收入[113]。

此一時期，除絲織物外，亦產麻布，如江南人喜用麻布；新疆省的吐魯番一帶，卻盛產棉織物，產量亦巨。

5. 西晉藤紙通行全國

自從東漢蔡倫發明造紙以後，至魏晉南北朝對造紙業已有所改進。如東晉時用大麻造紙，紙色潔白，紙質堅韌。1500 年前晉安帝時用大麻造成的紙抄寫佛經，至今不黃不脆，當時長時期使用麻造的紙，由於古時已認識到麻造的紙纖維特佳。

西晉時又有用藤造紙。張華《博物志》云："剡溪[114]古藤甚多，可造紙，故即名紙為剡藤。"至東晉時，藤紙產量大增，製紙成本亦降低，當時王羲之擔任會稽內史，謝安向他求紙作信箋文書等用途，王羲之即將庫存藤紙九

112　見郭茂倩《樂府詩集》。

113　見《三國志‧蜀志》。

114　剡溪在浙江嵊縣，李白詩中曾有提及，即使今日，浙江省新昌、嵊縣、餘杭及天台等縣，山野亦多產藤，人多斬藤製杖。按：嵊縣今改稱嵊州市。王羲之基在今嵊州市金庭鎮(清代及民國時稱嵊縣后山鎮)。清代嵊縣屬紹興府，今紹興有蘭亭、流觴曲水等名勝，市區內則有題扇橋、躲婆弄、筆飛弄、戒珠講寺、書聖陳列館等，均為紀念書聖王羲之古蹟。

萬張，悉數贈之[115]，因當時土紙不及藤紙質佳。當時藤紙一直行銷到長安、洛陽等地。

唐舒元輿《悲剡溪古藤》文曰："剡溪上綿四、五百里，多古藤。溪中多紙工，刀斧斬伐無時，擘剝皮肌，以給其業。異日過數十百郡，洎東雒(洛陽)西雍(長安)，歷見言書文者，皆以剡紙相誇。"當時桓玄[116]曾下令：凡一向用簡帛者，一律改用黃紙[117]。可見當時紙已普遍使用。

西晉時候尚有一種"苔紙"(又名發箋)，紙漿加入一種綠色苔紋或如黑色髮菜一般的纖維物質，使紙面帶有黑色或淺綠色的紋理。晉武帝曾賜贈張華此類紙張，為獨特之藝術造紙。

南北朝時，中國新疆、內蒙古及東北等地出產椵樹皮所造之紙，紙質較粗。但此時期河北亦產精美之紙。正如徐陵《玉台新詠》所記："五色花箋，河北膠東之紙。"梁代蕭繹〈詠紙〉詩曰："皎白猶霜雪，方正若布棋；宣情且記事，寧同魚網時。"當時很多書藝家，即能自己造紙。此時造紙術進步，已有五色紙出現。

中國南方，竹為造紙的主要原料。晉代王羲之獻之父子同為中國大書法家，主要是用會稽豎紋竹紙。到了唐宋，南方各省已普遍用竹造紙。

6. 產鹽業多為官管

三國時代，鹽亦以官賣為主。魏、蜀、吳三國均有司鹽之官。以司鹽都尉、司鹽校尉官職較高；司鹽監丞則較低。

晉代沿襲魏制，將鹽務隸於度支尚書[118]，以後唐代鹽務隸屬於尚書省，

115　見《太平御覽》。

116　東晉名將，曾在建康自立為帝，國號楚。

117　見《太平御覽》。

118　度支尚書即財政部長。

亦秉承此意。自東漢末年至西晉，一直以專賣制為主。東晉至南朝則為徵稅制。北朝的東魏與齊則仍行專賣制。

南朝宋、齊、梁各代准人民製鹽，因此煮鹽業甚發達。至陳文帝(公元 6 世紀中)時，將鹽收歸官營。當時產鹽最盛者，江南為吳郡、浙江海鹽等地；所謂"海濱廣斥，鹽田相望"，即指江南多產鹽[119]。江北產鹽最多之地，厥為江蘇鹽縣，當地有鹽亭 123 所，當地人民"以魚鹽為業，略不耕種，擅利巨海，用致饒沃。公私商運，充實四遠，舳艫往來，恆以千計。[120]"

四川產井鹽亦有名。朐忍縣有鹽井 100 所，使巴川食鹽足以自給。酈道元《水經注》記述當時又有岩鹽，謂："有石煮以為鹽，石大者如升，小者如拳，煮之，水竭鹽成。"可見四川產鹽之豐盛。

北朝製鹽業由官府主持，河東郡有鹽池，《水經注》曰："今池水東西七十里，南北七十里，紫色澄渟，潭而不流，水出石鹽，自然印成，朝取夕復，終無減損。池西又有一池，謂之女鹽澤，東西二十五里，南北二十里，在猗氏故城南。"此鹽池已早有官府管理。

北魏孝文帝曾"開鹽池之禁，與民共之"，但為豪強壟斷，貧民受害，遂再改為官營。

東魏北齊時期，海鹽增產，《魏書》曰："自遷鄴後，於滄、瀛、幽、青四州之境，傍海煮鹽。滄州[121] 置灶一千四百八十四，瀛州置灶四百五十二，幽州置灶一百八十，青州置灶五百四十六。又於邯鄲[122] 置灶四，計終歲合收鹽二十萬九千七百二斛四升。軍國所資，得以周贍矣。"於是海鹽的收入成為當時主要財政來源。北周製鹽業仍由官營，有海鹽、池鹽、形鹽(掘地而

119　見《吳郡記》。

120　見《南兗州記》。

121　今河北南皮縣。

122　河北邯鄲縣。

得）及飴鹽，民眾取之，皆須納稅[123]。

7. 造船業及製茶業均盛

江南多水澤，因此南朝的造船業頗發達；且較前朝有較大發展。陶季直《京邦記》記載："宋孝武度六合，龍舟翔鳳以下，三千四十五艘，舟航之盛，三代二京無比。"足見劉宋時造戰船極盛。陳朝時華皎亦在湘州造金翅大艦 200 艘。當時民間造船業亦甚發達，因此隨文帝恐吳越之間私造的大船因勢力結眾而造成亂事，遂下令江南凡有三丈以上之船，悉由官府沒收[124]。

隋代前後的船，載重量達萬斛至二萬斛。據《唐御覽》所記，孫吳時外來之船可載 600、700 人，載物可萬斛。《顏氏家訓》中説明南朝已有載重二萬斛之大船。當時船速亦甚快，每船棹手有 100 餘人者，《梁書》載"捷如風電"云。

南北朝時，戰船之裝備已相當完整。當時另造火舫、火車，以加強海戰軍力。此時之戰船上已裝拍竿，以攻擊敵船。故隋滅陳以前，楊素所造大船，各船裝置六枝拍竿，其技藝乃襲用南朝。

南齊祖沖之乃當時大發明家，他發明千里船，可日行百餘里，其法今已失傳。此外，又發明水碓磨，可用水力推動碓和磨。他又創製指南車。《南齊書·祖沖之傳》云："以諸葛亮有木牛流馬，乃造一器，不因風水，施機自運，不勞人力。"

南朝製造漆器也相當流行。南齊時有刺史崔慶緒者，死後"家財千萬，散與宗族，漆器題為'日'字，'日'字之器，流乎遠近。[125]"可見漆器之多。

南方產茶亦盛，唐代陸羽《茶經》中亦提到茶為南方之佳木。所謂茶者，

123　見《隋書》。

124　《隋書·高祖紀》。

125　見《南齊書·崔慰祖傳》。

櫃、檟、茗、荈，都是茶的別稱。古代亦有宴飲時以茶代酒者。如吳主孫皓"或密賜茶荈以當酒。[126]"

晉代士人飲茶甚為流行，《劉琨致弟書》說："吾體中煩悶，常仰真茶，汝可信致之。"至南朝，飲茶更為盛行，製茶業亦隨之而發達。《齊民要術》中已有詳述。

七、魏晉南北朝的黃金使用情況

1. 金銀飾物手工製作精巧

魏晉南北朝時期的金礦銀礦亦多。北方的金銀礦藏，以山東、陝西、山西為主。如山東的金鄉縣多山，"所治名金山，鑿而得金。[127]"陝西鄭(漢中)"舊有金戶千餘家。[128]"《魏書》又載："長安驪山有銀礦，二石得銀七兩。"《水經注》載陝西臨潼一帶"其陰多金。"《魏書》載："(山西大同)白登山有銀礦，八石得銀七兩。"

至於南方的金、銀礦藏，主要產於雲南、四川、江西及江蘇四省。如《水經注》載："蘭倉水[129]出金沙，越人收以為黃金。"又四川綿縣的潺山，水源有金銀礦，洗取火合之，以成金銀。又如江西德興亦"出黃金，鑿土十餘丈，披沙，所得，大如豆，小如粟米。[130]"又江蘇吳縣地區，"晉宋間鑿石得金。[131]"可見當時金銀產區分佈之廣。

---

126 見《三國志·吳書·韋曜傳》。

127 見《晉書》。

128 見《魏書》。

129 雲南永平縣。

130 見《晉書·地道記》。

131 見《讀史方輿紀要》。

當時用金量亦頗多，尤以鑄造佛像及有關佛教器物，頗為耗金。如《魏書》載，當時"天宮寺造釋迦立像，高四十三尺，用赤金[132]十萬斤，黃金六百斤。[133]" 不但耗銅量大，耗金亦多。又如"鑄銅為大鼓，飛廉、翁仲、銅駝、龍獸之屬，皆以黃金飾之，列於宮殿之前。[134]"

魏晉南北朝時以金銀製造賜贈大臣者亦多。在書中有賜金 100 斤的記載。豆代田"以戰功獲賜奴婢十五口，黃金百斤，銀百斤。[135]" 又《隋書》載："梁初，交、廣之域，全以金銀為貨。"《南史·武陵王紀傳》載："武陵王紀鎮蜀，既東下，以黃金一斤為餅，百餅為簏。"可見當時金銀器物製造和賜與的普遍。

當時黃金之用途，除了鑄造佛像及佛寺飾物及金銀器物賜贈外，尚有鑄造貨幣及打製裝飾品。如《說郛》中記及的各種金飾物如燈鈎鑷、交刀、鏡、環鈕等；又如《鄴中記》載有鑲嵌金銀的斗帳、香爐、屏風等。上述所製作的金銀器物極為精巧，如當時的"薄打純金如蟬翼，二面彩漆，畫列仙、奇鳥、異獸。"一面顯現出當時工藝的卓越，同時表示皇家豪富的奢靡鋪張。

2. 金飾的貨幣用途

魏晉南北朝，戰亂的頻繁，產金量隨之減少。由於此一時期金銀的使用開始興盛，主要是南方為交、廣之地，是為中國海上貿易集中之區，北方則為河西地區，是為中國的陸路貿易大門，因此黃金仍有生產。

東漢以後，帝王賜與黃金給臣民雖已減少，但掘金者仍多。如漢中有金

132　即黃銅。

133　見《魏書》。

134　見《晉書》。

135　見《魏書·豆代田傳》。

戶千餘家，常以漢水之沙淘金，生產不斷[136]。

東晉產金以梁州（陝西、西川）、益州（四川）及寧州（雲南）三地為主。取金之法除了沙中淘洗外，尚有火熔法。陶宏景《重修政和證類本草》言："金之所生，處處皆有。梁、益、寧三州多有，出水沙中。建平、晉安亦有金沙，出石中。"建平與晉安均在今福建省，可見除上述三州外，福建亦產金，《魏書》中亦有提及。

五胡十六國中，產金較為積極而技術也有所提高的是前秦世祖苻堅時期，苻堅允許民間可以自由開採黃金白銀。前秦滅前燕、前涼及代國，疆域擴展至陝、甘、冀、魯、豫、蜀、黔、蘇、皖、鄂各省，且均為古產金之地。

除前秦外，尚有夏國世祖的赫連勃勃，他曾設將作大匠，製作黃金裝飾物，並曾用銅鑄造大鼓、銅駝、龍獸等物，對於煉銅業和黃金加工技術均有發展。

總的來說，兩晉南北朝時，黃金仍保持了當作貨幣的作用，但用器飾的形式來流通。如南齊高帝蕭道成建元二年（公元 480 年）時，帝贈周盤龍金釵 20 枚[137]。上述金釵的器飾即是當作貨幣之用。

白銀在漢代，除漢武帝與王莽時曾當作貨幣外，民間僅當作寶藏。魏晉以後，因黃金供應不足，遂用白銀補充之，故用銀者漸多。

漢代金銀的形式，除武帝的麟趾裛蹏外，就是圓形的餅，如《三國志·魏志》中所載的"賜銀千餅，絹千疋"等記載甚多。南北朝時多為模仿笏的鋌形，為長方形的板，故後代稱白銀一鋌為一笏，當時也有將金銀鑄成餅形的，亦有鑄成錢形的。

如北魏孝文帝之子汝南王悅曾有散銀錢的故事。如近代在六朝墓中曾掘出銀鑄的五銖錢。可見當時的金銀餅、金銀鋌及金銀錢，均具有貨幣的作用。

136　見《魏書·食貨志》。

137　見《建康實錄·齊國卷》。

3. 佛教用黃金最多

魏晉南北朝時產金量較漢代為少。因此黃金的計算單位已由"斤"而改為"両"，如《晉書・食貨志》記"愍皇時斗米二金"，即《愍帝紀》所記的"斗米值金二両。"當時帝王賞賜臣下已不用黃金，而改用銅錢、布帛、絹、穀米等。如《北史・高昂傳》云："西魏賞斬昂首者，布絹萬段，歲歲稍與之。"可見當時已不用黃金，且是分期付給。

漢代帝王婚嫁用金，如"漢高后制，聘后黃金二百斤、馬十二匹。夫人，金五十斤、馬四匹。"但到了曹魏，王娶妃時已改用絹 190 疋。晉則用絹 300 匹。到東晉時，康帝納褚皇后，孝武納皇后，亦只有白雁、白羊、酒米、馬、絹、錢等物，不用黃金。此因為產金量少之故。

魏晉南北朝時，黃金之主要用途，一是用於佛教方面。自東漢明帝時，佛教由印度傳入中國後，至魏晉，民間信佛者眾，至南北朝而極盛。因此耗金甚多，如修寺廟、鑄佛像、修石窟、寫佛經，在在需金。如《南齊書・蕭穎胄傳》："長沙寺僧鑄黃金為龍，數千両，埋土中"。又如《梁書》記："都下佛寺五百餘所，窮極宏麗，僧尼十餘萬，資產豐沃。所在郡縣，不可勝言。"

當時用黃金鑄佛像，耗金極多。如《魏書》記載用黃金 600 斤鑄天宮寺釋迦立像。一般佛像用鎏金或貼金，費金量亦巨大。如宋明帝造丈四金像；梁武帝造丈八銅像；魏孝明帝為河南洛陽永寧寺造丈八金像一座及普通金像十座。又如用泥金 [138] 寫佛經。

如從《魏書・釋老志》所記，自魏文成帝興光年間至魏孝文帝，京城內新舊佛寺凡 100 所，僧尼 2000 餘人。四方諸寺等 6478 所，僧尼 77258 人。20 餘年間，佛教即有如此之盛，其他朝代通算在內，其影響巨大可知。

此一時代黃金之另一主要用途是私人穿金戴玉的個人享受，如晉武帝時

---

138 用金箔和膠水製成。

石崇之富有，連室內、台階均貼以金箔。此時期之黃金已大量流入民間富豪及士大夫手上。如梁武帝時，臨川王蕭宏宅中，搜出藏金銀之庫房有 30 間之多。

4. 兩廣地區金銀使用情況

曹魏時期由中央政府的大司農和少府掌管金帛錢財。到魏晉南北朝時仍然沿襲舊制。梁代時，大司農改名為司農卿；少府改為少府卿，各官皆冠以"卿"字，以示劃一。北齊時則由司農寺、太府寺卿及少卿等大臣掌管金帛府庫。

魏晉南北朝時，朝中大臣佔有山林水澤的極多。有多種措施如帝王的"賜田"；本身向朝廷請求的"求田"；或用放高利貸逼窮民用山澤抵押的"懸券"。當時刁協、蕭宏、蕭子良等都佔有大量山澤的出產物，包括金銀礦藏[139]。當時政府雖有禁令，但不能禁。

當時產金量雖較漢代為低，但黃金製成品卻極為精緻，此乃由於加工技藝有進步。同時由於此時期的人重享受，講奢侈，求精巧。如《北史‧薛燈傳》記："文帝又造二欹器[140]，一為二仙人共持一缽；同處一盤，缽蓋有山，山有香氣，一仙人又持金缾(缾同瓶)以臨器上，傾水灌山，則出於缾而注乎器，煙氣通發山中，謂之仙人欹器；一為二荷同處一盤，相去盈尺，中有蓮，下垂器上，以水注荷，則出於蓮而盈乎器，為鳧雁蟾蜍以飾之……。"文中說明金瓶是黃金製品，由於王室所用，可能全為金製，無疑是金製器皿的精品。此一時期的黃金製成飾物器具有三個特色：

一是可用金絲編綴成器物的手工業興起；

二是用寶石、珍珠、琥珀等鑲嵌在金飾中已增多；

---

139 見《晉書》。

140 欹器乃古代汲水之具，原為陶製。

三是造型比前朝更加優美。

但在南齊時，高帝卻賤視黃金。他說："使我臨天下十年，當使黃金與土同價"，於是"器物免用黃金。[141]"

這一時期，由於絲綢之路上的一些國家如大月氏、安息、大秦、南天竺、扶南等國均重視使用金銀；同中國的交、廣地區[142]全用金銀交易。

《隋書·食貨志》記曰："梁初惟京師及三吳、荊、郢、江、湘、梁、益用錢，其餘州郡則雜以穀帛交易，交廣之域則全以金銀為貨"，因而促成當時之開發黃金及黃金製品手工業的發展。

八、魏晉南北朝時期的貨幣

1. 劉宋鑄錢刻上年號

魏晉南北朝時期，各朝多有鑄造錢幣。三國時，曹魏除沿用東漢之五銖錢外，劉蜀與孫吳均曾鑄錢。

蜀國鑄有"直百五銖"和"直百"兩種銅錢。前者銅質差，製作粗劣；後者精細，卻不多見。

吳國鑄有"大泉五百"與"大泉當千"兩種銅錢。但字體模糊，輕重不一，由於質量差，其真實價值遠在面值之下。

曹魏至文帝時曾廢除五銖錢，令以穀帛代幣。至明帝時，民間多用濕穀薄絹充數牟利，欲禁無從，遂再恢復五銖錢的使用。

西晉時沿用魏之五銖錢；東晉則用吳國舊錢。但吳興沈充曾另鑄小錢，稱"沈郎錢"者，是謂小五銖錢，乃仿漢初之榆莢半兩而設計鑄成，製作精良。

141　見《南齊書·高帝本紀》。

142　交州、廣州即今日廣西、廣東地區。

五胡十六國戰亂時期，卻出了幾種名貴古錢。如"太平百錢"、"新泉"、"豐貨錢"等，可以媲美漢代盛世之錢幣精品，足見當時鑄錢技術已甚卓越。

南朝劉宋時，鑄造"四銖錢"，但民間盜鑄者多，或剪鑿古錢取銅。孝武帝(公元 454 年)時，鑲造"孝建四銖錢"，為中國錢幣上鐫刻年號的創始者。此錢形式小而輕，並非劉宋時期之佳幣，其佳者當為"四銖錢"及"當両五銖錢"，最劣者厥為"鵝眼錢"及"綖環錢"。

南齊時政府曾派人往四川蜀山鑄錢得千餘萬，後以太費人力物力而止。

梁武帝蕭衍初鑄五銖錢，重僅四銖餘。又有"女錢"，無輪廓。另有"大吉五銖"、"大富五銖"及"大通五銖"三種，但傳世不多。

陳朝鑄五銖錢，以一當"梁鵝眼錢十"。後又鑄"大貨六銖錢"，為六朝錢幣之最精者，可惜不久即廢，僅流通五銖錢而已。

北魏、北齊、北周均曾鑄錢。北魏之官鑄錢有"太和五銖"、"五銖"及"永安五銖"三種，北朝錢幣記年號始於此。北齊文宣帝時鑄造"常平五銖錢"，但私鑄極多。北周有"布泉"、"五行大布"及"永通萬國"三種，製作皆精。後者最後鑄，大小不一，小品有鉛質的，大品有銀質的，但均少見，篆法精工，為周錢之冠。

2. 錢幣輕薄質差之弊

魏晉南北朝時代的人，生活上可算十分自由寫意，但弊在國家不統一，社會不安定，貧富不平均，所以不算是一個好的時代。今日的英國，三島仍不統一，可見也稱不上好，只是有殖民地而已。所以，如有人要崇拜歐洲，則不如看看自己國家的南朝時代，欣賞自己的魏晉時期。

南朝之所以不受世人重視，主要乃在政治上、制度上、人格上及社會各方面。在經濟上言，南朝是相當富庶。

南朝經濟旺盛，主要不靠農業，乃靠商業。

南朝時商業繁榮，大體上仍行使貨幣，甚至錢幣不夠用。自魏文帝黃初二年至明帝的六年間，廢五銖錢而不用，而以穀、帛（即米、絹）代替貨幣，但當時有人將穀摻水，將帛織薄，因此有人提議復用五銖錢，因錢幣的量與質不易變更。但東漢末年這段時間，由於黃巾、董卓作亂，使用五銖錢者已少。

當時北方人民跑到南方時不帶錢幣。南方孫吳用"赤烏錢"，分大小兩種。此時南方繁榮，孫吳所造錢不夠使用。當時流亡政府亦不鑄錢。而吳興沈充造"沈郎錢"，說明長江流域亦用錢幣。雖有私錢，仍不夠用，因此造成錢貴現象。當時西南地區（今雲南、貴州、四川）有銅鼓。兩廣夷人喜銅鼓，長江地區之人帶錢來廣東購貨，將錢鑄造銅鼓，因此錢幣更少，當時南方以使用赤烏錢、沈郎錢為主。至晉桓元（桓溫之子）主張廢錢，但孔琳之反對，謂穀帛不能當作貨幣。

由晉而宋，其時錢幣大亂。宋製二銖錢，錢小而薄，易造假幣，粗製濫造，不磨光，亦無邊，當時人稱"鵝眼錢"。1000個錢相疊不過三寸，薄而小。較鵝眼錢更差者是"綖環錢"。此種錢入水可浮，握手能碎，錢不能數。雙手可拿幾十萬錢，一萬錢只能買一斗米。此種情況，在南宋末年亦出現過。

齊時再改錢幣。孔顗說："鑄錢之弊，在輕重屢更，重錢患難用，而難用為無累。輕錢弊盜鑄，而盜鑄為禍深。"孔氏評論中國錢幣，可謂一言道盡。他主張再造五銖錢，此錢不輕不重，輕重可法也。

從以上所論，南朝大致使用貨幣。至梁朝初，除京師、三吳、荊、郢（荊、郢乃湖北大都）、江西、湖南、梁、益（梁、益為四川大都）地區用錢外，其餘各地則兼用穀、帛交易，兩廣地區則全用金銀為貨幣[143]。南朝商業繁盛，除普遍使用錢幣外，甚至不夠應用也可資證明。

---

143 三國時人有逃難至安南、遼寧等地者。

九、豪強壟斷與貧富不均

1. 北來僑郡霸佔山水資源

　　魏晉時期北方之強宗大族為逃避五胡亂華，來到南方，從而開放長江流域，可謂忠貞之士，故受政府優待。當時北人逃難南方是帶領整個家族，甚至連部曲，共有幾萬人或數千人成一族團。如孔氏家族一到南方，漫山遍野，佔地住下後，全是一個家族，儼如一個家鄉。並無雜姓，已較一縣為大。政府便以該族團之原居地命名，仍稱"山東孔家"，以示不忘其本，謂之"僑郡"。正如香港之有"太子道"、"英皇道"；台北有"中山路"；昔日上海有"大英馬路"。當時政府不管轄"僑郡"事務，"僑郡"之戶口冊為白冊，受政府優待免賦稅勞役。由於僑郡之北人不能再回北方，政府遂將戶口冊重編，名曰"土斷"。與本地居民同等待遇，已不能再算寄居之僑郡。因此，南方掀起了社會大變動。

　　強宗大族到了南方，數千人的族團聚居而成僑郡，圈地而居，人是強宗之部曲；地亦為其所屬，成了新貴族，等於周代之封建。但其不同處是，周之封建是在黃河流域，是在河邊的大平原上，國不過百里；但北方來的僑郡是住在長江旁的丘陵地帶，附近是小山丘，逃來者圈山地而住，但山地之物產富於北方平原。可飼養雞、豬，山上產竹、筍，湖中有魚，亦可植蓮。於是北方人一住下來叫做"封略山澤"（略即分割），或稱"占山封水"，亦謂"固吝山澤"或"占山護澤"。

　　當時僑郡所佔之地都是連山帶水，不光是平原。當時有言曰："富強者兼嶺而占，貧弱者薪蘇無託。[144]"此種情況與北方漢代之"富者田連阡陌，貧者無立錐之地"相似。可見此時南方之土地問題與農業關係小，與商業關係大也。

---

144 "薪蘇無託"即連割草之地也沒有。

2. 帝王官僚營商 積財如山

南朝時，北方人到長江流域來建立僑郡，往往占山封水，規模極大。如當時有孔靈符者，極為富有，他在永興建立別墅，此為中國有別墅之始。此別墅周圍 33 里，佔水陸地積達 265 頃，含帶二山，又有果園九處，可見面積之大。

謝靈運〈山居賦〉云："南山則夾渠二田，周嶺三苑，九泉別澗，五谷異獻，群峰參差出其間，連陽複陸成其坂，眾流灌溉以環近，諸堤擁抑以接遠。"上述只是個普通的山莊而已，在當時算不得甚麼。

梁代時，貴族中有一人名司徒竟陵王者，於宣城、臨城、定陵三縣地區內封山澤數百里。可見南朝時期之"封"，不比戰國貴族為差。又如當時王義之遊憩之地的蘭亭 [145]，亦是山水最佳之地。文人雅士種花寫字，吟詩繪畫，此種悠閒生活要有經濟基礎才可談得上。這種可稱為新貴族，他們的財富用之不盡，田中不但種稻，也種薑，湖中種菱種蓮，田地水澤種植副產物，自己吃用不盡，加上樹木、果園的出產，就用來經商出售，即成為所謂官僚資本。此種官僚資本從東漢末年起，做官的經商，造成官商合流。如晉人石崇，曾任荊州刺史及衛尉等官，以使客航海致富，在河陽地區興建金谷別墅，王愷、羊琇以奢靡相尚。當時有人說他"百道營生，積財如山"，是西晉的最富有者，是一個做官兼經商的典型例子。

南北朝時，商業以南方較為發達。梁代沈約曾說："事有訛變，奸敝代起，昏作役苦，故稿人去而從商，商子事逸，末業流而浸廣。泉貨所通，非復始造之意。於是競收罕至之珍，遠蓄未名之貨，明珠翠羽，無足而馳；絲罽文犀，飛不待翼。天下蕩蕩，咸以棄本為事。[146]"證明當時人已喜從商而捨農事，將罕見物品當作商品買賣。由於豪族王室生活之奢侈，自然趨向愛好

---

145 地在今浙江紹興，舊為山陰、會稽兩縣所合併。

146 見《宋書‧謝靈運傳論》。

珍奇寶玩。

當時南北互市及對外通商，多由官府經營。即貴為帝王亦學作商賈。宋少帝劉義符"於華林園為列肆，親自酤賣，又開瀆聚土，以象破岡埭，與左右引船唱呼，以為歡樂。[147]"齊東昏侯蕭寶卷云："於苑中立市，太官每旦進酒肉雜肴，使宮人屠酤，潘氏為市令，帝為市魁，執罰爭者，就潘氏判決。[148]"由於帝王之倡導，因此富豪熱中經商者更多。

劉宋時，益州刺史劉道濟部屬營商聚斂，並冶鑄鐵器貴賣，禁民私鑄，百姓怨恨。劉宋以下各代莫不如此。如南齊豫王蕭嶷為荊州刺史時，曾禁止高官不得經商，仍不能禁絕。如梁代時，郢州刺史曹景宗"在州，鬻貨聚斂"而刺史多有經商致富者。

當時，廣州為對外貿易之港口，有外舶來貨，《梁書‧王僧孺傳》云："州郡以半價就市，又買而即賣，其利數倍，歷政以為常。"

當時之交易，多有用金銀作貨幣者，以黃金一斤為餅，百餅為籯。銀為金之五倍計，由於高官豪強主持商業，因此往往不納關市之稅。南朝民間商業亦相當普遍。如劉宋時有山陰(今紹興)人戴法興因家貧以販紵葛為業。郭原平以販瓜為業。南齊時，傅琰為山陰令時，有賣針、賣糖之老婦來縣衙打官司者。

會稽有陳氏三女於西湖採摘菱蓴至市場售賣[149]。梁時亦有浙江餘姚人販瓦器者，可見南朝時私人小商販甚多。

3. 社會貧窮黑暗時期

魏晉南北朝可稱為中國歷史的中衰期，亦可說是黑暗時期。在中國歷史

147　見《宋書‧少帝紀》。

148　潘氏為妃嬪之一。見《南齊書‧東昏侯紀》。

149　見《南齊書‧韓靈敏傳》。

上評價最佳者，當推漢、唐兩代。此種標準的評定當由多讀典籍始可決定。

但南北朝時期亦有好幾方面優於漢代的。

首先是南北朝的詩賦文章比漢代發達。

其次是藝術方面，漢代不及南北朝。如王羲之之書法已攀登中國書法藝術的最高峰，不但前無古人，且是後無來者，是永遠沒有了。正如希臘之雕刻超絕古今中外一樣。至於繪畫方面是低於唐，卻仍高出於漢。

第三是建築方面，南朝亦極佳。園林建造可説是世界上最了不起的超絕建築藝術，西洋的簡單建築，遠有不及。

第四是哲學方面，魏晉亦高於漢，漢無哲學，只是董仲舒、賈誼的實際經學而已。如王弼 24 歲去世，是一位了不起的哲學家。

第五是宗教。所謂“南朝四百八十寺，多少樓台煙雨中。”一派宗教盛況，亦是漢代所無。按照西洋眼光來看，亦是極其偉大的文化。

綜上所述，在文學、藝術、建築、哲學及宗教各方面，漢代均不及魏晉南北朝，上述所產生的文學、藝術、宗教及建築等各項成就，均由經濟資源富裕所帶動，可見南北朝時代是富有的朝代，但問題在於當時社會不平等，南北又不能統一，遂為世人所輕視。

王羲之寫字，一輩子生活無憂，才可專注精神於書法藝術，這乃靠其有良好的經濟背景。但在歷史上，此一時期卻是一中衰期，在中國通史中，南北經濟史可以略而不講。但拿中國經濟史的眼光來看，農民大眾當時沒飯吃，社會黑暗，因此，魏晉南北朝在中國歷史上的評價甚低。這種觀點，其實比西洋人的看法為高。因為西洋人只看偉大的建築藝術、偉大的雕刻藝術，卻忽略了貧窮黑暗的一面，忽略了垂死掙扎的奴隸。

十、南北朝商業發展

1. 南朝商旅繁耕夫少

南朝時農業較少而商業旺盛。有下列各點可以證明。

顏之推《顏氏家訓》中有兩句話說："昔在江南，不信有千人氈帳[150]，及來河北，不信有二萬斛船[151]，皆實驗也。"南朝時之長江，一船可裝二萬斛穀，可載如此多之商品，可見容量大得驚人。

又《晉書・五行志》載：有一次大風，"貢使商旅，方舟萬計，漂敗流斷，骸胔相望。"此處至少有幾千條船，為南朝內部經商而來往。尚有國際貿易，即南朝對北朝之間的經商。當時田租輕，田多由貴族所佔。造成貴族官僚資本大做生意，此亦為南朝靠商業立國之一證。

北朝在文化上沒有甚麼了不起，較南朝為遜色。只有千人氈帳而已。南朝是金粉世界，較意大利中古時期之大城市為出色。當時可派官員到安南；二萬斛大商船可直達成都。但仍為中國人所看不起，稱其為黑暗時期，因為，這是站在儒家和老莊思想的觀念來批評歷史的。其實，南朝在生活及文化上是相當有趣味的。比起西方文化，有過之而無不及。

南朝商業很盛，以官僚資本經商者眾。《宋書・孔覬傳》載：他有兩位弟弟孔道存與孔徵，兼善營商，某年請假東還，覬到洲頭親自迎接，帶來的行李竟有一千餘條船[152]，所載為綿、絹、紙、蓆等貨品。孔覬見了，假裝很高興的樣子，說道："我正十分困乏，得此可得幫助。"便命貨品抬上岸邊放置，此時遂厲聲責備道存等曰："你們既然做了官，何以又要經商？"說畢命左右取火燒之。

---

150 氈帳即帳篷。

151 此處所謂"二萬斛船"，即可載重二萬擔之船。古代一擔為三十多斤。

152 一說"輜重十餘船"。

梁武帝有兄弟王宏，別無本領，卻善聚斂。其住處有關鎖甚嚴之庫房 100 間。有人密告武帝，疑所藏為鎧仗兵器。一日，武帝偕友檢視其庫，才知 30 餘間中藏錢三億餘萬，餘屋則貯布、絹、綿、漆、蜜、紵、蠟、硃砂、黃屑及雜貨，無法計數，帝知非鎧仗，遂大悅。可知當時官僚經商斂財之一斑。

由上述可見南朝 "商旅轉繁" 而 "耕夫日少"，實重商而抑農。

2. 南朝抽商稅證商業繁榮

南朝由於商業發達，故亦重視抽取商業稅。據《隋書‧食貨志》載：晉自過江後，凡買賣奴婢、馬牛、田宅，凡有契據者，所值一萬錢，官府抽商稅 400 錢。由賣者出 300 錢；買者出 100 錢。如無契券，則隨物估值，亦收百分之四，宋、齊、梁、陳無不如此。此時造成人人競為商販，不事耕種。

政府因而對一切買賣均抽商稅，名為重農抑商，實際上是侵削民眾之利。

自東晉至陳，並在交通要道路口設置關津，以便抽取商稅。如南京市之西有石頭津，其東有方山津。各津設津主一人，賊曹[153] 一人，直水五人，以檢察禁物及亡叛者。凡禁物不准通過，如屬荻炭、魚、薪之類，則抽十分之一商稅給官府。當時方山津甚少禁貨，故檢察甚簡。當時秦淮河之北設大市，其餘小市十餘所，可見水陸運輸貨物甚盛。大市設置官司，稅斂甚重，人民苦之。

當時廣州地區抽得商稅甚豐，均以錢計算，可見廣州商業之盛。

南朝經商之路，主要分為四條：一條自南京至江蘇彭城；一條至淮北；一條至湖北，即自今之平漢鐵路經雞公山到信陽、襄陽；一條則到長江流域之終點成都。

梁末陳初之間，有位三教九流的道士奇人名陸法和者，他有部曲數千人，一律稱為弟子。其實這些部屬，養着他們為了協助經商。陸法和當時在

153　津即關卡；賊曹即巡警主腦。

湖北任職刺史。他做官不重法律，以道術為重。當時要抽商稅，但他主張"列肆之內，不立市丞。[154]但以空檻[155]，篝在道間，上開一孔受錢，賈客店人，隨貨多少，計其估限，自委檻中。行掌之司，夕方開取，條其孔目，輸之於庫[156]。"

當時南朝有條規則，即軍人、士人[157]，並無關市之稅。但其他人則不得免稅。

3. 生活奢靡礙南朝統一

南朝建都建康（今南京），由於政府經濟靠商業稅收為主，對商人亦常有多種優待與鼓勵，商人不但致富，亦可任官。且其屬下僕役亦可由主人保薦做官，或受主人蔭庇以逃避賦役。如宋時徐湛之，有"門生[158]千餘人，皆三吳富人之子，姿質端妍，衣服鮮麗。每出入行遊，途巷盈滿。泥雨日，悉以後車載之。[159]"這批門生，均為富人之子，日常生活享受舒適，且有機會踏入仕途。

又如宋"張暢遣門生荀僧寶下都。僧寶有私貨，止巴陵不時下。[160]"此處說明門生中常有經商者。

又有經商而進入仕途者。如建康有一名僕役周石珍，以販絹為業，到梁代天監年間，官至宣傳左右[161]。

154　可見其他城市設立專官。

155　即空櫃。

156　即賈商按照自己商貨價將稅錢投入錢櫃之孔內，夜間由稅官開櫃取錢，計賬後存庫中。

157　讀書人及二品清官。當時由士族充當的官叫清官；寒人充當者為濁官。

158　門生即僕役。

159　見《宋書・徐湛之傳》。

160　見《宋書・張暢傳》。

161　宣傳左右乃傳達命令之近侍。

亦有貧苦得富人資助，後以商販致富而遞升為大臣者。有吳郡人陸驗、徐驎，少年貧苦，落魄無行，乃投靠同邑富人郁吉卿，吉卿貸以錢米，使陸驗能為商販，遂獲利千金。乃到建康，散貲以事權貴。有人告於武帝，驗遂與徐驎同受拔擢，升遷至少府丞、大市令[162]。

亦有商人事王族任官而致富者。有何妥者，西城(今陝西安康縣)人，其父何細胡，因通商而入蜀，遂遷居四川郫縣，因事梁武陵王紀得寵而任職管金帛之官，因而致富，人稱西州大賈[163]。故南朝經商者，不但不受歧視，且可任官致富，一般亦官亦商者，生活日趨享受舒適，因此而樂不思蜀，此實為南朝不能統一中國之主因。

至於另一原因，厥為當時並無農民服義務兵役。乃在戰時發奴為兵，即自大貴族之部曲中抽取，又為貴族所不悅，因此南朝無充足兵力，遂使中原不能恢復。

南朝田租，徵收困難。收租首要在調查戶口，但戶口混亂，查核不易。桓帝時雖竭力調查，仍無結果；"土斷政策"推行亦不易。國家稅收遂以商業為主，官僚商業尤為發達。

4. 北朝經濟稍遜南朝

北朝在商業上言，並無南朝般活躍蓬勃。北朝是"異族統治"時代，但此四字亦非準確，可稱"胡漢合作"。此乃由於漢人之影響力相當大。中國歷史上有三個時期為異族統治時期，即北朝、元代(正統異族)及清代(漢代之滿族)。北朝時乃是中國文化插入了異族統治。

北魏在孝文帝時，開始有較盛的商業興起。五胡亂華乃在東晉時期，宋、齊、梁、陳時才是北朝開始。五胡時期，前秦苻堅統一北方，政治已初

---

162 見《南史·恩倖陸驗傳》。

163 見《隋書·儒林何妥傳》。

上軌道，此時建都長安，自長安至各地修築道路，道路兩旁植以槐、柳。20 里有一亭，40 里有一驛。

當時有讚歌道：

"長安大街，夾樹楊槐；

下走朱輪，上有鸞棲。

英彥雲集，誨我萌黎。"

説明了當時像樣的物質建設，且此時雖是五胡時期，但仍保有中國的士大夫傳統，相當注重教育。苻堅自淝水之戰失敗後，北方分裂，魏遂崛起。北魏建都平城(今山西大同市東)。由於五胡時洛陽、長安已趨荒涼，新的城市遂崛起於塞外的大同。北魏建都大同時因地處邊塞，社會落後，尚未使用貨幣，至孝文帝時遷都洛陽，遂加重建。故北方經濟大體説來，可分兩個時期：第一時期為前秦苻堅時；第二時期為北魏孝文帝時。

前秦苻堅時雖亦有家累千金之富人，如當時有商人趙掇、丁妃、鄒甕等，車服排場，等同王侯[164]。但一般來説，農商均有待發展。如當時苻堅以關中水旱時生，遂號召王侯以下之豪望、富室僮隸三萬人，開涇浦水之上源。鑿山起堤，通渠引瀆，以灌溉山岡兵陵地區的鹹地，百姓才蒙受其利[165]。

北魏商業所以興盛，因當時官將經營商業。如崔寬襲爵武陵公，鎮西將軍，拜陝城(今河南陝縣)鎮將。當時因陝西地區出產漆、蠟、竹、木等甚豐，便經常運往南方販賣，家產豐富[166]。又如公孫軌出任虎牢鎮將，發民驢以運糧。軌令驢主皆加絹一疋，民諺譏説："驢背上加了絹，瘦弱也變成強壯。"使軌單馬執鞭而來，從車百輛南歸[167]。可見當時官僚資本之盛。

164　見《晉書·苻堅傳》。

165　見《晉書》。

166　見《魏書》。

167　同上。

5. 官員奢華凌駕帝王

　　北魏時代的達官王侯，生活之豪侈驕奢，為漢晉以來所未有。正光年間
（公元 520~524 年），元雍為丞相，可謂位極人臣，富兼山海。當時他所居住
的第宅，可比擬帝宮。白璧丹楹，飛簷反宇，雕棟畫樑，一派富麗堂皇。服
侍之人，僮僕 6000，歌妓 500，史稱隋珠照日，羅衣從風。出則隨從喝道，
儀仗成行；入則歌姬舞女，擊筑吹笙，絲管吹奏，連宵盡日。竹林魚池，芳
草如積，珍木連陰，其規模之宏偉，宛如皇家花園。

　　元雍飲食極為講究，每飯必具海陸珍饈，一餐所費數萬錢。陳留侯李
崇曾對人道：「商陽（即元雍）一食，敵我千日。」李崇當時為尚書令，亦僮
僕 1000 人，富傾天下。但他卻性多儉吝，惡衣粗食，食常無肉。日常只有
「韭茹」、「韭菹」[168] 兩味菜餚而已。其友人李元佑對人說：「李令公一食十八
種。」人問其故，元佑答以「二九（韭）一十八」[169]，聞者大笑。

　　當時皇族宗室所居之地在洛水、芒山之間，約 30 方里地，名為壽丘里，
民間稱為王子坊。當時的帝族王侯，外戚公主，擁有山海之富，川林之饒。高
台芳樹，家家而築；花林曲池，園園而有。莫不桃李夏綠，竹柏冬青。此中尤
以河間王琛最為豪首，常與元雍爭競鬥富。曾建文柏堂，形如帝殿，玉井金
罐，彩繢為繩，置歌妓 300，盡皆國色。琛在秦州，多無政績。但嘗遣使遠赴
西域波斯等地，求得名馬凡十餘匹，馬槽用銀，鎖環用金，諸王服其豪富。

　　河間王琛嘗對人說：「晉世石崇，只是一位庶姓而已，竟然可以雉頭狐
腋，畫卵雕薪。我乃大魏天王，難道不可以侈華嗎？」琛常在自宅會見宗
室，金銀寶器，陳列堂前，另有水晶鉢、瑪瑙琉璃碗、赤玉巵數十件，匠工
精妙，皆從西域而來。此時國家殷富，庫藏盈溢，錢絹露積於廊者不可勝
數。某次，太后賜百官以絹，章武王融、陳留侯李崇因負絹過重，蹶倒傷

168　韭菹即韭製之酸菜。

169　「令公」即對尚書令之尊稱。

踝，唯侍中崔光只取兩疋，朝貴服其清廉[170]。

十一、魏晉南北朝之寺院經濟

1. 洛陽佛剎甲天下

　　從後魏楊衒之所撰《洛陽伽藍記》一書，知洛陽當時一般僧寺及洛陽一般人事情況，可看出洛陽當時之佛教在北方所佔份量之重要性。

　　南北朝時，佛教對當時社會經濟影響甚大；北朝尤甚。書中記曰："招提櫛比，寶塔駢羅，京城表裏，凡有一千餘寺。"此處說明當時洛陽地區有佛寺 1000 餘座，較南京多了一倍。如描寫其中一座永寧寺的盛況：該寺有九級浮屠，高 90 丈，每層高十丈，其上有剎[171]，高亦十丈，共高 1000 尺，人距洛陽 100 里處遠望，即可見該塔。剎上有一瓶，瓶大可容 25 石，瓶之四周掛有承露金盤，共掛 30 重，每一金盤掛有鐸，上下共有 120 鐸。

　　該塔四面開窗，每面有三門六窗。塔之每層四面共有 12 門，24 窗，門均金漆，窗上掛鈴，共 5400 鈴（鈴較鐸為小）。該寺院共擁有僧房與樓觀 1000 餘間，大雄寶殿乃其中之一間。棟樑雕花，窗用刺繡，用絹紗刺繡之花紋有稀疏之空，可通空氣。永寧寺之建築裝飾為洛陽 1000 餘寺院中具有代表者，亦藉此可窺見北朝大都市之繁盛景象，寺中僧人之眾概可想見。古羅馬時期之大建築物恐亦無類似此等之佛寺。

　　另如永明寺，有百國沙門[172]凡 3000 餘眾，當時西域有數十國，新疆亦然，均有僧人奔赴該寺，全寺僧眾可能達一萬。

　　又如瑤光寺有民房 500 餘間。據《魏書·皇后傳》記：當時的宣武皇后

170　見《洛陽伽藍記》。

171　剎即塔上之柱，置於塔頂。如佛寺無塔者，則於殿頂置剎。

172　百國沙門即自外國來之和尚。

高氏、孝明皇后胡氏及眾多妃嬪出家後為尼，均居此寺中。

又如高陽王寺，其壯麗足與帝宮匹敵。此處列剎相望，寶塔高峻。四月初八日，京師仕女，多至河間寺觀其廊廡綺麗，無不歡息，以為蓬萊仙室，亦不過如此。

當時寺院經濟興旺，各物不假外求，儼然為一獨立之城邦。

2. 南北朝佛寺 經濟可自足

魏晉南北朝時，由於宗教對久經戰亂的社會人生特別需要，故造成佛教特別興盛。就東晉南朝來說，東晉 100 餘年間，有佛寺 1700 餘所。到梁代時，佛寺增至 2800 餘座。梁武帝蕭衍曾三次入同泰寺為僧，僧寺經濟也配合其他條件而日益盛大。

北朝寺院經濟亦盛，僧人並向西域及海外各國通商。當時陸路通向西域各國；海路則由交、廣地區[173]出發。自孫吳執政後才劃分為交州（安南）及廣州（兩廣）兩區。在《洛陽伽藍記》中提及云：“西夷附化者，萬有餘家，門巷修整，閶闔填列。”即當時外國人僑居洛陽者一萬餘家，市況熱鬧，成為國際貿易中心的商業重鎮。又如涼州（今甘肅）亦為重要都市，中國大批讀書人聚居該地，再向北即到遼東。以涼州、遼東兩地人文薈萃而到平城（今山西大同）。後魏道武帝建都於此，文化受中國讀書人之影響而提高。至魏孝文帝藉口南伐，遷都洛陽，積極漢化。

五胡十六國時，割據稱王者，多信奉佛教。如後趙之石虎、石勒，篤信天竺沙門佛圖澄，尊他為“大和尚”，向他諮詢軍國大事。

前秦苻堅，師事沙門道安。又如南燕慕容德、後秦姚興，信佛甚篤。至北魏武帝時，益發崇信佛教，於京師平城建立佛寺，其子明元皇帝更為篤信佛法，其孫太武帝平涼州後，與西域各國接觸更密。佛寺興建更多，由於帝

---

173 當時廣州是交州之一部分。

至長安寺院中發現藏有武器，遂發動滅佛之舉。但至文成帝時，又恢復佛寺如故。

當時北方大寺院，有僧房多達數千間之寺院，可藏軍火，可練刀槍拳術；投靠僧寺之民眾，政府無法干預；獻米若干給寺僧後，即成為“僧祇戶”，政府不能再加管治。寺中有庫房，有當舖，有市場，可經商，寺內可買到廣東之柑，廣西之柚，百貨蔬果，應有盡有。和尚之精壯者可任兵丁，故北方之寺院和尚已有能力可以造反。

寺院經濟之可以獨立自足，主要是寺院擁有土地園林。如魏孝文帝為祖母文明太后興建報德寺，此地盤本為帝王遊獵之區，擁有龐大土地，建寺後自然全歸該寺所有。自孝文帝遷都洛陽後，京師地區民間土地已有三分之一為寺僧所佔有。其他各州鎮僧寺亦然。《魏書·釋老志》云：“自遷都以來，年逾二紀，寺奪民居，三分且一，非但京邑如此，天下州鎮僧寺亦然，侵奪細民，廣占田宅。”

當時寺院土地來源除侵奪民眾田宅外，其他尚有帝王封賜或貴族官僚所贈。如當時洛陽之寺院，擁有大片果園，故“京師寺皆種雜果”。如龍華寺、追聖寺，更是“園林茂盛，莫之與爭。”如勸學里內的大覺寺三寶寺內，四周有果園，產珍果，有含消梨，每枚重達十斤；承光寺內所產水果，美味冠於京師；又如白馬寺所產葡萄，顆粒比紅棗還大，所產石榴，亦極美味，有“白馬甜榴，一實值牛”之譽。又如寶光寺內園地寬廣，果菜青蔥，京師遊人常有折藕摘瓜以為樂趣者。京師既為人煙輻輳之地，寺院尚有如此寬闊園地，則四方寺院，佔地之廣更為龐大，寺院所產珍果，除供奉王室及自享外，餘均運市場銷售。

北魏寺院佔地既廣，至齊、周各代續有發展，此種寺院之土地私有制，於實行均田制後益形擴大，造成此後均田制度被破壞之因素之一。

寺院既有大量土地，必具備大量的勞動力。當時寺院有上座、有寺主，為一寺之主。其下僧尼徒眾數以千百計，有種田者、挑水者、燒火者……；多來自農村。亦有未曾剃度而歸附寺院者，當上寺院之“僧祇戶”或“寺戶”，成為寺院經濟中的勞動主力。

北魏獻文帝時，凡民間有能歲輸穀 60 斛給僧曹者，即成為僧祇戶；輸粟者稱為 "僧祇粟"。荒年歉收，由寺院賑給饑民。又有民犯重罪及官奴米歸寺者，可成為 "佛圖戶"，以擔任寺院灑掃工作，並歲兼營田輸粟。後者隸屬於一寺；前者不屬於個別寺院，乃屬於僧曹，但兩者均須向僧曹和寺院交納租粟。僧祇戶歲交 60 斛，與政府屯田戶所納相同。

3. 寺院財勢大 魏周兩滅佛

北朝佛寺除有豐盛的糧果收穫及僧祇戶繳納的穀物作為主要經濟基礎外，另一重要經濟來源即來自僧尼所發放的高利貸。

當時僧曹所收之僧祇粟，本是作為濟施之用。即所謂 "山林僧尼，隨以給施；民有窘弊，亦即賑之。" 但僧尼並未以僧祇粟用於賑濟貧民，卻用來放高利貸。造成 "主司冒利，規取贏息，及其徵責，不計水旱，或償利過本，或翻改券契，侵盡貧下，莫知紀極。細民嗟毒，歲月滋深。[174]" 即僧尼向貧民借貸所收取之利息比本錢要多。政府雖曾下令禁止，但無實效。農民貧戶在高利貸之壓力下，遂不得已轉為屬於寺院之附戶。

貧民歸附於寺院後[175]，又可逃避政府的力役兵役。於是出家為僧尼者或為寺院佛圖戶者日多，僧尼竟達 200 萬人。至東魏、北齊時，於是 "乃有緇衣之眾，參半於平俗；黃服之徒，數過於正戶；所以國給為此不充，王用因茲取乏。[176]" 遂造成了僧尼多於民眾之現象，政府及王室稅收劇減，不敷應用。據《續高僧傳》所載，寺院人口達 400 餘萬，其中附戶達 200 萬人，可謂駭人。如北周時，長安清禪寺即有寺戶 70 餘家之多。

---

174 見《魏書·釋老志》。

175 即成為 "佛圖戶"。

176 見《廣弘明集》。

　　由於寺院擁有大量土地與人力，寺戶與僧尼又可免納賦稅，使國家稅收蒙受損失，遂使主政者對寺院勢力不得不加以限制。其條規如下：

　　如需新建寺院，須有50僧人一寺，向政府申請獲准者，否則以違敕論罪。

　　建寺土地，如屬侵盜官地，便得歸還政府。

　　如經查明為無籍之僧[177]時，北魏孝文帝延興年間（公元471~476年）下令各寺院不准收容；太和年間（公元477~499年），政府曾遣無籍僧人1327人還俗。其孫孝明帝時，因僧徒附戶過多，下令奴婢不得出家，諸王親貴亦不准代為請求，犯者以違旨論；如有僧尼剃度他人奴婢者，則移500里外為僧。並下令寺主及地方州鎮里黨，不得私度僧人，違者寺主發配遠方，地方官降級或免職。政府如此嚴禁奴婢出家或私度為僧，目的為限制寺院勞動力太多。但上述禁令，並無實效。因此有魏、周兩次滅佛事件。

十二、洛陽名都為商業貿易地

　　洛陽在曹魏、西晉、北魏建都以前，東周及東漢即已建都於此；北魏以後，隋、唐、後梁、後唐亦先後在此建都，有"九朝故都"之稱。東周時，洛陽已成"天下名都"。當時已有用陶、石、骨及銅製作的精緻工藝品，供王室貴族享用。周時洛邑人已"喜為商賈，不好仕宦。"東漢光武帝定都洛陽後，修治水利，開鑿陽渠，疏濬汴河，使江淮地區運糧到洛陽更為便利，因而成為全國最大工商業都市。該地區商人要比農夫多十倍。

　　曹丕滅漢獻帝，公元221年正式遷都洛陽。公元265年，司馬炎亦以洛陽為西晉之京都，歷時近100年。晉武帝為興建太廟，採伐荊山之木，華山之石，鑄柱十二，塗以黃金，鏤以百物，綴以明珠。惠帝時洛陽雖經破壞，但仍有錦帛400萬，珠寶金銀100餘斛。

　　洛陽商業相當繁盛。有金市、馬市、羊市，王族、官僚均有經商貿利。

177　私度為僧者。

當時曹植創作〈洛神賦〉，左思寫下〈三都賦〉，人們爭相謄抄，造成洛陽紙貴。陳壽的《三國志》，司馬彪的《續漢書》，也都在洛陽完成。石崇與王愷鬥富，也在洛陽。

北魏崛起後，自平城（山西大同）遷都洛陽。此時洛陽比魏晉時規模更大，東西橫 20 里，南北縱 15 里，宮殿位於舊城偏西北之地。西陽門外有大市[178]。《長安巷坊志》書中有詳細記述。

洛陽之西陽門外有大市，周圍八里。分成東、南、西、北四市，東面接洛陽都，有“通商里”與“達貨里”，為洛陽正式市場。此市場中人多為工巧屠販，其中有大商人劉寶最為富有。人稱“產匹銅山，家藏金穴。”他在全國各州郡均開設分店，其店中商品，定價全國一律。各地均養馬一匹，有如今日之大型百貨商店。

當時有文形容：“宅宇逾制，樓觀出雲；車馬服飾，擬於王者。”可見商業之盛。洛陽西市有“退酤”、“治觴”兩里，專門賣酒。有劉白墮者，善釀酒。六月時酒亦不壞；喝醉者一月不醒，故送客或出京時均用此酒。因酒帶往遠路，故稱“鶴觴”，亦稱“騎驢酒”。

此外，洛陽南市有“調音”與“樂律”兩里，有妓女唱歌跳舞，以供市民娛樂。

北市有“慈孝”與“奉終”兩里，專賣棺木及出租喪事之車輛。

此外，市內分別有屠宰、食鹽、粟米及金融等各種行業，各類商品應有盡有。有的巨商富賈有控制物價、壟斷市場能力。

洛陽城南有四通市，為國際貿易集散市場。城中有萬餘戶商家來自中亞細亞及古羅馬（古稱大秦國）。此處亦為洛水、伊河地區的水產物集散地。民歌有云：“洛鯉伊紡，貴於牛羊。”當時欲享美味海鮮，也非洛陽莫屬。

洛陽附近有“準財里”、“金肆里”，為富有之人住宅區，政府對該地區之奢華享受，曾加抑止，但並無收效。

---

178 中國古代凡大都市，是“都”與“市”分開，住宅區稱“都”，商業區稱“市”。

洛陽北門有北邙山，此山低矮，王侯公卿多葬於此，故墓中多陪葬之明器。時至今日，當地人仍有將墓中掘出之泥人泥馬或石碑出售。唐代詩人多有吟詠北邙山者，王建詩曰："北邙山頭少閒土，盡是洛陽人舊墓；舊墓人家歸葬多，堆着黃金無置處。"又："朝朝車馬送葬回，還起大宅與高台。"張籍亦有詩云："洛陽北門北邙道，喪車轔轔入秋草。"讀此詩可知富豪喪葬於此之概況。

北魏舊都原有雲岡石窟（在今山西大同縣西），始建於北魏文成帝時，石窟有五，每窟刻有巨佛一座，小佛像無數，巨佛高七丈，由一巨石雕成。造型奇偉，雕刻工緻，震驚世界藝壇。北魏遷都後，又在洛陽城南 25 里處建造龍門石窟。

此地有青山對峙，伊水北流，儼然一座天然門闕，古稱"伊闕"。石窟有三，其規模較雲岡略小，但亦動用了 80 萬 2360 名工人建造。唐代詩人白居易稱讚"洛陽四郊山水之勝，龍門首焉！"

龍門石窟開創於北魏太和年間，歷經東、西魏、北齊、北周、隋、唐、五代及宋諸朝，增補歷時 500 餘年，大小窟龕如蜂巢般密佈於伊河兩岸之山壁，長達兩里。佛像十萬餘尊，造像題記與碑刻 3600 餘品。龍門石窟亦為中國雕刻藝術之瑰寶，聞名於世。

十三、北朝重視技工軍事

北魏統治者原屬鮮卑族，鮮卑族人向來全國皆兵。自北魏遷都洛陽後，北方仍設六鎮屯軍。長城內外居民生活習俗相差極為懸殊，居住舊都大同者騎馬射箭；遷居洛陽者唸佛講經。因此北邊六鎮[179]之族人憑藉勇悍善戰之習性，戰勝了遷居洛陽享受安逸之漢化鮮卑族人，遂分裂為西魏與東魏。

北朝除宗教問題外，尚有一事特別重要，厥為北朝文化史中之大問題，

179　今內蒙古河套至張家口一帶。

即重工而輕農商。

中國工人生產，商人經商，漢代已有相當發展。至南北朝時，工商業更盛，對鹽鐵則不及漢代之重視。讀《史記・貨殖列傳》，知中國工商業已一代比一代進步。

又如手工業的進步，亦促進了商業的繁盛。以紡織業言，南北朝時已有一腳可操控十支紡紗的機器了，已比漢代為先進。此時發明之水磨，不僅可磨食糧五穀，且可用四馬推磨；並用風力使鐵爐熔鐵。自外族入主中國後，北朝特別重視工人，並鼓勵科技的發明。如魏陳留王時，劉徽注《九章算術》，至今仍為中國古代數學名著；晉何承天為著名曆學家，以考訂《元嘉曆》聞名於時；南朝宋時祖沖之改造銅機，圓轉不窮，又造欹器[180]以獻竟陵王子良。更造一器，不因風水，施機自運，不勞人力。又造千里船，可日行100餘里。扶風馬鈞，亦機械製造專家，天下之名巧匠，曾創製 "指南車"，以定物之輕重。製 "翻車" 以灌園，使兒童亦可操作，其巧百倍於常。其他如農業學家後魏賈思勰撰《齊民要術》；醫學家陶弘景著《桐君採藥錄》等，均為當政者所最欣賞及重視者。

北朝某帝曾下詔，百工技巧須傳授家傳技藝，但不准進學校受教育，實則重視工人。自北朝鮮卑人遷大同建都後，凡有一技之長之百工巧匠[181]，有十餘萬人跟隨遷徙至中央政府所在地，可見倍受重視。故大體上言，北朝重視宗教而不重教育；重視工人而不重農商；北朝亦輕農而重牧。

北魏孝文帝時，黃河南北有千里大牧場，專養馬而無牛羊。北朝末年，黃河流域有馬三、四百萬匹。其當時之重視工業、軍事與宗教，實與今日之西方國家相同。

180　此種古器，水滿時即傾倒。

181　如福建漆器、廣州象牙球等專業技工。

第九章

隋代經濟
（公元 581～618 年）

一、隋代開豐衣足食之世

中國經過魏晉南北朝 400 年來的分崩動亂，至隋復告統一。隋自文帝堅、煬帝廣至恭帝侗三朝，歷時 38 年。如以文帝開皇九年滅陳統一中國算起，至恭帝滅亡，不過 29 年。隋代國祚雖短，但自漢代以來，論人口繁殖之眾，倉廩府庫之盛，常推隋為第一。

今且以西晉以來之人口作一比較。

晉武帝太康元年有 245 萬 9804 戶，共 1616 萬 3863 人。

宋武帝大明八年有 90 萬 6870 戶，共 468 萬 5501 人。

陳朝有 50 萬戶，總共 200 萬人。

魏孝文帝遷都洛陽後，其人口較西晉太康超出一倍略多，約 500 萬戶。

北齊有 303 萬 2528 戶，共 2000 萬 6880 人。

北周有 359 萬戶，共 900 萬 9604 人。

到了隋煬帝大業二年，已增至 890 萬 7536 戶，共 4601 萬 9956 人。

以上合計北齊、北周之戶數 662 萬餘戶，已比魏孝文遷洛時之戶口多出 100 餘萬戶，較之陳朝多出 12 倍，以人口計，比陳朝多出 15 倍，較西晉太康全國統一時已超出一倍。此為當時北方政治已上軌道之證明。

隋文帝接替後周政權之初，有 399 萬 9604 戶，但到 26 年以後的隋煬帝大業二年時，已增至 480 萬 7932 戶。此乃由於隋臣高熲[1]整頓戶籍之成功。他使浮逃人口歸於編戶，增強隋代實力。《通典》謂高熲沿襲北魏均田制以來用意，使隋代資儲遍於天下，人俗康阜，致使隋朝國計富足，甲於以前諸朝。

茲將上述各朝戶數與人數列表如下：

1　高熲為河北景縣人，初仕北周，隋初為相府司錄，後為尚書左僕射，兼納言。執政近 20 年。

年號／朝代	戶數	人數
晉武帝太康元年	245 萬 9804 戶	1616 萬 3863 人
宋武帝大明八年	90 萬 6870 戶	468 萬 5501 人
陳朝	50 萬戶	200 萬人
北齊	303 萬 2528 戶	2000 萬 6880 人
北周	359 萬戶	900 萬 9604 人
隋煬帝大業二年	890 萬 7536 戶	4601 萬 9956 人

二、探討隋代致富原因

隋代賦稅多沿襲北周制度。但北周之酒榷、市稅及鹽池鹽井之禁，隋開皇三年已盡廢除。即使隋所行之賦調，亦相當輕。

隋代調制輸絹一疋者減為二丈。力役亦有輕減，《隋書·經籍志》云："開皇三年正月，帝入新宮。初令軍人以二十一成丁。減十二番每歲為二十日役。"開皇九年平陳後，該地區免租稅十年，其他各州亦免除當年租稅。開皇"十年五月，又以宇內無事，益寬徭賦。百姓年五十者，輸庸停役[2]。十二年詔河北、河東今年田租三分減一，兵減半，功調全免。"

隋雖多次減免賦稅徭役，但極富有。《通典》記載隋代國庫之富裕曰："隋氏西京太倉，東京含嘉倉、洛口倉，華州永豐倉，陝州太原倉，儲米粟多者千萬石，少者不減數百萬石，天下義倉，又皆充滿。京都及并州庫布帛各數千萬，而錫賚勳庸，並出豐厚，亦魏晉以降之未有。"

《通鑑·煬帝大業二年紀》云："九月，置洛口倉於鞏東南原上，築倉城，周回二十餘里，穿三千窖，窖容八千石以還，置監管並鎮兵千人。十二月，置回洛倉於洛陽北七里，倉城周回十里，穿三百窖。"

2　輸庸停役即免役收庸。

由上述記載，足見隋代糧食布帛儲存之豐盛。隋文帝既然輕徭薄賦，何以又如此空前富裕？其原因有下列數端：

首先，周滅齊，隋滅陳，均未經過大規模之戰禍，天下之寧靜和平，已有相當長的時間；

其次，自宇文泰、蘇綽以來，北朝君臣大體均能注意吏治。隋代仍然承襲了此良好的風氣。

文帝受禪登位，有臣下楊尚希上奏，謂當時郡國倍多於古，如不足百里之地，竟數縣並置；或戶不滿千，卻由兩郡分管，造成人少官多，十羊九牧之現象。文帝嘉許之，遂罷天下諸郡。又如當時刺史多由武將擔任，並不稱職。柳彧上表諫之，遂多為罷免；文帝又遣發柳彧持節巡河北 52 州，奏免長吏贓污不稱職者 200 餘人。又如開皇三年，度支尚書長孫平奏令民間立義倉，於是州里富足。

不過，隋代致富原因之更為重要者，便是中央政令之統一，與社會階級之消融。中國古代之貴族封建，以及魏晉以來之門第特權，至此已全部消除，整個社會同處一平等地位，而同屬於一政權管轄之下，致使下層之負擔尚甚輕，而上層之收入已甚足。

隋代與西漢政府有一顯著不同之點，厥為西漢積高祖、惠帝、文帝及景帝三世四帝 60 年之休養生息，至漢武帝而始盛。隋代則文帝初定天下，便已富足。此乃由於漢初尚未脫封建遺蛻，有異姓同姓諸王侯，自韓彭葅醢，直至吳楚稱兵，財富不能集於中朝。中央政權所能直接管轄者，不足全國版圖三分之一。

中央王室雖恭儉，而諸王侯封君莫不驕奢放縱，自與隋代初年形勢大不相同。

隋文帝生活節儉，勤於吏治而無大度，有一事可以看出。開皇十四年大旱，是時倉庫盈溢，卻不放賑濟民。連唐太宗亦批評其"不憐百姓而惜倉庫。"文帝在一味省錢的原則下，認為辦教育亦是浪費國家資財，於是州縣廢除太學四門，國子監學生只留 70 人。

隋代末年，天下儲積足五、六十年，遂使煬帝大肆揮霍。其犖犖大者有下列各項：

1. 煬帝即位，營建東都，每月役丁 200 萬。

2. 元年開通濟渠，引穀水、洛水達黃河，引黃河入汴水，引汴水入泗水以達淮河。此項軍國大計，魏孝文帝亦已先有此意，至煬帝而實現。此乃為貫通中國南北兩方新形勢之偉大工程。

3. 煬帝遂南遊揚州。渠闊 40 步，渠旁築御道。自長安到江都沿途築離宮 40 餘所。建造四層高的龍船，高 45 尺，長 200 尺，挽船士八萬，舳艫相連接達 200 里，騎兵巡護兩岸。

4. 三年，率甲士 50 萬北巡榆林，築長城。

5. 四年，又築長城；開永濟渠，引沁水南達黃河，北通涿郡，共徵用了河北諸郡男女 100 餘萬人。

6. 六年，通江南河，自京口至餘杭，長 800 里，闊十丈餘。

7. 八年，親率逾百萬兵征高麗。渡遼河的 30 萬人還者不足十分之一。九年、十年再伐高麗。

煬帝恃富饒，而奢華無道，遂致滅亡。

三、隋代土地分配及賦徭概況

隋文帝開皇九年，全國有人口 890 萬 7536 戶，全國所墾田地計共 1940 萬 4267 頃，平均每戶墾田二頃餘。但實際分田方法按官、民等級有所不同，且亦有君王特賜功臣者。

自諸王以下至都督[3] 按等級不同，最多可分給 100 頃永業田[4]，最少為 40 畝。

3　都督指領兵將帥或地方最高長官。

4　永業田為隋、唐行均田制時分給男丁種植桑、麻等樹木的世業田，相當於北魏、北齊時之桑田。

至於分配給丁男、中男之永業田與露田[5]皆與後齊之制相同，即一夫授露田 80 畝，一婦 40 畝；並每丁授永業田 20 畝。

園宅方面，統是三口給一畝，奴婢則五口給一畝；丁男一床，租粟三石。受地者須課以絹絁及麻[6]。未受地者，皆不必課。

凡有品爵，或是孝子、義夫、節婦者，均可免除課役。

京官又可分得"職分田"[7]，一品者給田五頃，每品各遞減 50 畝，至九品為一頃，外官亦有。另並給"公廨田"，以該田所收之租作辦公經費之用。

隋帝亦有將土地特別賜給功臣者。如開皇年間，隋文帝賜平陳有功之楊玄獎(楊素之子)以官職及黃金 40 斤，並裝滿金錢之銀瓶，縑 3000 段，馬 200 匹，羊 2000 口，公田 100 頃，宅一區。開皇末年，又賜楊素田 30 頃，絹萬段，米萬石，金鉢一，裝以金；銀鉢一，裝以珠，並綾絹 500 段。時楊素貴寵日隆，家僮數千人，後庭妓妾穿綢着綺羅者以千數[8]。

大業三年，煬帝賜張衡宅旁田 30 頃，良馬一匹，金帶，縑綵 600 段。[9]

隋文帝初期，太常卿蘇威曾建議，以"戶口滋多"，田地不足分配給人民，欲減功臣之地以給百姓。但大司徒王誼以為"百官者，歷世勳賢，方蒙爵土，一旦削之，未見其可。"因此，蘇威之建議遂告擱置，帶有封建時代土地分封意味的措施遂無法根除。

講到隋代的賦稅，可分租調、徭役和雜稅三部分。

首先是租調方面。文帝開皇二年，頒佈均田法與租調法，首為分配土地。丁男(18~59 歲)與中男(10~17 歲)都可分配到永業田和露田。每一丁男授露田 80 畝，丁女 40 畝；永業田栽種桑、棗及榆樹。至於園宅田每三口分

5　露田於北魏及隋行均田制時，計口分配種植穀物，年老時要還的田。

6　絹為生絲織成之綢，絁為粗紬與布相似。

7　職分田亦稱"職田"，自北魏至明初按官階品等高下授給官吏作俸祿之公田。

8　見《隋書·楊素傳》。

9　見《北史·張衡傳》。

給一畝，奴婢每五口分一畝。京官外官亦按等級分田，又有公廨田供公家開支，這些以上已有說明。

隋初以18~59歲的男女勞動者為課徵對象[10]。開皇三年提高至21歲為丁。煬帝即位後，因戶增而國富，又改男子22歲為丁，並免除婦女、奴婢、部曲之課。

關於賦役負擔，租的方面，以一床(成丁之夫婦)計，須出粟三石；單丁及僕隸依丁男所課之額減半；未授地者，不徵租調；有品爵者，免徵。至於調的方面，凡在蠶桑地區，一床出絲或絹一疋，綿三兩。產桑地區則出布一端，麻三斤。開皇三年三月時，減調絹一疋為二丈。戶口增長後，以土地有限，遂於開皇十三年遣使到各地，將一部分已分之田地收回，重新分配給新的適齡人士。

其次是徭役方面。隋初時，每男丁每年服役30天，工匠60天。開皇三年，一般勞役減為20天。至於服役年齡，初為18~60歲，開皇三年改為21~60歲。隋文帝時徭役尚輕，至煬帝，大興土木，連年征伐，於是加重勞役，男丁不足，又徵用婦女，造成民怨沸騰，種下滅亡禍根。

雜稅方面，隋無食鹽稅；開皇三年亦免酒稅。但人民對王室須貢納，至煬帝時，此種貢納極重。史載，煬帝巡遊揚州時，所到之處，500里範圍內之人民均要獻食，以各地水陸奇珍為主；煬帝到揚州，又命江淮郡官送禮，送禮豐厚者超遷丞守，菲薄者則停職處分[11]，使官民受害深重。煬帝用錢無度，後來竟有預先收取未來若干年之租者，誠可浩歎。

---

10 60歲為老，可免課徵。男女3歲以下稱黃；10歲以下為小，17歲以下為中，18歲以上為丁。

11 見《文獻通考》。

四、開運河建義倉兩德政

隋代發展水利漕運，使南北運輸暢旺，功不可沒。

隋文帝開皇三年時(時陳朝未滅)，以京師糧倉尚虛，議為水旱災時有所預備，乃詔令於蒲、陝、虢、熊、伊、洛、鄭、懷、邵、衛、汴、許及汝等水道之13州，各設置募運米丁男，又在衛州建黎陽倉，陝州建常平倉，華州建廣通倉，轉相灌注，漕運關東及汾晉之粟，以供應京師。又差遣倉部侍郎韋瓚向蒲、陝以東募人，能於洛陽運米40石，經砥柱之險，運到常平倉者，可免徵戍。

開皇四年，詔宇文愷率水工鑿渠引渭水，自大興城(西安)東至潼關300餘里，名曰廣通渠，使潼關內外轉運便利。

煬帝大業元年，徵發河南諸郡男女100餘萬開鑿通濟渠，於是天下運輸益便。四年，又徵用100餘萬男女開永濟渠。五年，煬帝設置西海、鄯善、且末等郡於西域，謫送天下罪犯為戍卒，大開屯田。

隋代尚有一良好之制度，為後世所稱道者，厥為義倉與社倉之建立。開皇三年時，度支尚書長孫平有感於天下州縣多患水旱，百姓困乏，及奏令民間每秋每家出粟麥一石以下，數量多寡依貧富劃分差等，儲存於民間里巷，以備凶年之需，名曰義倉。他上書隋文帝曰：“臣聞國以民為本，民以食為命，勸農重穀，先王令軌。古者三年耕而餘一年之積，九年作而有三年之儲，雖水旱為災，而民無菜色，皆由勸導有方，蓄積先備者也。去年亢陽[12]，關右饑餒，陛下運山東之粟，置常平之官，開發倉廩，普加賑賜，大德鴻恩，可謂至矣。然經國之道，義資遠算，請勅諸州刺史、縣令，以勸農積穀為務。”

隋文帝深為嘉納，據開皇十六年所載，社倉分上中下三等稅，上戶不過一石，中戶不過七斗，下戶不過四斗。於是州里豐饒，人民有所依賴。於是

12　開皇二年久晴不雨。

天下原有各倉，如西京太倉，東京含嘉倉、洛口倉，華州永豐倉，陝州太原倉"儲米粟多者千萬石，少者不減數百萬石。天下義倉，又皆充滿。[13]"此本為極善制度，後世有效法。惜文帝於荒年時，民多飢乏，竟不許賑給，誠可歎息。

五、隋代基建及重工業規模浩大

隋代各項手工業已相當發達，尤其在建築及交通運輸方面之工業甚為進步。如隋初所建之洛陽乾元殿，用大木所製棟樑宏壯，非當地所產，乃自江西南昌運來，由 2000 人拖一柱，地下鋪以生鐵所製滾柱，以便滑行巨木。隋煬帝時，工部尚書宇文愷造遼水橋不成，軍隊不能渡過，且右屯衛大將軍麥鐵仗因而遇害，帝遂差遣何稠造橋，二日而成。史書雖無記述用何方法，但已從中窺知何稠是位出色的建築工程師。

又如趙縣洨河石橋[14]，又名趙州安濟橋，為中國最古之石拱橋，隋代工匠李春所建。此橋製造奇特，人不知其如何能造成，乃用許多整齊平均之石塊，緊合拼湊如一，橋拱高聳，奇怪的並無一條支柱，用石叉插勾連，排比砌合，各石間的裂縫用灰黏合填實，橋身各洞之間用腰鐵相連，兩涯鑲嵌四個小拱，不怕洶湧的急流沖擊。如果沒有深智遠慮的巨匠，怎能有如此神乎其技的手藝？

又如造船工業，煬帝在大業元年，先乘他舟從洛水入黃河之口，再乘龍舟，此舟高 45 尺，長 200 丈。共有四層，上層有正殿、內殿及東西朝堂；中間兩層有 120 間房，皆用金玉裝飾；下層內侍所用。皇后所乘之翔螭舟，規模略小，而裝飾則相同。帝出遊時，後宮、諸王、公主、百官、僧、尼、道士、蕃客隨行之船數千艘，並載內外百司供奉之物，共用挽船士八萬餘人。

---

13 見《隋書》、《貞觀政要》。

14 洨水發源於河北西部井陘山。

又有戰艇數千艘，由軍士衞兵乘之，並載兵器帳幕；由兵士自己拖引，不給船夫。帝王巡遊威儀天下，一面知煬帝奢華糜費，濫用民力；但另一方面可知如此龐大之船隊巨舸，必須有先進之造船工業加以配合[15]。

又如隋時有浙江賊帥高智慧，自稱揚州刺史，擁有船艦千艘，屯據要害，兵力甚勁。楊素率大軍出擊，自早晨苦戰至下午四、五時，費九牛二虎之力，才將智慧驅趕入海，再自餘姚追到溫州，始將賊擊破。可知當時海上交通已盛。

煬帝又闢馳道多起，其一是發河北十餘郡丁男，將山西高原與河北平原之間的太行山鑿通，有馳道以通太原，其工程之浩大可見。

六、隋朝的金融概況

1. 隋代貨幣制度晚期不穩

隋文帝因周氏平齊之後，"府庫充實，庶事節儉，未嘗虛費。開皇之初，議者以比漢代文景，有粟陳貫朽之積。"

文帝因節省開支，穩定幣值，奠立了安定富庶的立國基礎。宋代學者蘇軾亦稱道說："自漢以來，丁口之蕃息，與倉廩府庫之盛，莫如隋。[16]"《文獻通考》亦說："古今稱國，計之富者莫如隋。"

文帝開皇初年，使用五銖錢，1000枚共重四斤二兩。但此時民間有私鑄者，質量多不合標準，因此政府嚴查關外之雜錢帶進市場。不數年後，除了隋五銖錢外，前朝雜錢一律禁用。當時用錫鑞鑄錢，造成盜鑄者更眾。

開皇十年後，官府鑄錢亦增加，除揚州外，又在鄂州設爐鑄錢；文帝又准許楊諒在并州、楊秀在益州鑄錢，其他私鑄亦盛，遂造成劣幣充斥市面。

15　見《隋書》及《通鑑》。

16　見《通考》。

但由於政府經常派員查核各地錢幣，非官錢或政府准鑄者一概沒收，故幣值尚算穩定。

文帝處理貨幣，可謂採取緊縮政策。至隋煬帝的十二年中，因國庫積資雄厚，遂大興土木，廣開河渠，並三征高麗。其雄才大略，雖不及秦始皇，但論其所具貴族氣質，及不能體恤民困，則態度完全相同。由於軍事上、建設上以及個人享受上之開支浩大，乃造成濫發貨幣、通貨膨脹之現象。

煬帝又獎勵對外通商，"所經州郡，疲於迎送，糜費以萬萬計。"與西域胡人的通商雖然發展可觀，但錢貨使用過巨，公私發行量大增，遂引起貨幣貶值[17]。

由於大量私鑄錢幣，幣值急劇下跌。《北史・隋本紀》載，煬帝時"政刑弛紊，賄貨公行，莫敢正言，道路以目。六軍不息，百役繁興，行者不歸，居者失業，人饑相食，邑落為墟，上不之恤也。東西行幸，靡有定居，每以供費不給，逆收數年之賦。"

由於煬帝揮霍無度，人民負擔極重，只得濫鑄壞錢，重量日輕，起初千錢重兩斤，比政府法定減重五成餘，後又減至千錢重一斤。最後竟有翦鐵鍱裁皮糊紙以當錢用[18]。唐李淵攻進長安時，民間用線環錢，質量更差，八九萬錢只有半斛而已。大業末年，斛米萬錢，經濟安得不崩潰。

2. 典當及官私貸款

隋代統一之初，國家安寧，商業趨於發達，各種信用業務亦見興盛。南北朝時，寺院擁有莊園田地，資產富有，常有經營放債及實物高利貸者。南朝梁代時，有人曾以一束苧向長沙寺庫質錢，贖當時，於取回之苧中夾雜有五兩重黃金，用手巾包裹着。該黃金亦是來典當者之物，得金者誠實送還寺

17　見《隋書・裴矩傳》。

18　見《隋書・食貨志》。

方，寺方酬以一半黃金，而該人堅不肯受。可見當時典當之物，上至貴重之金，下至賤價之芋，均可質錢。當時有以慈善為名而用實物放款或貨幣放款者。

隋代亦有私人放款以獲取利息者，如隋文帝之後，"孝王俊漸奢侈，違犯制度，出錢求息，民吏苦之。[19]"

亦有政府機構以"公廨錢"[20]作營運，以賺取利息。先是由於"百寮供費不足，台省府寺咸置廨錢，收息取給。蘇孝慈以為官民爭利，非興化之道，上表請罷之。請公卿以下給職田各有差，上並嘉納焉。[21]"上述用公廨錢收息，志在營利，以息錢維持百寮供費。開皇十四年，此法曾一度禁止，至十七年復准以公廨錢營利，以補助政府開支之不足，但不准出舉收利而已。

《隋書‧食貨志》記載，開皇八年時，京官及諸州並給公廨錢，迴易取利，以給公用。至十四年六月工部尚書安平郡公蘇孝慈等以為所在官司因循，往昔以公廨錢物出舉興生，唯利是求，煩擾百姓，敗損風俗，於是奏皆給地以營農，迴易取利皆禁止。十七年十一月詔在京及在外諸司公廨在市迴易及諸處興生，並聽之。唯禁出舉收利云。

以上私人或官府放款，供民間借貸者，稱為"出責"或"舉貸"，名為濟民困急，實乃刮削窮苦民眾，常為世人所詬罵。

七、隋代財政支出大損民生

隋代的財政開支可分王室與政府兩大部門。關於王室的支出，隋文帝時尚稱節儉。至煬帝時，王室主要開支有兩項。

第一是大興土木，營造宮殿。文帝雖節儉，但開皇十三年興建仁壽宮

19　見《隋書‧文四子傳》。

20　公廨即公舍、官署，官吏從公之處。

21　見《隋書‧蘇孝慈傳》。

時，服勞役的人民死逾萬人。煬帝即位，營建東都洛陽，歷時一年完成，每月徵用民夫 200 萬，死者近半。

第二項巨大的支出，便是煬帝掌政時期，絕大部分是外出巡遊，如大業元年遊幸揚州，場面壯闊。單單置辦王室巡遊時之用品便是"所役工十萬餘人，用金銀錢財物巨億計。[22]"因此使所收賦稅亦不夠用。

關於政府部門支出，首先是官員之薪俸支出。隋初有官員逾 12000，後雖經裁減，但仍不算少。隋代官俸亦用實物。《隋書・百官志》載：京官正一品 900 石；從一品 850 石；正二品 800 石，每低一級減 50 石，至從九品為 50 石，九品以下無祿。分夏秋兩季發放。至於地方官員，州以大小分等，從最大之州 620 石到最小之州為 100 石；縣亦以大小分等，從大縣之 140 石到最下的 60 石，每等以 10 石為差距。

政府之軍費支出亦巨。開皇八年伐陳，用兵逾 50 萬。此後亦常用兵，開皇十八年以 30 萬軍攻高麗。煬帝時曾三次攻高麗，用兵 100 萬，服勞役者亦達 100 萬，可見軍費之重。

此外，政府工程建設費用亦浩大。如自文帝至煬帝的挖鑿運河；大業年間的開江南河和永濟渠，動輒徵用民力數十萬；開皇年間的修築長城，先後三次各用民力十餘萬人；煬帝大業年間竟徵用民力 100 餘萬。此外，如大業三年多次徵丁修築馳道，征伐徭役頻繁，遂致民生凋敝。

22　見《隋書・何稠傳》。

第十章

唐代經濟
（唐：公元 618～907 年；
五代十國：公元 907～979）

一、君臣同心創貞觀盛世

唐代凡 20 帝，290 年。

唐太宗為中國歷史上一位傑出君主。24 歲定天下，29 歲登帝位。本人既勤於聽政，輔佐之賢臣又多。平四夷，安海內，貞觀之治，為後世所稱道。

唐太宗屬下賢臣，有王珪、房玄齡、杜如晦、溫彥博、李靖、魏徵等，不勝枚舉。

太宗本人亦勤於朝政。他嘗錄刺史姓名於屏風，坐臥觀之。將刺史掌政時善惡之事蹟，皆注於名下。又常遣員巡察，問民間疾苦。此時期君臣齊心努力，共同望治，實國史所罕見。

但若論貞觀時代之社會情況，實並不比煬帝時為佳。蓋因隋代大業七年至唐貞觀二年的 18 年中，群雄蠭起，擁眾逾 15 萬者，有 50 餘人，天下大亂，民間已極殘破。

貞觀元年，關中饑荒，斗米值絹一疋；二年蝗災，政府所收租穀，尚未存入糧倉，已要取出賑濟；三年水災，到四年始有豐年，四處流散之民眾才得歸鄉。貞觀十一年時，魏徵上疏謂，隋代府庫倉廩戶口甲兵之盛，唐代無法比擬。馬周上疏亦說當時之戶口不及隋代十分之一。

貞觀時人口不滿 300 萬戶；要到唐高宗永徽三年（公元 652 年）才增至 380 萬戶，而隋代開皇年間已有 870 萬戶。直到唐玄宗天寶十三年，才有 961 萬 9000 餘戶，進入唐代極盛時期，始足與隋代相比。

歷代人口數目，雖有隱漏或虛報，不可盡信，但大體上可看出世運之盛衰與升降。

唐太宗時，因君臣時時以隋之亡相警惕，遂不敢驕縱荒佚，致成治世。到玄宗時，進入隋代般的富庶，造成天寶之亂，與隋煬帝時代頗為相似。

二、唐代經濟制度優於漢

唐代不收一切商業賦稅，為前代所未有者[1]。此皆因唐太宗實行輕徭薄賦政策所致。武德九年時（公元 626 年），太宗與大臣商議如何抑止盜賊，有謂用重刑禁之。

太宗笑道："民之所以為盜者，由賦繁役重，官吏貪求，飢寒切身，故不暇顧廉恥耳。朕當去奢省費、輕徭薄賦，選用廉吏，使民衣食有餘，則自不為盜，安用重法邪！"太宗曾患關節病，公卿因其所居宮室卑濕，奏諸另造樓閣居住，以癒舊疾。太宗以德不及漢文帝，不欲勞敝百姓，遂反對大興土木，並實行輕減賦稅[2]。

如唐初並無榷鹽之稅。唐興逾 100 年之後，玄宗開元年間才開始課鹽[3]。以後才漲至 40 倍。天下之賦，鹽稅收入當佔五成。

唐初亦無茶稅，德宗建中以後（公元 780~783 年）才開始徵收茶稅，故稅茶比玄宗更遲了近 70 年。

唐初亦不禁私人釀酒，要到代宗廣德年間以後才開始有榷酒之稅，此時亦距唐初 140 餘年了。

唐初待工商界甚優厚，雖設關卡，但不徵稅，此乃依循隋代只設賦調之制。

又如唐初開店做水碾（即用水力磨米）亦不收稅，且獎勵之，欲改業營商者，聽任自由，政府決不勉強人民一定務農。

漢、唐兩代經濟政策不同，漢代對大商賈重徵商稅，不許社會有大富之現象。但唐代每丁給田 80 畝，每家 100 畝，給予人民最低限度的生活水平，如欲富裕，則亦不加限制，聽任人民各自去打算發財。漢代之經濟政策乃不

1　戰國、秦漢時代均有收取。

2　見《資治通鑑》。

3　玄宗晚年天寶時至肅宗至德年間，鹽價極廉，每斗僅值十錢而已。

准人民太富有，注重徵收商稅，節制資本，對人民不分田地，不平均地權，不理你窮成怎樣，略近似蘇俄的共產主義；唐代則不收商業稅，任由人民富庶，亦不讓人民太窮，人人分田，平均地權，但不節制資本，略近似美國的資本主義。

如劃成兩條平行的水平線，一條為上水平線，另一為下水平線。漢代是不准人民衝破上水平線，但不理人民生活在下水平線之下。

唐代則聽任人民可衝破上水平線，但不讓人民生活在下水平線之下，兩者相比，唐代為優。

三、唐代創立的租庸調制

1. 租庸調制之內容

唐高祖武德七年時，訂定租庸調制，此制度乃由北魏均田制演變而來。此制規定：

凡男女剛出生者稱黃，4 歲稱小，16 歲稱中，21 歲稱丁，60 歲為老。凡丁年 18 歲以上者授田一頃[4]。

其中 80 畝為口分田，年老時還給官府[5]；20 畝為永業田[6]。

永業田皆可傳給子孫，政府不再收回；即使子孫犯法除名，所承受之地，亦不追回。規定每畝種桑 50 株以上，榆、棗各種十株以上，須在得田之三年內種畢，如不宜種上述各樹者，得以宜種之樹充之。

規定百姓身死家貧無以供葬者，可售賣永業田；如原居地是人口多田地不夠分配之狹鄉，居民樂意遷居寬鄉者，則亦可售賣口分田。如涉及賣買田

4　唐制五尺為步，240 步為畝，100 畝為頃。

5　此口分田相當於北魏之露田。

6　永業田即相當於北魏之桑田。種植榆、棗、桑等樹。

地事項，須向官府呈報，取得文牒。

凡經營工商業者，則永業田，口分田，各減半給之，在狹鄉者則不給[7]。

至於宗教人士，給田另有規定：凡道士給田 30 畝，女冠 20 畝，僧 30 畝，尼 20 畝。

武德七年所定，凡丁男中男給田一頃外，老男廢疾者給田 40 畝，寡妻給 30 畝，如為一戶，則加給 20 畝[8]。

政府官員給田亦有規定：凡官人及勳授永業田，親王 100 頃；正一品官 60 頃；郡主及從一品 50 頃；正二品 40 頃；從二品 35 頃；正三品 25 頃；從三品 20 頃；正四品 14 頃；從四品 11 頃；正五品 8 頃；從五品 5 頃。

階層	授田大小（單位：1 頃 = 100 畝）
凡丁年 18 歲以上者	1 頃（包括 0.8 頃口分田及 0.2 頃永業田）
經營工商業者	0.5 頃（包括 0.4 頃口分田及 0.1 頃永業田；在狹鄉者則不給）
宗教人士： 道士	 0.3 頃
女冠	0.2 頃
僧	0.3 頃
尼	0.2 頃
老男廢疾者	0.4 頃
寡妻者	0.3 頃（同為一戶者加給 0.2 頃）

7　見《通典》。

8　見《唐會要》。

政府官員(永業田)：	
親王	100 頃
正一品官	60 頃
郡主及從一品	50 頃
正二品	40 頃
從二品	35 頃
正三品	25 頃
從三品	20 頃
正四品	14 頃
從四品	11 頃
正五品	8 頃
從五品	5 頃

唐代按照每丁分配土地繳租。每丁每歲出粟二石，謂之租。此即古代粟米之徵，亦相當於漢代之租。

每丁每歲輸綾、絹、絁各二丈，如用布代替，則加五分之一。輸綾、絹、絁者兼綿三兩，輸布者兼麻三斤、謂之調。此即古代布帛之徵。調有"興調"、"調發"之義，相當於古代之賦。漢代之口賦相當於唐代之戶調。

同時並規定每丁一歲做工 35 天，可免調；如做工 50 天，則可免租和調。

至於正式之庸，則為每丁每歲用人力 20 天，閏加五日。不役者每日以絹三尺代替。此即古代力役之徵，相當於漢代之役。

以上即為唐代租庸調制，為後世稱道不已。唐代土地有 240 餘萬大畝，如每畝出粟一石計，20 畝永業田不計，每丁 80 畝口分田出粟 80 石，則每丁二石粟，其租只是四十稅一，可說極輕。孟子在戰國時，以為十分之一之租稅為王者之政；漢制則十五稅一，常收半租，則為三十稅一。漢代的實際政治，已較戰國學者託古改制的理想，更進一步的寬大了。而唐代之租 80 石中收二石，只是四十而稅一，較漢制更輕更寬。如以西晉 100 畝課田 60 畝相比，則減輕了 20 多倍。

以庸而言，漢制每丁每歲更役 30 天，唐則只 20 天，漢之三分之二而已。且漢代每丁尚須擔任正卒衛士一年，又有戍邊三天。唐代因實行府兵制，農民不須衛戍，故比漢代負擔更輕。

調輸布帛，與漢代口賦不易比較。但西晉戶調，丁男之戶，歲輸絹三疋綿三斤，比唐代多了六倍。北魏均田一夫一婦調帛一疋，亦比唐多一倍。唐雖兼以綾、絁為調，上比稍有出入，但唐之調法輕於魏晉則是事實。

2. 為民制產之德政

唐代大政治家陸贄說："有田則有租；有家則有調；有身則有庸。"有一項，要一項。有田有身有家，便有租庸調。此即為民制產，將國家賦稅放在公平之政策上，自可使民眾安居樂業，政府財政亦可穩定。

近人有輕視唐代之租庸調制者，譏為雜拼的租稅。其實卻巧拼成孟子所謂粟米之徵、布帛之徵和力役之徵，並非胡亂拼湊。

至於此租庸調制是否唐代實際推行？每丁均有給田 100 畝？其推行情況如何？有兩點推想：

第一點：想像中每人有田超出 100 畝的很多，但可能此制度無法普遍推行於全中國。

第二點：此制度不以田為主，而是以丁為主。此乃"認人不認田"，可算是自由經濟。

正如孟子所說，井田制度是為民制產。唐代的均田制，以丁為主，亦是為民制產。

由於是重丁，因此特重村坊制度，使戶口冊上之戶籍清楚準確。北魏以來針對蔭戶私戶而發的戶口政策，亦是為清查人丁而發。

當時 100 戶（家）曰里，五里曰鄉。城市曰里，郊外曰村。各設里正、村正。四家曰鄰，20 家曰保，100 戶曰里，里有五保。鄉要做"鄉賬"，包括報戶口及土地面積與人口比例是寬鄉抑狹鄉(人口少叫寬鄉，人口多則為狹鄉)。固然有部分地區並未實行，但仍得承認有此制度。因為要呈報是否寬鄉或狹鄉，可見此制度有為民制產之精神。

"鄉賬"由鄉而報縣，由縣而報州，由州而報戶部。規定每歲一造賬(人丁冊)，三歲一造籍(戶口冊)。人口調查，毫不馬虎。

租庸調制可謂中國歷史上賦稅制度之中最好者。論輕徭薄賦，亦當以唐代為最。

租庸調制之第二優點，厥為稅收項目之列舉分明。此點惟有漢代的租稅制度差可比擬。因此使當政者不能亦不必橫徵暴斂，無法隨時增稅。

租庸調制之第三優點，亦為最重要者，乃此制度含有為民制產之精神。農民到 18 歲則由政府授田；到 60 歲則將田歸還政府；同時實行為民制產與為官收租，實為漢代制度所不及。漢租雖輕，但有無田地者亦須繳交口賦及服更役，不得已則出賣為奴，或亡命為盜。唐代則沒有無田之丁戶，人人繳得起庸調。

在租庸調制度下之農民生活，可以想像是較為寬舒安恬。農民生活之寬舒安適，促成了整個社會之安定繁榮。故盛唐時代之富足太平，自唐太宗貞觀到唐玄宗開元年間，歷時 100 餘年，有一番蓬勃光昌的氣運，決非偶然。杜甫有詩曰：

　　"憶昔開元全盛日，

　　小邑猶藏萬家室。

　　稻米流脂粟米白，

　　公私倉廩俱豐實。"

此詩寫的就是盛唐社會的寫照。安史之亂時，江、淮、河南錢帛聚存於清河，以贍北軍，謂之天下北庫。計有布 300 餘萬疋，帛 80 餘萬疋，錢 30 餘萬緡，糧 30 餘萬斛。許遠守睢陽時，積糧六萬石，張巡因之得以固守一相當時期以屏障江淮地區。烏承德以信都降史思明，親交兵馬倉庫，馬 3000 匹，兵五萬人。當時之地方州郡已是如此富實。此後雖衰落，但藩鎮之殷實富厚，仍是遠非後世所及。

憲宗時，韓宏在汴為宣武節度使，獻馬 3000 匹、絹 5000 疋，雜繒三萬疋，金銀器 1000 件。而汴之庫廄尚有錢 100 餘萬緡，絹 100 餘萬疋，馬 7000 匹，糧 300 萬斛。穆宗時，劉整為盧龍節度使，獻征馬 15000 匹。藩鎮財力殷盛，正好證明了唐代積富於民之厚，使諸藩鎮得以捍禦外寇久存。正如顧亭林在《日知錄》所說：“唐代驛舍，有沼、有魚、有舟、有池、有林、有竹。後代驛舍，殆如隸人之垣(即監獄)。天下州城，為唐舊治者，其城郭必皆寬廣，街道必皆正直。宋以下所置，時彌近者制彌陋。唐室富盛，固在中央不盡取於州、郡，尤要者，更在中央不盡取之於民間也。”

3. 制度沒落的原因

上文提到唐代極為重視報鄉賬，此為實行租庸調制首要條件。即人民每歲要報人丁冊；三歲報戶口冊。今年與去年所造之賬要作比較，叫做“比”。規定州、縣要保留五本比較賬，即今年之賬之前，尚要保留以前之四。戶部則保留三本。

各縣之戶口冊約數千戶，全國各縣戶口冊經整理裝訂後，要送到長安。冊載男女年歲，甚至疾病或健康，均得詳細註明。丁口呈報嚴格，不僅有“賬籍”，還得有“團貌”[9]，即戶口冊中均須註明五官、身材及面貌等。一經寫定，不得更改相貌。臨時要對相，謂之“貌定”。集合在一起，稱為“團貌”。《水滸傳》中就有提及。

唐代編查戶口籍極為詳細嚴謹，使政府按戶口冊籍分給田地時，不易冒領、重領或錯領。

歷來有很多論史之書，皆謂唐之租庸調制“以丁為主，從丁不從田”。此說並不盡然。

9　“團貌”相當於今日的相片。

租庸調制既為一優良之制度，何以會遭受沒落以致無法順利推行？

首先，此制度以丁口為單位，丁口及齡時得由政府分配田畝，丁口得憑賬籍、團貌等簿冊查核無誤後才由政府授田。如戶口不清時，此制度便無法推行。制度行之相當年代後，戶口調查便生問題，分田亦隨之而有困難。

同時，當時除百姓分田外，貴族和官員尚有分配大量田地的權利，並有豪強兼併的現象。如《舊唐書‧元載傳》云："城南膏腴別墅，連疆接畛，凡數十所，婢僕曳羅綺一百餘人，恣為不法，侈僭無度。"此處説明元載擁有帶着肥美田地的別墅，疆界連接凡數十所。

又有唐相國韋公宙，善治產業，他在湖北江陵擁有別業，良田美產，最號膏腴，稻穀堆積如一座小山。當時有人向唐宣宗報告説："江陵莊積穀尚有七千堆。"宣皇戲稱韋宙為"足穀翁"[10]。

唐代著名詩人司空圖曾任戶部、兵部侍郎，天祐末，移居中條山王官谷，有良田數十頃。唐代農民因可售賣田地，遂使豪強更易兼併土地。安史之亂後，租庸調制維持日難，至肅宗時，遂始創兩税制。

四、唐代土地多為富豪強佔

唐代除每丁分給田地 100 畝外，尚有給田皇族及政府官員者，從 100 頃至 5 頃不等；此外尚有天子賜田給臣民的特例。如大名鼎鼎位居丞相的牛僧孺，為隋代僕射牛奇章之後代，曾蒙天子賜田數頃，晚年依以為生[11]。又如許孟容京兆，家有天子所賜書 3000 卷，城西有田數頃，果樹數百株，當亦為天子所賜。

亦有豪強霸佔農民土地者，如上文所述及的元載，城南有膏腴別墅，毗連接達數十所。但史籍載明乃"恣為不法，侈僭無度"所得。又如涇州有大將

10　見《北夢瑣言》。

11　見《新唐書‧牛傳》。

焦令諶，憑藉權勢強佔農家田地數十頃。然後交給農民耕種，言明收割時須分得五成。

適該年大旱，顆粒無收，農民求告焦令諶減免。焦謂只知收穀，不理是否旱災，督責更急。農民不能還租，且將飢死，遂求告涇州營田官殷秀實太尉[12]。太尉下了溫和的判狀詞，婉轉勸解焦某。焦某知農民控告他，遂大怒道：“我焦某難道懼怕殷某不成？誰敢批評我？”並將該農民代表用大杖擊斃[13]。

亦有農民逃亡，其遺下田地被非法賊賣者，亦有佛教寺院侵佔百姓田地者。《唐大詔令集》載：“諸州百姓，多有逃亡。寺觀廣佔田地及水碾磑[14]，侵損百姓。”。

唐代宗喜祭祀，受大臣王縉與元載談福業報應之影響，宮中遂設內道場祀佛，逢夷狄入寇，必使僧眾誦護國仁主經以祈禱消除災殃，寇退，帝即任意賜與。

胡僧有官至卿監封國公者，勢傾公王，賴寵凌奪。凡長安地區上田美產，多歸寺僧[15]。

唐武宗會昌年間(公元841~846年)，廢佛法，毀天下寺4600座，僧尼26萬5000人復籍為民，沒收田數千萬頃。將其中腴田售出得款送戶部，將中、下級田給寺家奴婢丁壯者為兩稅戶，每人十畝[16]。

上述各種情況，遂使大量田地集中在達官豪強手上，已失當初平均田地之原意。

唐時，政府亦有在特定條件下允許農民售地者。周代之井田制是授田，農民不得售地，因田地非佃農所私有。唐代有口分田，人老還給政府，但其

12　營田官是政府委派管理募民耕殖荒田之官。殷氏先曾擔任度支營田副使。

13　見《柳河東集》。

14　水碾磑即是用水力轉動之磨米設施。

15　見《新唐書·王縉傳》。

16　見《新唐書》。當時寺院奴婢有15萬人。

中 20 畝永業田成為農民私產，名義上是政府給土地所有權給農民，政府為體恤民隱，訂制條例，凡農民有困難時可將此永業田自由買賣，凡符合下列兩種情況之一者即可。

一為農民欲搬徙原居地時可售賣[17]。此可說是當政者一種仁至義盡的制度。也不必如西方人民般動輒以革命手段向政府爭取民主等權益。

另一種情況是家人中有死亡，貧無以葬時。安葬為一種特別開支，農民在自願生活清苦情況下，亦准許賣永業田。但政府不再給田。

至於口分田，照例不可賣。但在下列條件下亦准許賣出。

一是照《新唐書・食貨志》所載：農戶自狹鄉徙寬鄉時，即當時政府獎勵農民從地狹人眾的狹鄉遷往地廣人稀的寬鄉，政府通融農民售地作搬家費用。但搬遷至寬鄉後，政府不再分給田地。此由於當時狹鄉的農民分得田地較少，如太宗在貞觀十八年親巡陝西臨潼縣，問知當地村鄉每丁僅授田 30畝；雍州地區，農戶分得的田更少，遂下詔免賦役，並鼓勵農民遷往寬鄉[18]。

第二種情況可准許出售口分田者，凡農民欲設置家宅或用水力磨米之碾磑或作營利用之邸店(即棧房)。

但如非上述理由而出售口分田時，則照《唐律》之疏所說明：凡售賣口分田一畝，須受肉體刑罰，責打 10 笞；賣 20 畝，打 200 笞。打後田還賣者，錢由政府充公，買者一無所得[19]。《唐律》疏中亦有說明，應該賣的，即合法售出的口分田則不必按此法規受罰。

唐代大官買田建莊園是常有之事。再加上人民不得已而賣田，包括窮困、遷徙或家人死亡等。

但可能亦有強迫賣田等情況，如富豪田莊鄰近周圍之農戶土地，富戶出高價強迫收購，農民因貪小利甚至怕受欺壓而被迫賣出，只是史籍沒有記載而已。

17　《唐律》中尚未寫入此條。

18　見《冊府元龜》。

19　此制度實較之古代西方之羅馬法律為佳。

五、官員職分田、公廨田及公廨錢

除口分田及永業田外，唐代尚有兩種田，一種是職分田；另一種是公廨田。

職分田是當作百官的俸祿。唐高祖武德年間，百官不發俸祿，只給職分田。但職分田在唐代時廢時置，如玄宗開元十八年（公元 730 年）下令"依舊給京官職田。[20]"可知開元十八年以前有一段時間是不給職分田的。但一般來說，是給的時間多，不給的時間少。此職分田是交由農戶耕種而政府收取地租。租額是每畝最多六斗，如果此制能切實執行，則租不算重。

至於公廨田，"公廨"即衙門之意。公廨田亦即所謂"公田"，即政府的辦公費用靠公廨田的田租收入來維持[21]。各級地方政府所得公廨田各有等差。

《唐六典》記載："凡天下諸州公廨田，大都督府四十頃；中都督府三十五頃；下都督、都護府、上州，各三十頃；中州，二十頃；官總監、下州各十五頃；上縣十頃；中縣八頃；下縣六頃；上牧監、上鎮各五頃；下縣及中下牧、司竹監、中鎮、諸軍、折衝府，各四頃；諸冶監、諸倉監、下鎮、上關各三頃……"

由此可知各級地方政府連鎮及冶煉銅鐵、管理糧倉的機構都分給公廨田。不過多少不同而已。

據杜佑《通典》記載："大唐凡京諸司，各有公廨田；司農寺給二十六頃；殿中省二十五頃；少府監二十二頃；太常寺二十頃；京兆府、河南府各十七頃；太府寺十六頃；吏部、戶部各十五頃；兵部、內侍省各十四頃；中書省、將作監各十三頃；刑部、大理寺各十二頃；尚書都省、門下省、太子左春坊各十一頃；工部十頃；光祿寺、太僕寺、秘書監各九頃；禮部、鴻臚寺、都水監各八頃；御史台、國子監、京縣各七頃；左右衛、太子家令寺各

20　見《舊唐書》。

21　公廨田亦是由農民耕種而政府收租。

六項；衛尉寺⋯⋯各五項；太子左右衛率府⋯⋯各四項；宗正寺⋯⋯各三項；內坊、左右內率府、率更府各二項。"由此可知各機構得公廨田之多少並非以機構重要與否，乃是按照該機構開支是否龐大為準。

從前陶淵明曾任縣官，亦有田分。他嗜酒，便種秫以釀酒。可見唐之公廨田亦承襲前朝而來。

公廨田的收租所得本是用來作政府機構開支之用，是作公用。但事實上，亦有協助官員作私人貼補的。如《新唐書・食貨志》說："京師及州縣皆有公廨田，以供公私之費。"觀此，似乎是公私不分了。

有時，京官與地方官的待遇常有所差別。貞觀至天寶年間，京官待遇常比地方官優厚。杜佑《通典・職官典》載，凡京師文武正官，每歲供給俸食等錢，再加防閤、庶僕及雜錢等；地方官則僅有公廨田收租及息錢而已。

到肅宗、代宗以後，由於中央財政困竭，於是在代宗大曆十二年時（公元 777 年），元載為洩私憤，將京師官員俸祿調低，而反其道將外地官俸祿調高，竟造成京官不能自足，而向外官乞貸之現象。遂有大臣楊綰、常袞等上奏京官謂俸祿太薄，於是每歲詔加京官 15 萬 6000 餘緡（錢 1000 文為緡）。

大書法家顏真卿當時為刑部尚書，曾書《乞米帖》道："拙於生事，舉家食粥已數月，今又罄矣，實用憂煎。"當時，顏大師是俸祿薄生活難捱，由於他的書法好，今竟成為歷史佳話。

剛才提及地方官所得的"息錢"，其實就是唐代變相的"公廨錢"，又名"食利本錢"，亦稱"料錢"。料，資本也，有俸料錢之意。當時每一衙門均有一筆本錢，交給"捉錢令史"去做生意，再將所得利息交給衙門。這些捉錢令史等於包做生意，規定每月將固定利息付給政府，做了若干年後，吏部根據他的成績可以任官。宋以後便再無此制度了。

據《唐史》記載，此種料錢的運用款項數目甚為龐大。唐德宗貞元二十一年有 25943 貫 696 文；憲宗元和九年有 53952 貫 955 文；武宗會昌達到 84500 貫之巨，此即京官之食利本錢也。

大致說來，八萬貫食利本錢（即公廨錢）可得利息四萬貫，其利息不可謂不大。

唐高宗永徽年間地方政府的公廨錢，史籍中有詳細記載。當時，西都即京兆府（長安），是第一大府；東都即河南府（洛陽）是第二大府；上述兩府每年各公廨錢 380 萬。

太原府為中國第三大府，以及大都督府[22]，每年有公廨錢 275 萬。

中都督府及上州[23] 每年各有 242 萬。中州及下都督府每年各有 154 萬。下州有 88 萬。

京縣[24] 每年有 143 萬。太原府之京縣有 91 萬 3000。畿縣[25]82 萬 5000。

太原府畿縣及其他各州上縣 77 萬，各州中縣 55 萬，各州下縣 28 萬5000。折衝府（唐代共有 800 個）分上、中、下三等。上等每年公廨錢 20 萬；中等 15 萬；下等 10 萬。

政府級別	公廨錢金額
京兆府（長安）	380 萬
河南府（洛陽）	380 萬
太原府	275 萬
大都督府（軍區）	275 萬
中都督府	242 萬
上州	242 萬
中州	154 萬
下都督府	154 萬

22　都督府指軍區。

23　州為行政區。

24　指中央附近之縣，近京兆府及河南府者。

25　指京城周圍地區。

京縣(近京兆及河南府)	143 萬
京縣(近太原府)	91 萬 3000
下州	88 萬
畿縣(京城周圍)	82 萬 5000
畿縣(太原府)	77 萬
各州上縣	77 萬
各州中縣	55 萬
各州下縣	28 萬 5000
折衝府(上等)	20 萬
折衝府(中等)	15 萬
折衝府(下等)	10 萬

如將唐代地方政府全年的公廨錢全部統計起來，其數目相當巨大。用官料資本來作特殊投資事業，亦即政府出資金派人做生意以收取利息，以此作為行政費用。政府不理捉錢令史經營生意盈虧如何，但一定有定額利息可收。

唐代之公廨錢是看情況需要而隨時增撥的。如某皇帝要自長安至山東行幸(旅行)，所經之地要供應王室所需，有關政府部門便撥出若干公廨錢以備應用；又如外交部為了招待外國人宴飲，所謂"藩夷賜宴"，開支很大，則政府又得撥出若干料錢放利。

至於訂定公廨錢之利息制度，唐初是月利七分；因行政機關是按月結算，照七分利計。每年 150 萬貫之利息便逾 100 萬貫。利息雖重，但由於唐代商業活躍興盛，短期可獲巨利，所以也就不計較利息之重了。不過，此後利息開始遞減。

開元年間規定私質利息四分，官質利息五分。至會昌年間，規定按月收取四分利，已較唐初為低。由於唐代社會經濟十分活潑暢旺，在《全唐詩》及《太平廣記》等書中均有詳盡如實的記載。説明當時人喜愛揮霍享樂。郭子儀一飯花費了十萬錢，可見唐人生活之奢華。

六、五代十國後周廢屯田

五代的屯田法繼承自唐代，但比唐代已有所改進。中國歷代重視屯田者，很多是為了邊境的軍事防禦。但唐代到了晚期，屯田的成效已不顯著，即所費多而收益少。唐德宗貞元十七年(公元801年)，劉禹錫為淮南節度使，杜佑上了一個奏章，請求廢除楚州的屯田。大意是說，營田(即屯田)本是為了足食，如今徒有靡費，卻沒有豐收；刈穫所得，卻無補國用。甚至連種籽也得乞求於官府，權衡利害得失，此種屯田制度，早就應該廢除。

後來德宗將荒棄的土地改為出租給農民，鼓勵各州縣努力增產作為地方官升官的考績。

五代各國的屯田制，承襲自唐代，稍加改革。當時有"屯田務"之設，由戶部派官員負責安排開闢荒棄未用的田地或沒收犯法者的土地加以墾殖，並招聘屯田戶墾殖之。

後唐明宗長興二年(公元931年)頒佈文告曰："凡置營田，比召浮客。若取編戶，實紊常規。如有繫稅之人，宜令卻還本縣，應諸州府營田，只許耕無主荒田及召浮客。此後若敢違越，官吏並投名稅戶，重加懲斷。[26]"

照當時規定，凡參加營田戶的，可不受地方政府的管轄，即使刻意逃避政府的賦役，州縣官吏也不能加以干預。因此當時受戶部管治的所謂屯田，實際是豪強地主兼併了農民的土地，並大量招請國家的編戶來為他們耕種，利益歸豪強所佔，國家得益甚微。因此後唐明宗出了上述明令，只准"召浮客"而不得"取編戶"，以減少"容庇奸盜"及豪強的巧取豪奪。

到了後周太祖廣順三年，對屯田作了更徹底的改革。太祖終於接納了大臣張凝等的提議，廢除了屯田務；將營田戶正式定為州縣的編戶，並將屯田

26　見《冊府元龜》。

務管轄下的土地、農具、耕牛及房舍等分賜給佃農，並且拒絕了"出賣營田以獲巨利"的建議，使三萬多戶營田擺脫了豪強地主的剝削和控制。

七、從租庸調制到兩稅制

唐代的經濟政策較漢代為積極，較具發展和進取精神。唐代政府對人民亦較大方和寬容。任由農家賣田地、蓋大樓、辦工廠，農民要棄農從工商，亦悉隨尊便，政府無不歡迎。不過不再給土地而已。但後人又有批評，說唐代分給土地，又准出賣，豈不自相矛盾，破壞制度？其實田地既給了農民，任由農民處理，也非不合理。

唐代之 100 畝相當於漢代之 200 畝[27]，唐代何以有如此多土地分人民？因分到地的有人賣出，故不愁無地可分。

如佔田過多則受罰；但如在寬鄉佔田多則不罰，可見唐代政府用心頗深，且有意義。漢高祖時，參與朝政者多非讀書人，故初無制度，直到漢武帝時才有定制。但唐太宗時，參政的多為讀書人，懂得治理之道，所以訂出好政策，好制度。所謂"律"、"令"、"例"，三者有所分別，"律"是原定的，如唐高宗時禁止賣買口分田便是"律"；"令"是新出的，如唐代某帝下的"令"。至於"例"，如太宗時所訂《唐律》，文字簡潔而不能過多。於是在"疏"中說明之。如為了造船而賣田，須經政府按律制定准許，這就是"例"。

世上無十全十美之事，亦無十全十美之制度。任何良好之制度難免會有些缺點。

綜上所述，由於田地買賣持續地進行，普通民戶雖佔田不能過 100 畝，但由於公卿百官分田數量巨大，且有豪強兼併，再加上戶口冊之整理，要不斷地長期保持準確無訛，實在相當困難，因時日一久，顯出人之惰性，造成戶口冊人口登記之紊亂與缺失，在所難免。

27　唐代一畝 240 步，漢代一畝 120 步。

　　由於人口之流動性大，造成戶籍之不實。如戍邊之軍人，政府照例免其租庸。戍邊六年後還鄉，戶口便有變動。玄宗時，戍邊者死亡，而邊將並不呈報。天寶年間，戶口使土鈇竟按舊戶籍冊免除六年租庸外，向其家徵收 30 年之租庸。或有誤會人民逃庸重罰之，使家屬惟有逃亡。由於歷經安史之亂與荒年，或屯兵地區之賦稅不上交中央，使國家府庫匱乏。天寶十四年，已報之戶 890 萬有奇，至肅宗乾元三年，僅 190 萬戶有奇而已，戶籍頓減，更難整理。於是租庸調制不得不廢棄而以兩稅制代之。

1. 兩稅制成立經過

　　凡歷史上任何一種制度之改變，均非一蹴而就。事先必經過一番醞釀，始告形成。唐代自經過安史之亂的連年戰禍，人口劇減，百廢待興。國家需款孔急，乃於唐代宗大曆元年下詔：凡天下苗一畝須繳稅 15 錢，因國家需錢孔急，不能等秋收時才徵收錢，故青苗時即須徵收，號稱"青苗錢"。

　　又每畝收"地頭錢"20 錢，亦通稱"青苗錢"。此即唐代按畝徵稅之開始。至代宗五年已成定制，夏季上田畝稅六升，下田畝稅四升；秋季上田畝稅五升，下田畝稅三升。青苗錢則每畝較前加徵一倍。此種夏、秋兩季分徵之法，即兩稅制實行之先聲。

　　兩稅制之正式成立，始於唐德宗建中元年，為宰相楊炎所創。此由於肅宗至德以後，天下兵起，人口凋耗，版圖空虛，賦稅之徵收，不能統籌劃一，綱紀蕩然，國庫收入無幾。戶籍中如富戶多丁口，因官宦及信佛、道得免，貧困無所憑藉，丁口因死亡或遷走者，而戶籍仍存，仍須徵稅。天下且多殘瘁，造成鄉居原地之土著，不足一成。楊炎洞察其弊，遂奏請行兩稅法。

　　兩稅制之法，主要是："凡百役之費，一錢之斂，先度其數，而賦於人，量出制入。戶無主客[28]，以見居為簿。人無丁中[29]，以貧富為差。不居處而行商者，所在州縣稅三十之一[30]。度所取與居者均，使無僥利。居人之稅，秋夏兩入之[31]，俗有不便者三之。其租庸雜徭悉省，而丁額不廢。其田畝之稅，率以大曆十四年[32]墾田之數為準，而均徵之。夏稅盡六月，秋稅盡十一月[33]。[34]"

　　楊炎的兩稅制，固然有人稱讚，但世人責罵者甚多。此制度一直影響後世逾 1000 年，一直推行到民國時代，可説是開創了中國今後的稅制。

2. 兩稅制是認田不認人

　　歐陽修在《舊唐書·食貨志》中描寫兩稅制説："租庸調之法，以人丁為本[35]。自代宗時，始以畝定稅[36]。而斂以夏秋[37]。"井田制因"履畝而稅"而遭破壞；唐代之租庸調制亦因"以畝定稅"而遭破壞，即開始認田不認人。

　　兩稅制的原則是"量出為入"，即是唐代政府用多少錢而預定收多少稅，並非每年編制預算，而是以唐代宗大曆十四年[38]為標準。不理是否主戶抑或客

28　主客即指主戶與客戶，主戶是原地方之土著農戶；客戶是由外地遷入之農民。

29　唐高祖時所定，16 歲為中，21 歲為丁。

30　後改為十分之一。

31　《舊唐書》作"兩徵之"。

32　公元 779 年。

33　即《舊唐書》所謂："夏稅無過六月，秋稅無過十一月。"

34　見《新唐書·楊炎傳》。

35　意即每丁分田 100 畝。

36　即有一畝地，收一畝稅。

37　即夏秋各收租稅一次。

38　國家收稅最大、支出最多之年。

戶，一律以登在該地之戶口冊為準。

如有人自上海至廣州，至廣州住下即是客戶。此客戶本來經商，不必付稅。原想發財，但生意虧了本，只好為廣州大地主種田，耕種 100 畝而給地主 40 石租。而地主只須納粟二石給政府。此乃人類悲劇，歷史上不能避免。但現今之兩稅制，不管你是主戶還是客戶，不理你是 16 歲還是 21 歲，均以貧富產業多少為收稅的標準，此即與租庸調制主要不同之點。新增添的一點，即不居處（自由的）而行商的，抽稅三十分之一。以付稅給政府而言，大家一律平等看待。梁任公曾言佩服中國歷史上之一些措施與制度，但他遺憾中國沒有革命。其實中國並不需要革命，因所訂制度合理之故。

兩稅制以田畝為主，其實即為資產稅，即有多少資本抽多少稅，並以大曆十四年為收稅之標準。此制在當時有極大之震撼，可說毀譽參半。

八、對兩稅制度的批評

1. 陸贄評兩稅不公

歷史上足與賈誼媲美的唐代大政論家陸贄，曾批評兩稅制度有七種弊病。他說：

"兩稅之立，則異於斯，唯以資產為宗，不以丁身為本。資產少者則其稅少，資產多者則其稅多[39]。曾不悟資產之中，事情不一，有藏於襟懷囊篋，物雖貴而人莫能窺；有積於場輔囤倉，直（價值）雖輕而眾以為富[40]。有流通蕃息之貨，數雖寡而計日取贏；有盧舍器用之資，價雖高而終歲無利。如此之比，其流（流即類）實繁。一概計估算緡，宜其失平長偽[41]。由是務輕費而樂轉

39　即只憑財產多寡作為徵稅的原則，即財產多者抽稅多。

40　意即動產與不動產不易計算。

41　長偽即助長虛偽。

徙者，恆脫於徭稅。敦本業而樹居產者，每困於徵求。此乃誘之為奸歐之避
役；力用不得不弛，風俗不得不詭，閭井不得不殘，賦入不得不闕。[42]」

由上可知，兩稅制是獎勵人走上商業社會之路線，只注重資產，對農業
社會有所損害，使人恐懼於安居置產。

農業社會以量入為出；商業社會則是量出為入，但兩稅制度之量出為入
非同一般。中國人之置產是置不動產，可見到的，不生利的。故兩稅制是使
某一種人(農民)吃虧，卻使另一種人(商人)佔了便宜。陸贄又說：「復以創
制之首，不務齊平[43]，但令本道、本州各依舊額徵稅。軍興已久，事例不常，
供應有煩簡之殊，牧守有能否之異，所在徭賦，輕重相懸，既成新規，須懲
積弊。化之所在，足使無偏；減重分輕[44]，是將均濟[45]。而乃急於聚斂，懼或
蠲除，不量物力所堪，唯以舊額為準。舊重之處，流亡益多，舊輕之鄉，歸
附益眾，有流亡，則已重者攤徵轉重，有歸附，則已輕者散出轉輕；高下相
傾，勢何能止。」

政府急於徵收，仍依舊額為準，只注意稅收總額，而不思公平分配，實
乃此制之缺失。

2. 兩稅制加劇貧富懸殊

當時人批評兩稅制之徵稅是以資產作標準，但如欲正確計算資產，實大
不易。古代每畝地收若干稅有規定；且全國一律。但現在兩稅法是一年的收
稅總額作為兩稅之定額，要依照大曆十四年所收之數為標準。故陸贄說：「此
乃採非法之權令以為經制，總無名之暴賦以立恆規。」他批評政府並不體恤

42　見《唐陸宣公文集》。

43　齊平指負擔平均。

44　即減輕原來負擔重的，分給負擔輕的。

45　即兩方面均可解決問題。

民間困苦，把平時徵收的稅如"急備"、"供軍"、"折估"、"宣索"及"進奉"等各種攤派，全部加入兩稅法中，一併徵取。

更有甚者，兩稅制度隨地區而攤派，造成田多大家少派、田少大家要多派之現象。如遇荒年，田租加重，農民無法負擔而逃亡，人減少了，租稅再加重。故清代之賦稅制度最不合理，亦因為清制乃跟隨唐代之兩稅法演變而來。

清代時，江蘇省一府所出田租抵得上一個省。如江蘇省常州府之賦稅較一省為大，其原因就是"隨地攤派"。此即由兩稅制而來，故兩稅制實際上並非"量出為入"。所謂"定額以收"，乃是非法之權令，將無名之暴賦均加入田地之賦稅內；一切租庸調各稅均加入田租內。如田被大水沖壞，人逃走他鄉，但田租反而加重。農民逃聚之地區因人口增多，而攤派反而減少，故人人樂於逃亡他處。

租庸調制是稅目分明，兩稅法則併歸一項。前者授田徵租之制，後者卻是僅徵租而不授田。故兩稅制已完全喪失為民制產之精神，造成社會上貧富更為懸殊，土地兼併益發猖狂。當時有錢富家拚命買田，其情形一如漢代。正如陸贄所說，兩稅造成"富者兼地數萬畝，而貧者無容足之居。"使貧農只好"依託豪強，以為私屬。貸其種食，賃其田廬。有田之家，坐食租稅。"

當時"京畿之內，每田一畝，官稅五升，而私家收租殆有畝至一石者。"比官稅重 20 倍。即使中等之田，也比官稅重十倍。按當時之私租額已比租庸調舊制增加到 20 倍，即兩稅制之官稅亦已比租庸調制增高了。兩種稅制下之社會經濟及其一般景況，自然起了急劇之變化。而其中貧富之極端懸殊，富人之兼併土地實由兩稅制鼓勵所致。

3. 利商不利農之法

兩稅制時，包含主戶客戶，前者是原住民土著，後者屬外地流移寄居之謂。在當地有居民戶籍冊者便得納稅。

當時之客戶依主戶為生，受主戶之役使與約束。但客戶亦有稟性狠悖者，或做些小買賣；或學些雜務；或本為無妻之戶，而誘人妻女而逃；或丁口繁多，衣食有餘，有能力買三五畝出宅，自立門戶，而脫離主戶而去。可見此時之客戶亦有獨立之私產與儲蓄，並有可能轉變其身份為主戶，甚至成為豪民者也有。

至北宋時，主、客戶口丁數皆分別統計。客戶是在經濟上有租貸契約關係而受主戶之管束。與漢代所謂奴隸，唐朝所謂部曲戶者不同。故唐、宋時期之客戶並非農奴。

當時有大量土地之莊園主亦得向國家納稅。大曆四年有諸道將士莊田，一切依照九等輸稅之詔，其取利不過從私租重於官稅處所得，可見唐中葉以後之莊園田主與古代之封建貴族不同。此可謂乃實行兩稅制後農田兼併下之一種情態。與租庸調制自不可同日而語。

兩稅制因量出為入，與農業經濟之情況並不契合，因田地所產作物有固定之常額。在正常運作時，每耕種三年，必有一年儲蓄以應付非常事變，如遇水旱荒災則可得官府減免田租。現在既定了"量出為入"的制度，則有不顧收穫而隨意加徵之弊，難免此後造成租稅日益加重之現象。

還有，兩稅制乃用錢幣納稅，實乃妨農而利商。史載："定稅之數，皆計緡錢，納稅之時，多配綾絹。"納稅人以所供非所業，必將增價以買所無，減價以售所有，使豪家大商得益，而農民日困。當時如無錢幣，則可代以實物。但物與錢的比例並不固定，時有漲落。如前時一疋絹值 3200 文，今一疋絹則 1500 文。即從前一疋，後來要兩疋餘。

行兩稅法後 40 年，有人說從前一疋絹值 4000 文，斗米 200 文，如一家要納稅一萬文，兩疋半絹已足夠。今則一疋絹僅值 800 文，斗米只 50 文，故要 12 疋絹才夠繳稅，如延至六月，絹價將更下跌。賣絹繳錢，人民吃大虧。故兩稅法是為政府而設，乃針對日盛之商業經濟作預算，對農村社會大不利。此後中國之稅制，只將兩稅制稍加改動，竟不能再回到租庸調制之路。

九、唐代的鹽政

1. 顏真卿首徵鹽稅

　　唐玄宗開元年間，顏真卿是唐代第一位徵收鹽稅的官員。當時他擔任河北招討使。時安祿山叛軍已攻入黃河以南地區，而顏氏仍在河北抗敵。因河北滄縣產鹽，遂徵收鹽稅以充軍費。

　　當顏真卿在河北推行鹽政時，玄宗時任職江淮租庸使的第五琦，遂在肅宗乾元元年(公元 756 年)時襲用顏氏此制，制定鹽法。當時他已任職鹽鐵鑄錢使。他推行鹽政之法是：規定製鹽人要向政府呈報，另立戶籍，謂之“亭戶”。即包括製鹽的遊民和舊鹽戶，都要登記入冊籍內，即為“鹽戶”。即由民間產製鹽，但不得私賣，須由政府收購及運銷。

　　當時由“亭戶”賣給政府的鹽價是斗鹽十文錢。《唐會要》中記載說：“天寶、至德間，鹽每斗十錢。乾元元年，鹽鐵鑄錢使第五琦初變鹽法，就山海井竈近利之地，置監院，遊民業鹽者為亭戶，免雜徭，盜鬻者論以法。及琦為諸州榷鹽鐵使，盡榷天下鹽，斗加時價百錢而出之，為錢一百一十。”

　　政府將收購自亭戶的每斗十文的鹽，增價十倍賣給商人，即斗鹽 110 文錢。此即變相的抽鹽稅，即第五琦所定出之法。

　　講起鹽政，可分為兩部分，一是鹽的專賣制度(即國營官賣)；二是鹽的徵稅制度(即由民間自由賣，由政府抽稅)。

　　《管子・海王篇》可說是中國歷史上講鹽政的老祖宗，書中雖明說是官賣，但僅是理想而已。

　　說到中國的鹽政，粗略地說，漢武帝時，桑弘羊官賣食鹽，且包辦產製運銷，政府產製，政府銷賣，故名叫國營。此制度一直實行至王莽時，達 150 年。

　　東漢時，鹽無專賣制，亦非國營。而是准許民間製賣，而由政府收稅，凡 100 餘年。

南朝時鹽是收稅。

北朝時鹽用抽稅兼官賣之法。

隋文帝時，鹽不抽賦稅。自文帝開皇三年至玄宗開元九年，共 137 年不抽鹽稅。

唐肅宗時，第五琦所施行的鹽政，就是登記有戶籍的產鹽戶將鹽賣給政府，再由政府"就場專賣"給商人。即鹽必須經此獨木橋才能到商人手中[46]，此即謂之"榷"。此種稅制很簡單，為間接的買賣，較漢武帝時所用辦法為聰明。因武帝時是產製、運銷、賣出，由政府一手經辦，故稱國營。但現在是由政府買進賣出，卻節省了產製與運輸的手續。此法據説是由道德最高的軍人，亦是大書法家顏真卿所發明，再由第五琦抄襲竊用。

第五琦所推行的鹽政，因各州任意加價，造成各種弊端。於是在肅宗上元元年(公元 760 年)，由度支鹽鐵使劉晏對食鹽專賣制度進行了改革。劉晏是山東東明人(公元 715~780 年)，肅宗寶應二年(公元 763 年)任吏部尚書、平章事，領度支鹽鐵轉運租庸使。劉晏為唐代財政史上最成功之偉大人物，在他手上，完成了中國歷史上兩件大事，即鹽政改革與漕運。

劉晏所推行的鹽政，包含五種情況：即是民間製鹽、政府收購、政府出賣、商人運輸，和商人推銷，是則仍有鹽民鹽商，可以説是一種最簡單的好制度。一直到明代萬曆時期，大體上都是實施此種制度。其間自唐末至五代稍有變通；明末開始才改由商人專賣。

凡任何一種制度，最好簡單易行，務使官民兩利。劉晏推行制度時，固然大權在握，但盡量放手讓民間去幹，少加干預，並非事事包攬。好制度還得用好的人事來配合，不然，好制度仍可能產生弊端。

第五琦推行鹽政時，其中一弊是官吏太多。凡一政府，冗員太多，機關太多，必遭失敗，古今無不皆然。故劉晏所行的海鹽政策，首先是減省機關，減省官員。他僅設"十監"、"四場"和"十三巡院"。時全國所產十分之

46　不登記的鹽戶有大罪。

七的鹽均掌握在他手中。

2. 劉晏設十監勸鹽

劉晏當時擔任戶部侍郎，其地位低於今日之財政部長。但他兼充的官職很多。他兼了全國的度支使、鹽鐵使、鑄鐵使和租庸使，這些官職之地位又較戶部侍郎為低。劉晏又兼充東都(洛陽)、河南、淮西以及江南東、西的水使轉運使，可算是一位能人。

這許多政事統歸他處理，他辦事井井有條，把民生搞得安定。因此當時有人嫉妒他，想把他逼走，後來終為楊炎所害。唐代常有此種可愛人物出現，實為漢代所無。

劉晏處理鹽政，主張少用官員，在全國僅設十監。所謂"監"，用來監督製鹽者也。十監即兩淮設二監、兩浙設五監、四川設二監及福建設一監，代宗時尚不能管轄河北，故不設監。即指嘉興、海陵、鹽城、新亭、臨平、蘭亭、永嘉、太昌、侯官及富都十監。又設漣水、湖州、越州及杭州四場。當時每年可得鹽稅 100 餘萬緡，已經相當於 100 餘州的賦稅了。其中兩淮、兩浙所產之鹽，已佔全國總產量十分之七了。

十監之工作，主要是管理鹽場。劉晏發明了"勸鹽使者"，猶如古代之"勸農使者"。即鹽有時潮濕，有時過於乾燥，都會出毛病。此時"亭戶"不會主動去料理，得由十監派員到鹽場指示亭戶應做之事。相當於古代之勸農使者，有專家下農村作調查，並指導農民耕作，勸鹽亦然。故鹽監實際上是管理鹽的生產。

正如史書所載，由於"鹽生霖潦則鹵薄，暵旱則土溜墳。乃隨時為令，遣吏曉導，倍於勸農。"劉晏使鹽監勤於向亭戶勸鹽。因此使鹽產豐收，並保不壞。史載當時吳、越、揚、楚四地鹽廩達數千，積鹽多至二萬餘石[47]，以備

民間缺鹽時用。

鹽監尚有一項任務。政府向亭戶收購之鹽，賣給商人。例如商人購自兩浙之鹽，賣到湖南去。但商人不願去貴州等僻遠之地，認為佔不到便宜，於是政府規定自己運鹽供應邊遠缺鹽地區，存放於當地鹽倉。劉晏時，全國有數千鹽倉。每逢市場鹽價上漲，便將存鹽倉之鹽減價出售，謂之"常平鹽"。儲存鹽倉之鹽，亦可賣給鹽商。故平抑鹽價乃鹽倉之另一項任務。

為處理鹽市之各項行政工作，劉晏又設"十三巡院"。此種巡院，不但在產鹽處設置官員，亦在銷鹽處設置鹽官。

劉晏自淮北地區起設置了十三處巡院，包括揚州、陳許、汴州、盧濤、白沙、淮西、甬橋、浙西、宋州、泗州、嶺南、兗郵及鄭滑等處。巡院之其中一項工作，是為緝捕私鹽犯，於是奸盜為之衰息。

十三巡院之工作亦互報各地鹽之盈缺情況，並通知鹽商何處缺鹽或過剩。由於政府以斗鹽十文之成本，賣給鹽商時為斗鹽 110 文，故商人得鹽去各地售賣時，各地通行，不再抽鹽稅，故鹽價平穩不漲。調查各地政府有無向商人抽鹽稅，亦為巡院之責，以免加重鹽商之負擔再轉嫁於百姓。

劉晏所聘用的鹽政官員都是年輕人，低級文員只要肯努力、人品好，並不苛求其資格與學歷。所用者凡兩種人，一種為"士"，彼等本身已有爵位者，並不求名，用來專管賬目；一種為"吏"，專管事務。他所選拔者均屬好人，因此得以順利推行鹽政。

綜上所述，劉晏辦鹽政，既具有上述各種優點，遂成為一種偉大之善政，使政府、人民與鹽商皆蒙受其利。

劉晏自肅宗上元年間推行鹽政時，當時每歲僅獲鹽利 40 萬緡而已；但推行至代宗大曆年間，每歲獲鹽利已多達 600 萬緡以上。當時天下之賦，鹽利已佔其半。諸凡宮闈服御、軍饟以及百官俸祿，都靠鹽利供給。政府固然靠鹽利發財，但人民與鹽商無不皆大歡喜。

劉晏被罷免後，雖法制如舊，但用人不善，主其事者貪婪貨財，遂無復再有劉晏主政時之善政出現。

德宗貞元四年，淮西節度使陳少游奏加民賦，從此江、淮鹽每斗增錢200，其後又增60，為斗鹽370文，河中兩池鹽每斗亦為370錢，經營鹽業的江、淮豪買亦向民間加倍收費，民怨遂生。

劉晏時鹽法，商人可納絹以代鹽利者，每緡加錢200，以作將士春服。包佶為鹽鐵使時，許以漆器、綾綺代鹽價，但虛報大數以欺上。亭戶亦冒法而私鬻不絕；商人抬高鹽價，巡吏多而傷財，鹽政遂壞。

十、唐代的漕運改革

劉晏是唐肅宗、代宗時期的理財名臣。他完成了兩件大事：一件是師法第五琦時所行鹽政並加以改革；另一件便是師法裴耀卿的漕運並加以整理。兩者均獲良好的成績。

講到此處，順便一談中國經濟史上這個大問題——漕運。中國的地土，按照經濟地理來說，並不十分理想。她似一塊秋海棠葉，自西北往東南一路傾斜而下，直到大海，是個大陸性的國家。沿海一帶如江蘇、浙江、福建等省，海上交通不像地中海那樣方便，而是相當艱難。中國西北是大草原，對外國防重心是在西北。國都亦多建在西北，從西周開始，先後有秦、西漢、前趙、前秦、西魏、北周、隋及唐等朝代建都於西安。至於西北的名城洛陽，亦先後有東漢、曹魏、西晉、隋、唐、後梁及後唐等建都於此。故上半部中國史，位於關中平原的西北地區佔了重要的地位。

中國的河流有東西的交通線而無南北的交通線，而地勢東低西高，要逆流而上。故中國版圖雖大而地性單純，但有其不便之處。

中國是農業國，出產糧食為主。以各地不同水系為單位，如西北有涇渭系；黃河南北有汾晉系；漳水系、洛水系、濟水系，又有淮河系；長江系、長江以南有湣江、嘉定江、洞庭、鄱陽兩湖、浙江及珠江等。農業區藉不同水系而分佈各地。除東北以外，各地的人口與生產的分配，均隨着天然的調節而相當均勻。如果可墾殖的土地少，即人口相應減少；可種植的土地多，即人口相應增加；如人口多，耕地不足，使人口往外移。故中國的各水系區均能自給自養。

如果某地區一旦成為政治及軍事的重心時，人口集中都市，當地便無法自給自足，得靠外來的給養。如中國自秦大一統起，咸陽成為中央政府所在地，外來的人口集中，本地給養無法滿足，得靠外來補充，便需要東方的糧食供應西方的不足。於是便有水道運輸(漕運)發生。此時期重要的是黃河，而長江在經濟上並不重要，只是到漢水、渭水為止。

1. 唐天寶後始重視漕運

隋煬帝大業元年開鑿通濟渠，從西苑引谷水、洛水入黃河；又引黃河通淮水。大業四年開永濟渠，引沁水南達黃河，北通涿郡。在洛口置興洛倉，凡穿 3300 窖，每窖可容 8000 石，以存納東南、東北兩渠所運達的米粟。此時期水道運輸雖然興盛，卻並非為了北方需要仰賴南方的米粟。

到了唐代，江南戶口多而租調可觀，此時遂幾乎有了漕運的問題。玄宗開元十八年，因改革漕運而受玄宗重視的裴耀卿，他談到南糧北運的情況說：

"當時江南戶口多而並無征防之役。但輸送租庸調物，是每年二月運至揚州，要等到四月以後，才渡淮水而進入汴水，但常有感到水淺的麻煩。待至六、七月時到黃河之口，此時黃河水剛漲，要等八九月水落，才能上黃河入洛水。而漕河多梗，船檣阻隘。因江南人不習黃河水性，需轉偏河師水手，增加了麻煩和經費。由於通行的日子少，阻滯的日子多，遂於河口設置武牢倉，鞏縣設洛口倉。使江南之船不必入黃河，黃河之船不必入洛口。水通時船運開始，水淺時則糧米窖存於倉以待。則船無阻滯，物無耗失。"

開元二十二年，裴耀卿為江淮河南轉運使，凡三年運米 700 萬斛，紓解了京都長安供應緊張的情形。

開元二十五年時，開始用和糴法，即由政府出錢向民間糴米。但當時中央政府命令江南各州之租米折成布疋上繳，可見當時中央單靠北方的粟米已足夠供應。

根據玄宗天寶八年全國各道所儲存的倉粟統計數量，包括關內、河北、河東、河西、隴右、劍南、河南、淮南、江南及山南各道。上述各道產米粟最盛者首推河南、河北；次為關內與河東，更次才是江南及淮南。以此推測南北經濟情況，北方產糧遠比南方豐盛。

直到安史之亂發生，唐室中央政府遂靠賴長江地區之財富維持國脈，至河北、山東藩鎮割據，租稅不入中央，唐室財政更為依賴南方，此時由長江入黃河之漕運，遂成為軍國重事。

唐代的國都在關中的長安。關中雖號稱沃野，"然其土地狹，所出不足以給京師，備水旱，故常轉漕東南之粟。[48]"尤其是安史之亂以後，汴渠[49]的疏濬停頓了八年，造成水上運輸極為困難，載重糧船無法通行。

2. 劉晏的"緣水置倉"法

為了漕運江淮糧秣物資到京師，唐肅宗時的轉運使劉晏驅馬峽郊，過江陰、洛水，涉榮郊、浚澤，勘察河道，調查訪問。劉晏在"兵火之後，中外艱食，關中斗米千錢，百姓接穗以給禁軍，宮廚無兼時之積"的情況下，恢復了汴渠的漕運。劉晏的轉運方針是：

"晏以為江、汴、河、渭，水力不同，各隨便宜，造運船，教漕卒，江船達揚州，汴船達河陰，河船達渭口，渭口達太倉，其間緣水置倉，轉相受給。[50]"

劉晏根據江、汴、河、渭四條河流不同的情況分別置倉，便是所謂"緣水

48　見《新唐書·食貨志》。

49　即隋代的通濟渠，連接黃河和淮河的渠道。

50　見《資治通鑑》。

置倉，轉相授給"，此種設計便是以裴耀卿的"節級轉輸"（即分段轉運）的方針為基礎，針對上述四條河流的不同習性而提出的。

此種漕運佈局的設計，使長江——邗溝、汴河——黃河及黃河——渭水三個交滙處轉運倉的建設有所加強。以達成揚子、河陰、永豐三倉為樞紐的轉運線。又分別訓練"長江"、"邗溝、淮水、汴水"、"黃河"和"渭河"四個運輸段所需要的漕卒和漕船，以加強各段的運輸效率。

劉晏還親自督造大型漕船 2000 艘，以便揚州至河陰間使用。每船可裝載江南穀麥 1000 擔（即 1000 斛），十條船為一綱，每綱 300 人，加篙工 250 人，自揚州派遣將級官員送至河陰之門。如十次運送安全抵達，即授以優勞官。但由於自汴水至黃河汛急，運輸艱難，將吏經數運之後，無不髮白[51]。

但此種船之性能與運綱之編制均能分別適應上述不同河流的水性。且劉晏付給造船價往往照時價加倍付給，使工人得高工資，所造之船經久耐用，不必常換新船。劉晏一面節省物料，勿使浪費，如用麻造的縴繩，壞了當柴燒，使物盡其用。因此，劉晏時期"舟車既通，商賈往來，百貨雜集，航海梯山，聖神輝光，漸近貞觀，永徽之盛。[52]"

3. 唐代漕運的三個階段

唐代的漕運，大致上可分三個階段。

唐代漕運的最初階段是在唐太宗貞觀年間至高宗及中宗初年。此一時期漕運糧米每年不過一、二十萬石而已。《舊唐書・食貨志》云："昔貞觀、永徽[53]之際，祿廩未廣，每歲轉運，不過二十萬石便足。"

《新唐書・食貨志》亦說："高祖、太宗之時，用物有節而易贍，水陸漕

51　見《新唐書》。

52　見《舊唐書・劉晏傳》。

53　永徽是高宗年號。

運，歲不過二十萬石，故漕事簡。"

從高祖武德至高宗永徽年間，由於漕運數量不大，故亦未設專官管理漕運事宜，多數由戶部屬下的度支和水部郎中兼理便成。在特殊情況下，如有災荒或戰爭時，才臨時派兼官加上"知水運"或"運職"等頭銜管理漕運。但任務完成便撤銷，並非專職。

唐代漕運的第二階段是唐玄宗開元二十二年至天寶十四年的安史之亂以前。此一時期由於關中人口增加，且"地狹人稠，耕植不博"，因此需要從江淮流域漕運大量粟米及物資接濟京師地區。《資治通鑑》記載玄宗開元二十二年，"先是，舟運江、淮之米至東都含嘉倉，僦車陸運，三百里至陝，率兩斛用十。裴耀卿令江、淮舟運悉輸河陰倉，更用河舟運至含嘉倉及太原倉，自太原倉入渭輸關中，凡三歲，運米七百萬斛。"可知此時期每年平均運米 230 餘萬斛。《通典‧漕運篇》亦云："天寶中，每歲水陸運米二百五十萬石入關。"此可謂唐代漕運的極盛時期。

自肅宗、代宗至德宗建中年間，便是著名理財家劉晏主持漕運的時期。此一時期，雖偶有歲運米 100 餘萬石之紀錄，如《新唐書》載："廣德二年，歲轉粟百一十萬石"，但一般僅歲運粟數十萬石而已。如《舊唐書》記載德宗"貞元十五年，令江淮轉運米。每年米宜運二百萬石已來。雖有此命，而運米竟不過四十萬石。"到憲宗元和初年，"江淮米至渭橋者，才二十萬斛。"到宣宗大中年間，每歲漕運米至渭倉者，只十餘萬斛而已。可說是唐代漕運之衰落時期，直至唐亡。

唐之興衰，實與漕運之盛衰有着密切的關係。

十一、唐代蠶桑業及礦冶業

1. 絲織業北早於南

耕而有粟米，織而有布帛，為國家租調兩大類。

中國發明蠶桑事業甚早，但最先是北方。春秋時代，北方地方地名用桑字者，散見各處，便是證明。到漢代，絲織物盛產於黃河流域一帶，如山東之臨淄，河南之襄邑，其產品已超越手工業之上，故有"兗豫漆絲絺紵"之稱；當時四川產蜀錦，亦極有名。但此時江南地區則仍不見有蠶桑事業。

北魏均田制中設有桑田，證明當時種桑養蠶調絲織布，是北方農民極為普遍之生產事業。《顏氏家訓》中說明河北婦女之紡織工藝，優於江東人士。

隋代以清河絹為天下第一。清河地處今河北、山東一帶，故產絲仍在北方。唐代產蠶桑的地區調是絹絁；產麻的地區調是布；開元二十五年，令江南諸州用米代替調布，可見當時江南諸州尚不為桑土。又令河南、河北不通水利處，改用絹代替納粟。

當時越(浙江)人的機織，亦是由北方傳授而得。李肇的《國史補》載：當時越人不識機杼，薛兼訓為江東節制時，招募軍中未婚者厚賜貨幣，密令娶北方織女來歸。於是越俗大化，所產綾絲，妙稱江左。

《太平廣記》載：定州(在今河北省)何明遠資財巨萬，家有綾機 500 張。是時唐代全國各州郡貢絲織物數量，以定州為第一(品質則列第四)。可見北方盛產絲絹。

又如安徽的亳州，河南的滑州，均為當時絲織要地。

根據《唐六典》所載：開元時，絹分八等。以宋亳為第一；至於二、三、四、五等皆產於黃河南北，而不及淮水流域。其他六、七、八等，則產於四川境內外，江南只有泉州、建州及閩州等，卻位居最末。

大體而言，唐代時重要的蠶桑織作，在北方而不在南方。

唐代在市場上習見的紡織品有絲織品、麻織品與毛織品三類，而以絲織品最多，包括絹、紬、絁、綾、羅、緞、錦、紋及絲布等。

2. 重礦冶業為便鑄錢

唐代的礦冶業，亦是國家財政收入的一部分。當時全國有金礦 18 所；銀礦 33 所；銅礦 63 所；鐵礦 113 所；錫礦 13 所[54]。礦產所得除有時歸地方政府外，多數是中央鹽鐵使經營，以供國用。

唐代政府除了每年獲得巨大的鹽利外，其自礦產所得收入，也很可觀。本來山澤之利，包括礦產在內，有時歸地方，有時歸中央，尚無明文規定。但到德宗時，有戶部侍郎韓洄[55]向朝廷建議：「山澤之利，宜歸王者。」於是所有礦產業務，皆歸鹽鐵使統管。

憲宗元和初年，每歲採銀 2000 両，銅 26 萬 6000 斤，鐵 270 萬斤，錫五萬斤，鉛無常數[56]。

文宗開成元年（公元 836 年），山澤之利再歸州縣，由刺史選吏主持其事。後因各州牟利以自肥，中央所得益少，至宣宗時（公元 847~860 年）鹽鐵轉運使裴休又求將礦產山澤撥歸鹽鐵使管理，以供國用。於是「增銀冶二，鐵山七十一，廢銅冶二十七，鉛山一。天下歲率（率有斂集之意）銀二萬五千両，銅六十五萬五千斤，鉛十一萬四千斤，錫萬七千斤，鐵五十三萬二千斤。[57]」

憲宗時，以銀不及銅之功用為大，元和三年六月下詔禁止開採銀礦而使專一採銅，此詔大意云：凡天下有銀礦之山，必有銅礦。銅可用來鑄造錢幣，但銀卻無益於人生。兩者權衡輕重，亟宜專一採銅。凡五嶺以北地區，應禁止開採銀坑，為免坑戶失業，應令地方官勸令採銅，並助官府鑄作，此事仍由鹽鐵使承辦[58]。

翌年雖然復准民間自由開採銀礦[59]，但重視銅的情況仍然未改。因為需銅

54　見《新唐書・地理志》。

55　韓洄為唐代理財家，安史之亂時避難江南。

56　見《新唐書・食貨志》。

57　同上。

58　見《舊唐書・食貨志》。

59　見《唐會要・泉貨篇》。

鑄錢極為需要，當時每歲鑄錢 18000 貫以應急。元和七年，朝廷收復河東道的易、定兩縣(在今河北省)。當地人久用鐵錢，百姓甚感不便，增鑄銅幣，以便流通。

十二、唐代主要流通之貨幣

唐高祖武德四年以前，仍行使隋代五銖錢及其他古錢。四年才開始鑄造"開元通寶"。其實用"開元"兩字並非唐玄宗的開元年號。用"開元"兩字是表示唐代鑄錢幣發端及首創之意。"元年者何？君之始年也。"《公羊春秋傳》上就有這樣的解釋。鑄錢上的"開元通寶"四字，文字精美，相傳為當時大書法家歐陽詢所寫，世稱"歐體"。由於"開元"不是年號，所以也可讀作"開通元寶"。

開元通寶發行後，甚受民間歡迎，因為大小輕重適宜。《舊唐書·食貨志》說："議者以新錢輕重大小最為折衷，遠近甚便之。"

開元通寶是在洛、并、幽、益、桂五州設鑄錢監。此錢仿照北魏及隋的五銖錢形制。"徑八分，重二銖四。"每十文重一兩。1000 枚共重六斤四兩，亦即千錢百兩。每文重一錢，後代不再稱銖分，而稱一錢。此種十進制的衡法，即十文重一兩，每文稱一錢。清代的庫平一錢，即與開元通寶的一文重量相等。直到五代，仍行使開元通寶。以後國外如高麗、安南等國，均使用此種仿唐錢幣。後代亦將此錢的重量作為標準，直到清代因襲不變。

但實際上亦有稍重的開元錢，已超過《唐六典》所說的 1000 枚重六斤四兩，成為 1000 枚重七斤了。

"開元通寶"是唐代鼓鑄時間最久、數量最多的常規錢，即使到今天，亦常能見到。據唐史所記載，唐代尚鼓鑄過兩種錢幣，一種是唐高宗乾封元年(公元 666 年)所鑄的"乾封泉寶"。此乃為正式年號錢。每枚當開元錢十文，徑一寸，重二銖六分，即一錢一分略多，比開元錢略重而已。但此種錢因不足值，以一枚當十枚開元錢用，百姓並不歡迎改制。因此事實上通貨貶值，造成物價上漲。政府不得已修改錢法，准許民間可同時使用"開元通寶"和"乾封泉寶"兩種錢。而後者一年後就停鑄了，因此又恢復了開元通寶的流通和使用。

唐代盜鑄私錢的很多，當局定出了嚴厲的刑法，如《新唐書‧食貨志》記載："永淳元年，私鑄者抵死，鄰、保、里、坊、村正皆從坐。"雖然出之以死刑，但仍無濟於事。於是當局勸喻人民慎於鑑別真偽，將樣板公佈於市中，讓人民知所識別。

唐代另一種較重要的錢幣，鑄造於唐肅宗時期。乾元元年(公元758年)因經費不給，鑄錢使第五琦鑄造"乾元重寶"錢。"乾元"是肅宗的年號，政府當時規定此錢每文當開元通寶十文，直徑一寸，重二銖六分，即每枚重一錢一分略多。當局本來準備一年後用來取代開元通寶，但由於此錢一枚是開元錢的十枚，但重量只比開元錢重了十分之一略多，很明顯是不足值，故民間並不歡迎改制，因此，一年後停鑄此種新幣，恢復了開元通寶的合法流通。

乾元二年因國庫存錢不足，國家財政拮据，又新鑄一種"乾元重寶"，又名"重輪錢"。每枚當50枚"開元通寶"。説起"重寶"二字，大有來歷，原來東晉孝武帝的詔書中曾説："錢，國之重寶。"賈誼的《過秦論》中也提及"重寶"二字。但事實上此種"乾元重寶"重量僅是每枚一錢六分，卻要當50枚開元通寶用。此種不足值的虛錢，社會上亦不受歡迎。

同時，政府支付薪俸給官員時，亦用此種乾元重寶，更為官員所不悦。由於此錢幣不足值而普遍不受重視，遂造成斗米索錢7000的現象，使持有者大受其害。政府不得已將此種新幣宣佈貶值。遂在上元元年[60]，由政府宣佈，新鑄的乾元重寶每枚當30文，而舊有開元通寶和乾元元年鑄造的乾元重寶，均每錢當十文用。如此使開元錢與先前鑄造的乾元通寶等值，而後造的乾元錢也僅是開元錢的三倍而已。

60　上元為肅宗乾元以後之年號。

上述兩種乾元重寶的幣值雖然加以改低，但仍不受人民喜愛。至代宗繼位後，復將兩種乾元重寶貶值。前者一當二文，後者一當三文，三日後每枚僅當作一文用。後來民間將此兩種錢熔鑄作器皿，不再見於貨幣市場。

值得一提的，肅宗乾元二年時，河北節度使史思明謀反攻入洛陽，自稱大燕皇帝，年號順天，自鑄"得壹元寶"，後易名"順天元寶"，錢重一又四分之三錢，但當百錢用，為開元通寶的 100 倍，可說是一種暫時性的軍用錢幣，相信不能普遍使用。

十三、唐代的海陸交通及商業貿易

1. 唐有遠洋船證海外貿易盛

唐代的水上運輸發達，促成了造船工業的發展，尤其是長江流域的江南地區造船業之盛，為全國之最。

唐代造船材料，多用堅硬耐用的楠木；其次則用樟樹、杉樹或柯樹等。所造船大致可分內河船及海洋船兩類。

內河船有各種不同的大小式樣。有一種車船，為唐德宗時代李皋所發明。此種車船不用帆槳，而用輪子撥水前進，為李皋在江西南昌時所建造，它"挾二輪踏之，鼓水疾進。"其快速猶如帆船，用以作戰。

當時造船場多設於江浙一帶。如劉晏為漕運所建之船，便在今江蘇儀徵的揚子縣船場所造。當時劉晏提議每船給建造費 100 萬。而有人批評，國用方乏之時，宜減其費，每船出資 50 萬已很多了。劉晏不以為然，認為多付建造費才能造出高質量的船，乃在揚子縣建立十個造船場，派十位專官管理，所造船質堅耐用。50 餘年後，繼劉晏者尅扣建船費，因此用木廉薄，耐用性能大不如前 [61]。

61　見《唐語林》。

唐代有所謂萬石船，其實僅可載八、九千石，所謂"船不過萬"。事實上能載重萬石的船不多，但在代宗大曆與德宗貞元年間，有俞大娘的大航船。居住船上者，諸凡養生送死嫁娶，都在船上舉辦，還在船上開巷闢圃。操駕之船工達數百人。

此船南至江西，北至淮南，每歲來往一次，獲利甚豐。此船所載已超逾萬石了。當時洪州(今江西南昌)、鄂州(今湖北武昌)的水道多，居住水邊者幾乎與居住城邑的相同。當時富商多擁有大船，船上婢僕如雲，歌舞不歇，其盛況可知[62]。

海洋船方面，唐代遠航外洋的船甚多。唐太宗時，閻立德在江西南昌造浮海大船 500 艘。自東海、黃海直上高麗(今韓國)。另一方面亦有遠至紅海的商船。

唐德宗時，中國南方海岸已有官員自造海船從事海上貿易。所造海船乃按載重量大小分為 5000 料船、2000 料船及 1000 料船等。據此可知唐代海外貿易已盛。

2. 隋唐大地理家精通中外交通

曾有人說，中國在鴉片戰爭以前是一個不與外人往來閉關自守的國家，其實不然。

中國對外交通在漢代已經開始。並且從三國時代到南北朝，中西交通一直沒有停過。至於中西交通正式像樣的開始，則是隋唐時期。

總之，中國與外人來往，很古就有，而且是十分發達的。這是不可以抹煞的歷史事實。英國人想居功，說是鴉片戰爭打開中國的門戶，這是錯誤的。

唐代已有很多外國人來華經商。中國自古對外交通要道有二：一為西北

62　見《唐國史補》。

陸路；二為東南海路。

自漢代以來，武帝通西域，西北陸路對外交通日見發達。東漢時班超出使西域，到了地中海，接觸羅馬等國。中國的絲就由此時傳入羅馬。

至於東南海路，經交州、廣州等地。起初交州(安南)為中國所有，而廣州是當時對外交通的大都市。近代有一門中西交通史，專門研究此一問題。此實關乎國家的文化學術思想，也關乎經濟商業方面。

隋唐時代，中國出了幾位有名的大地理學家，隋代有裴矩，唐代有賈耽。他們對中外交通地理十分精通。

裴矩字弘大，山西聞喜人。初仕北齊、北周。隋初，從征滅陳。隋煬帝時，"西域諸蕃，多至張掖，與中國交市。"裴矩被委派主持與西域及西方各國的貿易和聯繫。他撰寫《西域圖記》三卷，上奏中央。

此書序中說，古代禹治洪水、定九州。治黃河沒有超越過青海的積石山。

秦統一中國後，設置防務亦以甘肅岷縣為界。當時雜種胡住在西部僻遠的中亞細亞一帶，為使世人了解西域44國之風土物產，遂撰成此書。書中說明自敦煌到西海的印度洋、波斯灣及地中海，有三條通道。

北道是從伊吾(新疆哈密)到東羅馬帝國再達地中海。

中道是從吐魯番附近經穆國(今烏茲別克共和國)到波斯(今伊朗)再達波斯灣。

南道是從新疆鄯善經帕米爾高原至北婆羅門(今印度)，以達印度洋[63]。可見當時從西域到西方各國的商貿道路已甚通暢。

唐代另一地理學家賈耽(公元730~805年)為河北南皮人，德宗貞元時任宰相。他嗜好地理學，凡四方各國之外交使節來華或自國外回京之使者，賈耽均樂與之交往，並詳詢各國山川土地之終始。凡是九州之夷險，百蠻之土俗，均加區分指畫，備究源流。於是將多年來陷入吐蕃手中之隴右[64]繪成《隴

63　見《隋書》。

64　隴右即今甘肅東南部及青海省青海以東地區。

右山南圖》，並詳述附近黃河一帶形勢，作書十卷。

賈耽又將原州[65]、會州[66]之里數人額、山水源流撰成《別錄》六卷。又因"黃河為四瀆之宗、西戎乃群羌之帥"，特研尋史籍，並將訪問所知編為四卷，合成《通錄》十卷獻給朝廷，為德宗所賞識，並蒙賜贈綵絹銀盤。

賈耽自言從十餘歲開始，便"好聞方言，筮仕之辰，注意地理，究觀研考"，已有 30 年之久。諸凡西疆之比鄰，異蕃之習俗，以及梯山獻寶之路，乘舶來朝之人，無不考究其源流；至於市肆之行賈，西戎北狄中之遺老，以及民間之瑣語，風謠之小說，亦收其是而刪其偽。於是又撰成《海內華夷圖》及《古今郡國縣道四夷述》40 卷。

《海內華夷圖》高三丈三尺，闊三丈，比例均以一寸作 100 里。將四方極遠之區域濃縮於一圖中。此圖展開時雖不盈庭，但上下四方，水陸通道，盡收眼底。獻之於皇上，更蒙喜悅。遂厚賜錦綵銀器，並被封為魏國公[67]。

自唐玄宗時安史之亂以來，河、隴地區為吐蕃所侵佔。當時西域各國使者留長安有 40 餘年者，因歸路已斷，只得滯留中國。人馬伙食全靠中央政府的鴻臚寺供給，掌管國家財政收支的官員要支付錢糧。長安市亦頗受煩擾。後由大臣李泌查到久留長安之胡客皆有田宅妻子，或經營當舖取利。生活皆足以自給者凡 4000 人，遂下令停止給養，命假道於回紇各歸本國，或自海道遣回。有不願回國者，授以職位，留華為唐臣，可見當時胡人居留在長安之眾多，且有陸路、海道可通向各國。

3. 唐代海上貿易極為繁盛

中國不但是一個大陸農業國家，事實上中國古代海上交通亦很發達。海

65　原州相當今寧夏固原至甘肅平涼市北一帶。

66　會州相當今甘肅靖遠及寧夏中衛縣南地區。

67　見《舊唐書》。

路交通工具稱為"海舶"。春秋末年時，吳國從海路前往攻打齊國，當時已有大規模的海軍。此時越國亦已有海上交通事業，其艦隊並不比古代西方的波斯、雅典艦隊為小，因中國地大物博故也。

秦始皇時有"海上三神山"之說，三神山即指蓬萊、瀛州及方丈三山。當時有徐福者，用大船載百工、軍隊、醫生及童男童女等出海，準備到海外覓地做皇帝，可見規模之盛大。據說，日本之神戶天皇就是徐福，這種傳說，可信其無，但亦可信其有。總之，此事亦證明了秦時海上交通工具之發達。

至三國時代，吳國的孫權對海上交通有極大的貢獻。他一面對內同化了長江以南未開化的山越民族；一面派人至海外夷洲、亶洲等地，有人說上述所謂夷洲、亶洲，即是今日之台灣、日本、沖繩島和菲律賓等地，此即孫權對海外交通的發展概略。

談到海上的船舶，且略述一二。西晉的王濬，是當時打平東吳的大將。他奉晉武帝命修整船舶，練習水軍，積極籌劃，在咸寧五年(公元279年)奉命從四川率海軍出發，次年克復夏口、武昌，順流而下，直取吳都建康(今南京)，迫使吳王孫皓投降。王濬當時作戰乘坐的"樓船"，據《晉書》記載，每船長60丈，面積為120方步(一步為五尺)，可乘坐2000人，船的甲板上可騎馬馳騁，這是長江的內河船。

至於海船，當時閩廣沿海海盜盧循所用船高十餘丈，有四層樓高，稱"八槽船"。槽即划槳，可能有八大對槳，其宏偉可知。

南朝時有容積可載二萬石的大船，已相當可觀。隋時楊素建造五牙船，有五層樓高，高100餘尺，頗與南朝的相似。

吳船稱艑，晉船稱舶。普通船長20丈，每船可載600至700餘人。

從上述情況看，可見當時中國海上運輸已極繁盛。至唐太宗時征伐高麗國，戰船在四川建造，船長100尺，闊50尺，亦相當巨大。

從唐代海船的規模推想到內河船的構造，一定亦相當進步。1500年前，中國已發明機船，齊國祖沖之創造千里船，一日可行數百里，史書載云："不因風水，施機自運，不勞人力。"可見此時已有不用划槳的輪船。

三國時馬鈞發明的戽水機，可說是發明輪船的前驅。

唐代亦有金屬製造的銅船，常到海外經商。《嶺表錄異》中說："每歲，廣州常發銅船，過安南貿易，路經調黎[68]深闊處。"

為了管理市舶貿易，唐玄宗開元年間（公元713~741年），政府在廣州設立市舶使，又名"提舉市舶使"（提舉即管理之意），又可稱"押番舶使"。此機構職司管理海外交通進出口商船，抽收船稅，稱為"舶腳"。相當於近代之海關，亦可稱為"監市舶使"，為當時國家財政收入之主要來源，至宋代海外貿易更盛，市舶使更見重要。

4. 唐代胡商雲集揚州長安

唐代的海外貿易已十分盛。廣州為當時重要之大貿易港，根據阿拉伯歷史記載，有龐勛作亂時，在廣州做生意的波斯、阿拉伯等外國人被殺死者有12~20萬人之眾，可見唐代外貿之盛。

唐代其他之貿易港尚有泉州、杭州及揚州等。唐之廣州、揚州，其繁盛可先後媲美於今日之香港與上海。當時有田神功者，某次謀反攻打揚州，被殺之胡商達數千人。

唐代之揚州為外人在華經商最繁盛之貿易港，《太平廣記》有一則故事如下：

開元初年，司徒李勉在浚儀做官。任期屆滿後，便乘舟沿汴水而下，擬到揚州一遊。途經睢陽（今河南商邱）時，遇見一患病之波斯老胡，拄杖來見李勉，請求李勉准其同船返揚州，李勉慨然允諾，並備酒肉款待老胡。

老胡告稱，彼在波斯乃王族之後，來華經商已20年，家有三子，今返揚州欲訪尋其子是否已來華。後老胡途中病重垂危，於是向李勉道出真情，謂波斯國王遺失一明珠，為傳國之寶。如有人覓得送還可獲重賞。因當時天下

68　調黎是地名，海心有山，阻東海，濤險而急，為黃河之西門。

寶貝均集中在中國，胡人盜寶後亦賣給中國。老胡覓得明珠後密藏腿內，今病危乃將明珠贈李勉，李將老胡安葬，並將珠塞其口中。

李至揚州，一日見一青年波斯人，其貌酷似老胡，詢之，果為其子，後該波斯人復得該珠而返國，由此事可見中國人文化道德之高；亦證明唐代中外商貿之盛。

唐代時京城長安，亦常有胡人來華經商。《太平廣記·鬻餅胡》條記載一事，謂當時有位舉人居住長安，其鄰居有位胡人，售餅為生，並無妻室。數年後，鬻餅胡忽然生病，舉人憐其孤單無人照顧，便常去探訪，並賜給湯藥。但胡人之病毫無起色。

某日胡人臨死前告訴舉人道：“我在本國時，原為大富豪，因禍亂而逃來中國長安。因為與一同鄉有約，等待他來此取物，故在此久等，不能去別處。但今久候不至，余病已危，命在旦夕，先生待我厚，照顧我老病之人，今無以為報。我左臂中藏有一珠，已寶惜多年，今余將死，已無所用，特將此珠奉贈先生，聊以為報。我死後，但請料理後事，代為埋葬，於願已足。但君得此珠，並不實用，一般人亦不一定識貨。但在長安市場上，如有西國胡客來到，可持珠詢問，將得好價錢售出。”

此舉人將鬻餅胡所託後事當即答允。

胡商死後，破其左臂，果得一珠。此珠大如彈丸，外表並不很光澤。舉人將胡商營葬完畢，將珠攜赴市場，卻無人問津。一直過了三年，忽然聞有新來胡客到京，便向他出示此珠。胡客見而大驚道：“先生從何處得此寶珠？此珠決非近期所可獲得，先生可否告以出處？”舉人便道出此事因由。胡客聞之，涕淚漣漣曰：“這位鬻餅胡就是我的同鄉，本來就與他相約來商討此物。因出國來華途中，海上遇大風浪，輾轉數國，因而耽誤了五六年時間。到此正欲尋訪他，可惜他已病故。”遂向舉人求買該珠。舉人見此珠亦並非特別珍貴，僅索價 50 萬而已。該胡人便照價將該珠購下。

由上述此事，知中國長安亦為當時世界性之商貿市場。又如揚州、廣州均為胡人來華營商之大城市。前文提及因天寶年間，吐蕃在西北地區生亂事，有 4000 胡客不能歸國而滯留長安，須由中央政府撥款 50 萬緡以供給養。

後來此 4000 胡客無一人願歸國，均留華任職兵馬使或掌管儀仗侍衛的官。後來仍須依靠中國政府給養的只剩下十餘胡人，使國家節省了一大筆開支。

5. 對外僑政策及胡人就業情況

中國素來待人就有傳統寬大的精神，所謂治外法權，唐代已有。根據《唐律》記載，如果波斯人與波斯人之間在中國發生爭執，則由波斯人自己解決。其他阿拉伯等外國人亦受同樣待遇。然而，如果波斯人與阿拉伯人發生糾葛時，則該案由中國人出面調停，以免其中一方有所吃虧。因該兩國之法律有所不同之故。如果西方國家早就有如此寬大度量，這世界就不會發生這許多困擾和麻煩，也就不會有帝國主義侵略他國等事發生了。

唐代對外僑財產處理，亦有明文規定。如外人在華經商時不幸病故，其遺產由中國政府代管。如逾期三個月未見有遺族來領回時，則沒收之。當時孔戣認為三個月時間似嫌太短，故政府修改法律，予以無限期延長。其遺族如能提出可靠之證據，即可獲政府隨時發還。

唐代法律中亦有關於中外通婚者。凡住於中國境內之外國人，允許其娶中國女子。但中國法律不正式承認此中華女子為此外人之妻室。如該外國人離華返國時，亦不得攜同中國女子出境，以免其在外國遭受欺凌。上述各項，《唐律》中均有詳細規定，可見當時在華外僑與中國社會關係之密切與複雜。當時亦有外國人在華做官的，如唐玄宗時，有外國人名康謙者做了將軍。

又如唐宣宗時，有大梁連帥范陽公[69]，他把大食國(即阿拉伯)人李彥昇[70]推

69　此人即汴州刺史、宣武節度使盧鈞。

70　一作李彥。

薦給朝廷。天子詔禮部官考其才華，得進士而名顯一時。於是有人批評，以一個堂堂的刺史兼節度使大官，受命於大唐天子，得祿於大唐朝廷，但他推薦賢才卻求之於夷狄，難道堂堂中國真無人才可用乎？難道真只有夷狄可用乎？

范陽公此舉實令人有所疑惑也。但也有人說，以地域來區分，固然有華夷之別；但如以教化言，則是華是夷，當察看其心意與趣向。如果此人出生於中州，但言行卻乖悖乎禮義，則是有華人之形而具夷狄之心；如生於夷域，其言行卻合乎禮義，則是有夷人之形卻具華人之心也。故范陽公推薦阿拉伯人李彥昇，亦有其激勵夷狄以歸化於中華文明之意也，其意不可謂不善。可見當時已無歧視外人之心。

唐時胡商來華經營珠寶貿易者甚多。中國之消費品絲綢等物常用來換取外國之寶玩。有一故事可證明中國之富有。當時的長安每年舉行一次寶貝展覽評判大會，互相觀賞。

安史之亂時，有一位魏生，極為富有。某次，他邀請外國人舉行寶玩大會，有外人展出四珠，蒙大眾讚許並得冠冕獎；但有一中國人拿出更大之寶貝，而獲得了最高榮譽。

當時中國的酒菜飯館多僱用胡姬，即所謂外國女招待，以招待外國客商。李白的詩中提到的很多。如〈金陵酒肆留別〉中道：

"風吹柳花滿店香，
吳姬壓酒勸客嘗。"

又如李白〈送裴十八圖南歸嵩山〉前四句道：

"何處可為別，長安青綺門；
胡姬招素手，延客醉金樽。"

這裏說明了長安城青綺門內的酒菜館用胡姬招待來賓，即使國人也用此等高級酒肆，主客醉酒餞別，引為韻事。

唐代時，中國有錢人的家中，常養有"崑崙奴"，是一種黑臉奴僕，即所謂外國當差。但主人並非命其做苦工，乃是用來養在家中擺闊。今日自地下墳墓發掘所得的明器中，尚可見到所鏤刻的崑崙奴像。

曾有一位自南洋來的康崑崙，當時是一位一等知名人士，彈得一手好琵琶。

有一次，唐德宗時，長安大旱，德宗命人民舉辦求雨大會，便在長安之天門街，由街東與街西兩端之市民，定期舉行各項比賽。其中有一項樂器演奏比賽，街東建一綵樓，請康崑崙彈奏琵琶；街西亦不示弱，於是爆出冷門，同樣築一綵樓，有一女子亦彈奏琵琶。會後，康君自歎不如，甘拜該女為師，並欲謁見。

原來該女子為段和尚所假扮。消息傳入皇宮，即召段僧入宮彈奏。德宗欣賞後讚歎不已。亦謂應將此絕技傳授給康君。段僧命康君再奏一曲，奏畢，段僧評其所奏本音太雜，技巧不純，且有邪氣。康君承認初隨一女巫學習，後再從數名師學習。段僧認為如一定要拜他為師，則康君必須停奏十年，從頭學起，才能有成。

康君一一從命，以後盡得段僧真傳，成為第一流之琵琶師。由此亦證明了中國當時物質文明之富與音樂造詣之高。

6. 唐代數十城市水陸輻輳

有人曾經撰文記述，唐代有外國人來華經商之事實有四、五十條之多。當時外國人所到中國著名城市很多，主要有長安、廣州、洛陽、揚州(亦稱廣陵，又名維揚)、扶風(即鳳翔)、建昌(即永修)、南昌(舊稱洪州或豫章)、汴州、寶應、泉州及睢陽……等地。

以**長安城**而言，是唐代的政治、經濟文化中心。此城面積達 84 平方公里，建築規模宏大，其自南向北的朱雀大街寬達 150 米。不但是當時中國，甚至亦是全世界的最大城市。當時位於東北地區的渤海首都龍泉府以及日本平安京的城市設計，完全模仿唐代的長安。各國胡商來此營商者極眾。長安之崇仁坊，其商業之盛，"晝夜喧呼，燈火不絕。"

揚州自春秋末年起，已是一個經濟發達的港口貿易城市。隋唐時期更為昌盛。隋煬帝動用 100 餘萬人力開闢通濟渠，使長安可直通江都(即揚州)。煬帝為賞瓊花，三下江都。

至唐高祖武德年間，揚州更為繁盛。玄宗天寶時，此城人口已達 46 萬，後又增至 50 萬。唐代時外國人來此經商者極多。《舊唐書》記載：唐肅宗上元元年(公元 760 年)，淮西節度副使劉展舉兵作亂，平盧副大使田神功率兵馬討賊。但神功到揚州後，大掠居民資產，胡商大食(即阿拉伯)、波斯等商旅死者數千人，可見該地聚集胡商之多。揚州地處要衝，是珠寶集散地。富商大賈，多攜珠翠珍怪來此。

洛陽位於洛水北岸，為中國歷史上建都時間最長之城市。自東周迄隋、唐、後梁、後唐，建都幾近千年。隋煬帝時闢為東都，更形繁榮。唐代定都長安；高宗移都洛陽，武后時改稱神都。

玄宗五次來洛，居住達十年，其人口極盛時達 130 萬左右。唐代詩人王建有“上陽花木不曾秋，洛水穿宮處處流”及“曾讀列仙王母傳，九天未勝北中游”之句，反映了洛陽經濟繁榮之景。

在隋唐時代，與廣州、揚州並稱為中國四大海外交通貿易港的還有泉州與交州。就以**泉州**而言，唐玄宗開元六年(公元 718 年)，泉州已成為晉江地區政治、經濟及文化中心，且是著名的海外交通名城。

南昌隋為洪州，漢稱豫章。此地舟車暢順，形勢險要，有“襟三江而帶五湖”之稱。夏商以前，此處已有漁獵、農耕及紡織等生產活動。唐代時已成政治、軍事及經濟重心的大城。其地為盛產魚米的鄱陽湖平原地帶，與珠江流域的廣州、長江流域的江陵、揚州等大工商城市連貫通暢，使南北客商，聚集於此，造成“珍異百貨，滙集如山。”

南昌城的南北設“市”，即當時的貿易場所，由政府官員督導管理。南昌亦多產優良木材，求利者採之，將之運到揚州，利潤可達數倍。玄宗天寶五年時，有一位楊溥，與幾位同伴入山採伐木材，適逢大雪之冬夜，深山無處寄宿，數人便同宿於橫臥之中空大木中，藉以避寒。既可運輸大木，可見南昌水陸交通稱便也。

廣州為中國南方對外貿易之最大城市。秦時已為嶺南地區的政經文化中心。梁朝時已有印度、錫蘭及南洋各國商人來此貿易，輸入寶玩、香料、藥品等；中國出口則以絲綢、瓷器為大宗。隋唐時代，亦以釀酒、絲織、陶瓷及煉鐵等業最為發達。於開元二年設市舶使，擴大與南太平洋及印度洋諸國貿易，其對外貿易量為全國第一。

武后時，廣州有崑崙舶到，停泊於市外之港口。有前都督路元叡者冒取其貨，舶上酋長不能忍受，殺了路都督。當時廣州都督王綝對此事不了了之，史稱"秋毫無所索"。一方面乃國人犯錯在先；另一方面為了保持中外商貿之和平相處，免得節外生枝[71]。

玄宗開元二年時，柳澤為殿中侍御史兼嶺南監選使時，正有市舶使右衛威中郎，將周慶立及波斯僧等廣造奇器異巧向朝廷進貢[72]。

有各種外國貨輪，名叫"南海舶"者，每年均駛來廣州與中國進行貿易。其中以師子國(即今斯里蘭卡)的貨輪為最大。船高數丈，置梯以便上落，堆積寶貨如山。每有蕃舶到港時，郡邑為之喧闐。隨即由市舶使將其貨名一一錄下，命蕃商繳納"舶腳"(即關稅)，其中有若干珍異之物則禁止上岸，蕃商往往有因欺詐而入獄者。此種貨舶，史載常有因大風浪而沉沒者，甚至傳說有為長達 1000 餘尺之海鰌所吞。

唐代很多大城市，都是運輸方便商業繁榮的中心。除了上述所介紹的以外，其他有：

蘇州自從隋唐兩代開掘大運河後，已成為江南地區的航運中心。蘇州是中國著名水城之一。蘇州城中就有 300 多座橋。唐代詩人說："處處樓前飄管吹，家家門外泊舟航"，正好說明蘇州的繁榮景象。

杭州在唐代已是東南地區的重要商港。此城與波斯、大食(即阿拉伯)、

71　見《新唐書》。

72　見《冊府元龜》。

高麗及日本等國均有貿易往來，並設置"博易務"的商務機構，專門管理對外貿易。其繁榮之景象與蘇州不遑多讓。"駢檣二十里，開肆三萬室"；"燈火家家市，笙歌處處樓"等都是對杭州的寫實。

距離江西省會南昌 250 餘公里的產瓷名鎮**景德鎮**，隋代開始已燒製名瓷。唐高祖武德年間(公元 7 世紀初)，有一市民將瓷器進貢給朝廷，從此其瓷器名震天下，中央並派員管理製瓷業，設置監務廳的機構。

玄宗天寶元年，中央政府對景德鎮的製瓷業更為重視，王室已用當地瓷器作祭陵之器皿。

開封亦稱汴州或梁州。大梁城為其治所。隋煬帝疏通汴渠以連接淮河與黃河，汴州居運河中心而日趨繁盛。安史之亂後，長安、洛陽遭受破壞，開封益見重要。至宣宗時，其經濟地位更為突出。

江陵為長江中游之大城，又名荊州。天寶年間，安史之亂造成中原頻仍之戰禍。中央政府依賴南方之財賦轉殷，江陵因具備地理上的特殊條件而變得更為重要。

長沙古稱潭州，唐末昭宗乾寧三年(公元 896 年)，馬殷為長沙武安軍節度使，向建立後梁王朝的朱全忠效忠，得封楚王。後唐時，馬殷"置邸務以賣茶"，鼓勵民間製茶並發展通商，提高了經濟效益。

天寶年間，**上海**因有寬大而水深的吳淞港之利，便於商船出入，成為東南沿海貿易的良港之一。

天津是隋煬帝時所開掘大運河 —— 永濟渠北段的起點。唐代以此地為軍糧城的起點。有平虜渠聯繫海河與薊運河。至唐代中葉，天津成為轉運南方絲、米的重要口岸，其地位日見重要。

武漢亦在長江中游地區，為漢水與長江的交匯點。唐時，武漢城外的南市和鸚鵡洲成為繁盛之商業區，來往商船如過江之鯽，貨物堆積如山。李白有詩道："萬舸此中來，連帆過揚州。"到了宋代，詩人范成大描寫武漢道："廛閈甚盛，列肆如櫛，酒壚樓欄尤壯麗，外郡未見其比。"又說："川廣荊襄淮浙貿遷之會，貨物之至者無不售，且不問多少，一日可盡。[73]"可見宋時經濟仍然繁榮。

寧波位處浙東。"據會稽之東，抱負滄海，枕山蔽江，重阜崇嶺，連亘數千里，又為海道輻輳之地。"唐高祖武德四年，在寧波置鄞州；玄宗開元二十六年，因寧波境內有四明山，故改置明州。寧波在唐代已是一繁榮之貿易港口，史稱"海外雜國，賈舶交至。"政府在此設市舶使，專職對外管理商務。此港口在當時已成為對海外輸出瓷器的"陶瓷之路"。日本商人及使節歸國時多向明州採購越瓷回國。當時中國亦有巨商李延孝、張友信等將越瓷及佛像等運銷日本，回程時將日本砂金、水銀等貨帶回中國。說明唐宋時期，寧波已成為中國越瓷的重要出口港，為後代"海上絲綢之路"之出口港打下了基礎。

歙縣在宋後稱為徽州。安徽省之名原來便是取"安慶"、"徽州"兩地名之首字合成。此地自古文風很盛，有"東南鄒魯，程朱闕里"之稱。古時徽州由於"地狹人稠，力耕所出，不足以供，往往仰給四方[74]"，因此偏重於商業及手工業發展，當地士族官僚已兼營商業。將歙縣地區所產之米、鹽、絲、茶、紙墨、木材藉新安江水運往揚州、蘇州及杭州等地外銷。玄宗開元年間，開始大量生產中國四大名硯之一的歙硯以及徽墨等，對外貿易已經很盛。

福州在漢代時已有海外貿易。唐代時在經濟及文化事業的發展上已很迅速。當時，福州的茶葉生產及製鹽業已極發達，其中尤以福州方山所產雲霧芽茶名聞遐邇。唐代詩人黃夷簡有詩"宿雨一蕃蔬甲嫩，春山幾焙茗旗香"，以稱美雲霧芽茶。僖宗中和年間，福州的經濟更為繁榮。

73　見《吳船錄》。

74　見《安徽通志》。

7. 唐代華商與外邦的貿易及交流

　　根據史籍記載，當時國人也有去海外各國經商者。如《嶺表錄異》記述，每年，廣州有華商乘銅製貨船載國產貨物前往安南，與彼邦商人換取安南土產，交易而返。

　　說起中國各地物產，何止千百種，實不勝枚舉，今據《大唐六典》略舉其各地所產之犖犖大者，如下：

道名	地理位置	物產種類
1. 關內道	今陝西中北部、甘肅及內蒙古等地	絹、綿、布、麻、岱馬、赭馬、角弓、龍鬚蓆、肉蓯蓉、野馬皮及麝香等
2. 河南道	今山東、河南兩省黃河以南及江蘇、安徽兩省之淮河以北之地	絹、絁、綿、布、紬、文綾、絲、葛、水葱花、蘆蓆及瓷石之器
3. 河東道	今山西及河北省西北部	布、絲質袍衣、麥莖扇、龍鬚蓆、墨、蠟、石英、麝香、漆及人參等
4. 河北道	今長城以南的河北省及黃河以北的河南、山東兩省	絹、綿、絲、貢羅、綾、厚繒、紬、鳳翮、葦蓆及墨等
5. 山南道	今陝西南部、四川東部及湖北西部及甘肅、河南小部分地區	絹、布、紬、綾、葛、綵綸及蘭乾等

6.	隴右道	今甘肅隴山以西、青海省青海以東及新疆之東	麻、布、麩金(水沙中淘取之金)、礦石、碁石，蜜蠟，蠟燭，毛毼(毛織品)、麝香、白疊(可織布之原料)、鳥獸之角、羽毛及皮革等
7.	淮南道	今江蘇、安徽中部及部分河南、湖北	絁、絹、綿、布、綾布、紵、絺、孔雀、熟絲及青銅鏡等
8.	江南道	今浙、閩、贛、湘等省，及長江以南的蘇、皖，近江南的鄂、川兩省部分及貴州東北	麻、紵、編、綸、蕉、葛練、麩金、犀角、鮫魚、藤紙、硃砂、水銀及香料等
9.	劍南道	今四川中部、滇北等地	各種絲布織品、金、麝香、羚羊、犛牛角尾等
10.	嶺南道	今粵、桂兩省	金銀、沉香、甲香、水馬、翡翠、孔雀、象牙、犀角及藤竹布等

　　中國地大物博，國產貨物不但供自用，亦可出口外國，以換取本國所需之貨品。

　　唐代時中國商人不但常去安南，且亦常去東南亞、中亞各國經商，甚至可能有遠至歐洲者。根據《新、舊唐書》等史籍所載，華人曾到下列各國經商者，今略述於下：

	國家	概況
1.	碎葉國，即舊時蘇聯之吉爾吉斯一帶	出產大、小麥、稻、豌豆、葡萄酒及酸乳等
2.	石國，即舊時蘇聯之塔什干	出產良犬、良馬及果品
3.	拔汗那國，即古渠搜國	在石國西北 500 里處。大唐天寶年間，嫁和義公主於此。此國出產羊皮、疊花布、葡萄、棗、桃李等水果
4.	康國，又稱彌末國，或曰彌末賀	在那密水南，君王姓溫。此地土沃人富
5.	波斯，今伊朗	天寶年末年時，已距被大食國吞滅 100 餘年
6.	大食，又名大石，即阿拉伯	此地產駝馬驢騾、琉璃器皿、鍮石(銅與爐甘石合成)煉成之瓶鉢、楄桃(《本草綱目》稱巴旦杏)、千年棗(波斯棗，中國稱海棗)、葡萄、香油、馬(西海濱龍與馬交所產，日馳千里)及駝鳥等
7.	朱祿國，又名米祿	丁謙以為即安息東界之木鹿城，隋時之穆國。大食人及波斯人雜居於此。產池鹽、皮裘、紅桃、白李、尋支(瓜名，一個足供十餘人食)、越瓜(長四尺以上)、蘿蔔、葱、胡瓜、茴香、黃牛、水鴨及石雞等
8.	亞梅國，《新唐書》稱阿沒，或曰阿昧	在阿母河西南 700 里處
9.	苦國	在大食之西，周圍數千里，多產米穀，價極廉，商客糴此，在他處糶出

10.	佛菻國，亦稱大秦	在苦國之西。此地買賣生意甚旺
11.	摩鄰國，可能即今之摩洛哥	黑人所居，缺少米麥，亦無草木
12.	師子國，亦稱新檀，又稱婆羅門，即今斯里蘭卡	法顯《佛國記》稱師子國

唐代華商除前往上述各國經商外，尤與波斯、朝鮮、日本及緬甸各國，來往密切，以下逐一描述。

波斯古國即今日之伊朗。上文談到中國在唐代時，各道盛產絲綢。公元前 5 世紀左右，中國已有絲綢傳入波斯。此後打通了"絲綢之路"，中國與波斯的貿易日益頻密。

唐代時的中國，與波斯的關係不僅涉及到商業經濟方面，而且在政治、文化等方面也有理想的發展。

公元 7 世紀中葉，正值唐代初年，當時的波斯被阿拉伯帝國(大食)侵佔。

波斯王俾路斯偕其子尼聶斯逃到長安，受唐高宗款待而得到安置。20 餘年之後，俾路斯客死長安後，由吏部侍郎裴行儉派兵護送尼聶斯返波斯。但途中受阻於吐火羅(今阿富汗)，只得折返長安定居，直至其病逝為止。可見唐時中波兩國的交情深厚。

唐時波斯人定居長安最著名的是李珣兄妹，李珣成為名詩人，其祖先早年來長安販賣香藥，落籍四川。由於李珣先人在華數代販賣香藥，因此李珣不但能詩詞，亦懂很多藥物學知識，曾編寫《海藥本草》一書，介紹了不少波斯藥材，成為後來李時珍《本草綱目》的參考書之一。可以説，他也對中藥學有所貢獻。

唐代的波斯商人多群集於長安、廣州兩地經營商業，現在中國西北及黃河中游至廣東省一帶，經常發掘出波斯王朝的銀幣，可見當時波斯人在中國經商地之廣了。

中國的養蠶織絲法是在 5 世紀時傳給波斯。以後"波斯錦"之聞名於世，實出於中國之所賜，但他亦同時影響了唐代的織錦風俗。

中國的造紙術在 8 世紀中葉傳入波斯、大食等國。天寶十四年(公元 751年)時，大食人在中亞一場戰爭中，有若干唐代士兵被俘虜，其中有造紙工匠，因此中國之造紙術首先傳入波斯、大食等地。

此外，以上提及的波斯人李珣及其妹李舜弦，精通中國的詩詞格律。李珣的一首《南鄉子》："春酒香熟鱸魚美，誰同醉？纜卻扁舟蓬底睡。"竟把中國文學也傳播到彼邦去了。

說起**朝鮮**，就是現在的韓國(包括今之南、北韓)。唐時，朝鮮分成高麗、百濟及新羅三國。

中韓關係，很古就已建立。早在秦漢時期甚至更早，兩國就有來往了。韓國的文字，本來就襲用漢字。現在雖已大部分改為自己創造的字形，但仍有漢文字跡可尋。尤其是那面南韓國旗，中間一個陰陽太極圖，四角是八卦中的四個卦象，要說不是沿襲中國文化的《易經》原理而來，任誰也不能相信吧！

由於隋末中、韓兩國人口互有流動，高麗人進入中國境內者不少，中國人亦有去高麗者。唐高祖時實行互換兩國流入對方的人口，以建立邊境的秩序。

唐太宗時，高麗、百濟及新羅三國均有派遣貴族青年來長安留學。此後，中韓之間在政治、經濟、文化各方面均有長足的進展。

新羅當時經常派遣使節來華祝賀春節，大約在 7 世紀中葉至 8 世紀中葉近 200 年間，曾來賀節達 21 次之多。其中包括贈禮、國喪致哀及祝賀新君繼立等。此時亦有新羅商人成群結隊地乘船經黃海來華經商。

他們來華經商的地區包括登州(今山東蓬萊)、萊州(今山東掖縣)、楚州(今江蘇淮安)及泗州(今江蘇泗洪)一帶城市。

新羅商人攜來朝鮮特產包括牛黃、人參、朝霞油、魚牙錦及海豹皮等。

新羅貨品輸華數量之多為當時各國土特產輸華之冠。新羅商人自中國攜回之貨物包括金銀器皿、五彩綾羅、紫羅繡袍、瑞文錦繡及藥物等。

當時中國政府特在楚州等地設立"新羅館"，以處理兩國間之商務。當時在中國揚州、漣水、諸城、牟平及文登等城市，聚居新羅人無數，稱為"新羅坊"。

唐代末期，新羅來華留學之青年更多，有考中進士的，稱為"賓貢進士"。留華擔任官職者為數不少。

唐憲宗元和十一年冬，新羅王子金士信來華，航行海上時遇狂風被吹到楚州鹽城縣登陸，由當地官員妥為接待並及時向朝廷呈報。同年，新羅有饑荒，有170人渡海逃來浙江，亦由當地官員予以接濟。

日本與中國文化的淵源極為深厚。日本的文字早期幾乎都是襲用漢字；近代他們才漸漸減少用漢字。但甚麼書道、茶道甚至武術或禪宗佛教都是傳自中國。有人說，徐福就是日本的開國天皇，多位中國學者作了研究，此說可信其無，亦可信其有。

但在近代史上，日本常常侵略中國，可謂數典忘祖，不脫小國寡民的狹隘胸襟。其實在歷史上，尤其是唐代，中國對日本是很友好的。

唐太宗貞觀四年直至唐昭宗乾寧元年間（公元630~894年），日本共派出來華"遣唐使"達13次；日本派船迎送大唐赴日使者6次，共計19次。初期日本的使節團每次不過一兩條船載來一、二百人而已。

但8世紀後，日使來華每次多至四船五、六百人，包括副大使、留學生、學問僧、醫生、警衛、翻譯、船匠及商人等。他們來華後深入研究唐代的政制、文化及經濟各項。

公元7世紀中葉，日本"大化革命"事實上是參照了唐代的律令制度、學術思想、文化科技甚至風俗習慣。例如日本當時實行的"班田法"，此法即每隔六年，日本政府按人口分田給國民一次，得田者得向政府繳納租、庸、調。受田者死後，田地歸還政府。其實此制即是參照唐代租庸調制而訂立的。

日本的兩個都城──奈良和京都，亦是仿照唐代長安城的規模而建立。

此一時期，諸凡中國的文字、建築藝術、製造水車、冶煉金屬、中醫藥典、訂製曆書、繪畫書法、音樂舞蹈以及七夕、重陽等各種節令，一股腦兒都給日本學去了。所以，日本受中國文化薰陶甚深。

天寶十五年，唐代鑒真大師率 20 餘眾東渡日本，協助奈良市建造唐昭提寺的規劃工作，並傳授日人以乾漆法塑製佛像。

此法後被稱為唐昭提寺派，使日本雕塑藝術有了突破；鑒真大師又傳授日人以中醫中藥知識，為彼邦人士醫治疑難雜症。鑒真大師圓寂後，日本學者淡海三船寫了《唐大和尚東征傳》，將其肉身的乾漆坐像置放唐昭提寺，被尊為"國寶"。

同一時期，日人晁衡來長安求學，學成在華做官，與王維、李白做了知己，李、王兩詩人均有詩記下了他們之間的友誼。

在 2100 年前，中國四川的特產竹杖和蜀布已在大夏國(今阿富汗北部)出現，原來這些四川特產是從緬甸經印度再運往其他國家。此事記載於司馬遷的《史記》中。

唐代時，**東南亞**的驃國(今緬甸南部)、真臘(今柬埔寨)、林邑(今越南南部)及墮和羅(今泰國南部)、室利佛誓(今蘇門答臘)及訶陵(今爪哇)等國，都與中國建交並通商。他們分別把香料、珠寶、棉布、犀牛、大象等運銷中國，並購買中國的絲綢、瓷器及工藝品返國。

至於南亞的師子國(今斯里蘭卡)、天竺(今印度)、尼婆羅(今尼泊爾)及罽賓(今巴基斯坦)等國與唐朝亦有通商。如師子國來廣州的商船為當時外國船舶來華之最大者：天竺的佛學、曆算、醫學及製糖術及罽賓的珠寶，都在唐時輸入中國；中國的絲綢、紙張及造紙術同時傳入彼邦。

中國大唐高僧玄奘法師於唐太宗貞觀元年(公元 627 年)自長安出發，到天竺求經，途經新疆、中亞等地區，除攜回大量佛經外，還撰寫《大唐西域記》，將所經中亞、南亞 130 餘國的歷史、風土和地理情況加以描寫，可作為研究該地區中古時期的珍貴史料。

又如唐時橫跨亞、歐、非三洲的阿拉伯帝國，中國稱其大食國。自唐高宗永徽年間開始，大食人便從海、陸兩途來華經商，他們多到長安、洛陽、揚州、泉州及廣州等城市，出售藥材、香料、珠寶等物給中國，並將中國絲綢、瓷器、造紙術、煉丹術和養蠶織絲技術輸往歐、非兩洲。中國文化及產品傳入歐陸，大食起了中介的作用。

此一時期，中國高僧常有去天竺求佛經的。如唐高宗咸亨二年(公元 671 年)，范陽人(范陽即今北京)義淨法師自廣州乘船前往天竺，在那爛陀寺習佛經十年，又去蘇門答臘等地多年，直至武則天證聖元年才回洛陽，帶回佛經 400 部，並撰寫了《大唐西域求法高僧傳》等書。

十四、唐代國營交通驛站

唐代的國營交通事業 —— 驛站辦得非常好。驛站是用政府撥出的公廨錢來經營的。在《唐會要》中有詳盡的記載。

唐代驛站用的馬有兩種。一種是"驛馬"，即是騎着跑路的馬。按官員等級高低規定用馬的匹數，內容如下：

一品官可用驛馬八匹；

二品官可用驛馬六匹；

三、四品官可用驛馬五匹；

五、六品官可用驛馬三匹；

七品官或以下則只能用驛馬兩匹；

如官員不用驛站之馬時，則政府可給錢作為交通補助費。

另一種是"傳馬"，是駕駛馬車用的。亦按官位的大小規定用"傳馬"的匹數。計為：

一品官可用傳馬十匹；

二品官九匹；

三品官八匹；

四、五品官用五匹；

六、七品官用三匹；

八、九品官用一匹。

官階	可用驛馬	可用傳馬
一品	八匹	十匹
二品	六匹	九匹
三品	五匹	八匹
四品	五匹	五匹
五品	三匹	五匹
六品	三匹	三匹
七品	兩匹	三匹
八品	兩匹	一匹
九品	兩匹	一匹

　　驛站的馬都是官馬。馬身上打有烙印，打印部分不再長毛。其上註明年歲，馬老了要換；印上亦註明是屬哪個驛站。驛站每養一匹馬，可發給 40 畝田。田中不種稻米，專植苜蓿。此苜蓿乃漢武帝時由西域運來，可作馬的糧食；亦可作肥料，所以馬不能多養，否則將影響農業經濟。

　　驛站的馬每隔三年一換，可見唐代人恩及禽獸。馬用了三年後便賣給鄉人以作別用。

　　唐代驛站用的馬匹也很講究。凡屬丘陵地帶、潮濕地帶或南方地區，概用四川省出產的蜀馬，因其體積較為小巧靈活；如在北方地區，則用身軀巨大的阿拉伯馬。

　　當時每隔 30 里路設置一驛。全國共有 1643 所驛館。其中陸驛佔 1297 所；水驛 260 所；水陸兩兼的驛有 86 所。驛站由兵部屬下駕部司之駕部郎中管理。驛站每年有馬死、馬傷或馬之體重有增減時均須呈報政府。驛站的馬絕不能用作其他用途。如私人擅自借用，則須受罰。

　　唐代每一驛站均設驛長，其下有驛夫，由地方上的壯丁擔任，每年須服役 20 至 50 天，由政府付給 15 千錢為酬。另有館驛使專門監察驛站。唐人有造反的，策動驛夫跟從，形成一股力量亦偶有之。

　　驛站有大小等級之分，所用馬匹數量有別，計為：

驛站等級	所用馬匹數量
都亭(大驛站)	75 匹
一等驛	60 匹
二等驛	45 匹
三等驛	30 匹
四等驛	18 匹
五等驛	12 匹
六等驛	8 匹

　　一匹馬需要 40 畝地種苜蓿供給飼料，一都亭就需要有 3000 畝廣的牧場，故都亭的規模相當宏大。因公途經驛站者，可在驛站休息，限住三天，兼供膳宿，但不得久住。

　　自驛站出馬有票，即是出馬的憑據。但實際上“票”是“符”之誤，應稱“符”才對。符分三種，一種是角符，三角形，銅製，供驛馬用。一種是傳符，亦用銅製，上刻有龍，但小驛可能用紙製。第三種是銀牌的符。

　　陸路的驛與水路的驛不能混雜亂用。水路的驛用驛船行走。大驛有四條船；中驛有三條船；小驛兩條船。

　　驛站的建制普遍有兩大客廳，東廳稱別廳；西廳稱上廳，意即客房，分兩種等級。驛中有廳亦有樓。孟浩然詩道：“猿上驛樓啼。”

　　驛中又有亭，杜工部詩道：“臨池好驛亭。”又《秦州雜詩》道：“叢篁低地碧，高柳半天青。”此描寫從長安前往西北途中，當時驛道保養維修良好，現在則荒涼殘壞了。

每一驛站尚有多種庫，有茶庫；有酒庫備飲；有菹庫，儲藏鹹菜臘肉，全部免費供應，可見唐代的富庶。韓愈的學生孫樵撰〈褒城驛記〉，大意説："這所號稱天下第一的大驛，當我親眼目睹時，則池沼已淺混而汙，舟船則離敗而膠（漏水），庭除長滿野草，大廳廊屋殘破不堪，飼馬竟在軒中，老鷹宿於堂上。"孫樵作此文時，褒城驛已衰敗，無人管理了。

　　但仍可見此驛有沼有舟，有軒有堂，有馬有隼，可見其富盛時規模之大。當時長安的楊貴妃要吃嶺南的新鮮荔枝，便是靠驛馬飛馳運到的，其奢華可以想見。

第十一章

宋元時期經濟
(宋：公元 960～1279 年；
元：公元 1271～1368 年)

一、從封建門第到宋代莊田

中國在唐代以前可稱古代社會，自宋代起至現在可説是近代社會。

宋代經濟是劃時代的近代經濟的開始。

中國社會向以農業為本，但工商業也相當發達。中國與西方特別不同之處是有城市，而且城市是均勻地散佈着的。城市一方面是商業中心；另一方面則又是政治中心。此種縣城自秦以後為中國的政治單位。多數的城自秦代開始就有，每一城市是四圍農村貨物的集散中心，城鄉互相依偎補足，兩者打成一片。

秦自封建制度轉郡縣制度後，開阡陌而去封疆，於是雞犬相聞，居民相望，農村散佈，而原有的古城圈則逐漸增添而擴大，至秦漢時有 1000 多城，今日已達 2000 餘城了。

廣東的番禺城自秦已有，直到今天。山東的曲阜縣城是歷時 3000 年至今的。中國古代的城有時搬移一半，重建時有部分移動，如北京城。但大多數的城自春秋時期開始是不動的，增建擴充則有，卻不如西方之城市變化多端。西方是由廢除堡壘而成立新的都市；中國城市則由不動而永遠在政治、經濟上有其地位。因此中西經濟不能並論。

漢高祖不及秦始皇有歷史眼光。漢高祖最封建，走上復古道路，有封 2000 戶者，有封一萬戶者，是謂大地主。古代無大地主之名，歷史上稱為封君。封君只是封戶，而非封地封國。

除封君外，平民均為編戶。一律編入國家戶口冊，一體平等。當時亦有豪強兼併土地，出錢收買別人土地。此種豪強兼併，稱為"素封"。當時有人反對，因井田制度時期是平民社會。至漢代除封君外，其他一律平等。但豪強出來兼併土地，此為轉型期的社會，如果再轉過去，漢代就會變成資本主義。當時司馬遷主張自由經濟，晁錯、董仲舒等則主張統制經濟。

由封建社會的井田制度進入轉型期社會，則有董仲舒因反兼併而提出限民名田；有王莽的王田制；有魏晉的屯田制。又再進入門第社會[1]。

中國的社會，東漢以後進入門第社會。晉有占田制，此時特許大門第可多佔土地；至六朝，行均田制，但並不平等；此時期特許貴族可擁有奴隸及耕牛，可配得較多土地；至唐代，行租庸調制；而行兩稅制度後，土地政策又有大變。

門第社會形成了唐代的科舉制度。古代農村之士，15 歲前學識字，三冬[2]通一經《尚書》、《詩經》及《易經》等經書，15 年可通讀五經。此時不過 30 歲。通了五經即可應考做郎吏，甚至可位至宰相，可見中國社會並非封建。

做了大臣，年入 2000 石，但一家人每年生活所需用不完 100 石。由於宗法關係，做官的一家就會有獨佔性的情況發生。有了獨佔性，所以有了"郡望"。即從農村中出了郎吏，即是唐代的門第社會由此產生。

自安史之亂以後，社會又轉變了，人民一律平等。但柳宗元貶到廣西時，其家庭仍有 80 餘人；韓愈當時生活雖清苦，但一家亦有 20 餘人。

中國東漢以後的門第社會傳承了 1000 年以上，至唐安史之亂後而止。如山西省聞喜縣的裴家，到宋代已非門第社會了。顧亭林先生去山西聞喜考察訪問時，裴家村已有數千人之眾。故顧亭林先生曾說："封建勢力可利用作為造反之用啊！"

宋代開始已無門第社會，卻出現了莊田。莊田的主人為莊主，為莊主種田的是莊客。《水滸傳》中亦曾有提及祝家莊的宏偉，四周有城河、吊橋；莊主家中有草堂。

莊者，田莊也，村莊也。莊內有一主人。自宋代起，歷史上正式有"田主"之稱謂，即今日所謂"地主"。替"田主"種田者是"田僕"，亦可稱"田客"。

宋代的莊主所擁有的田地並非如古代豪強般兼併他人土地而得，莊主本屬平民，亦非門第，原是地位平等的"編戶"。

1　　此乃西方社會所無，須另創英文字以稱呼之。

2　　一冬以三個月計算。

　　宋代的戶口分為"主戶"與"客戶"兩種，舉例言之，施家莊的施太公是"主戶"，而替施家莊的莊主戶種田的人便是"客戶"。由於政策不同，宋代的"客戶"亦可成為富人。

　　宋人魏泰著《東軒筆錄》記載，北宋時河南省氾縣有李誠莊。此莊園方圓十里，有河流橫貫其中，面積寬廣。莊主為李誠，即李家莊。後來李氏犯法，其田籍為官府所沒收。原先為李家莊種田的約有100戶，得向政府繳納田稅，後來均成豪民。原先本是李誠莊的田客(即田僕)。

　　自政府沒收李家莊後，照理縣太爺成了該莊地主，但知縣為免麻煩，政府寧願將該莊田拍賣，知縣為同情原莊主，願以二萬貫低價賣予李誠之子孫。但李家子孫無錢，向田客們商量。不然，田地由別家購得的話，所有田客就得搬遷。於是李誠莊田客出錢協助李誠子孫購回田產，李家才得再擁有此莊園。

　　今日日本人稱唐朝始有莊園制，其實要等到宋代起才有莊園。因唐、宋莊園，名同而實異也[3]。

3　筆者回憶此處錢穆師確實講及"莊園始起於宋。"但此説外表看來似與《國史大綱》所述有矛盾。該書第25章〈盛運中之衰象(上)〉一章云："唐、宋莊園之成立即由此。"但如細看內文解釋，則唐之莊園與宋之莊園，名同而實異。因《國史大綱》中謂，唐自廢租庸調制而行兩税制後，遂得授田徵租之制"變為僅徵租而不授田，而為民制產之精意全失，而社會貧富兼併，更因此而不可遏。"又云："陸贄奏議謂疆理隳壞，恣人相吞，無復畔限。富者兼地數萬畝，貧者無容足之居。依託豪強，以為私屬。貸其種食，賃其田廬。有田之家，坐食租税。……又：按兩税制戶不問主客，惟以見居為簿，此後所謂主戶、客戶者，乃全為農田兼併下之一種新名詞。"此即唐代莊園由豪強兼併土地而成，而宋代之莊園則否。

　同書又云："南宋胡宏論主客戶之關係云，蜂屯蟻聚，亦有君臣之義。自都甸至於州而縣，而都保，而主戶，自主戶至於客戶，遞相聽從，以供王事，不可一日廢。夫客戶依主戶以生，當供其役使，從其約束。客戶或稟性狼悖，或習學末作，或肆飲博，或無妻之戶，誘人妻女而逃，或丁口蕃多，衣食有餘，稍能買田宅三五畝，出立戶名，便欲脫離主户而去，如李誠莊客，皆建大第高廩，更為豪民是也。"

　由此可知宋之莊園非如唐代般由兼併而得，乃是由客戶(即田客)刻苦、節儉而成，如李誠莊之田客後來成為建大第之豪民即是。但唐之莊園多兼地數萬畝，而宋代莊園因非由於兼併，故大莊園不多。唐宋莊園之異，惜已未能請示錢師，今照《國史大綱》解釋如上。

二、宋代 "方田制" 及 "衙前" 服役

宋代開國之時，已距唐德宗行兩稅制有 180 年。此時之社會已大變，故制度亦隨之而有變更。

宋代實行的是均稅政策，已非均田政策了。由於自唐德宗以來的 180 年中，土地未能詳確整理，耕田有多少畝已失統計，宋代政府為欲使人民公平分擔田租起見，勢必重新測量土地，丈量準確，務求租稅平均，於是推行了一種"方田制"。

方田制的發明人為郭諮與孫琳。歐陽修任知縣時已行過此法。"方田"又稱"千步丈量法"，其法是：自東到西劃一直線，長 1000 步，自東到北，亦劃一直線，亦長 1000 步。成為 1000 步之正方形，稱為一大方。其四角豎立石製大標竿，即所謂華表。

一大方的面積是 41 頃 66 畝 160 步。但古代稱為萬畝 [4]。一大方內之 100 步見方稱一小方。小方之四角插竹為標記，計為 41 畝 16 步。古代此一小方則稱 100 畝。

故按此方法甚易計算田畝。於是將過去報少田畝的增加之，報多者減少之。因此有田 130 畝或 70 畝者均當付出所當付的田租。此舉對貧苦者有利，對兼併者則不能再逃漏田租。

歐陽修先在滑州(在今河南省)推行方田制，並主張此制應推行於全國。但實行時，弊端百出。因地方上有勢力者舞弊，丈量土地更不公平，因而將 130 畝變為 70 畝，將 70 畝變成 130 畝，使歐陽修放棄了主張。

接着，較歐陽修年輕的王安石在浙江鄞縣(今寧波)推行方田制，結果推行亦不理想，但王安石堅持繼續推行。歐陽修並不因王安石貴為丞相而附和推行方田制，因當時有勢力者將田畝以多報少，使窮苦大眾吃虧，造成了不公平。

4　古代之畝面積比今日之畝為小。

司馬光、歐陽修是史學家,講求現實,所以不再主張行方田制;但王安石只學經學,並非學史學,故較偏重於理論,而不太重視實際也。

中國之賦稅制度向有勞役與租稅。漢代之勞役為"更";唐代則稱"庸"。漢、唐均可用錢代役。唐代以後仍有為政府服役的,但總的來說,歷代勞役與租稅兩項中,似較偏重於租稅。

宋代之役,與漢、唐之更、庸不同,最重要的是一種"衙前"的官役。宋之"衙前",由鄉中富有大戶充任。大戶一當上"衙前",往往不出三五年便可傾家蕩產。由於方田制政策,使小戶吃虧;而大戶因擔任"衙前",亦足以瀕臨破家,因此使農村陷於破產邊緣。

宋英宗治平年間,司馬光曾論及"衙前"這個職役。大意是:過去民間有里正之役,人民已經感到相當辛苦。現在改置鄉戶衙前,選出鄉中最富有的鄉戶擔任衙前,但實行了十年以來,卻使人民愈益窮困。從前的里正,尚可以輪流服役,休息的仍可做其私人營生,但衙前卻是一概差遣,充任重役。如非家產衰落,則永無休息之期。且此制亦非抑強扶弱而對平民有利,因為當富者破家蕩產時,則難免要輪到貧苦者。當時的農村一般現象,農民只求三餐溫飽,並不願亦不敢再事積極努力於農事之生產,已不再多種一桑樹,或多養一頭牛,亦不敢蓄二年之糧、藏十疋之帛。不然,街坊鄰里便當你是富戶,要被指定為衙前了,因此亦不敢增加一塊地,或修葺已壞的房舍,實在是怕當上了"衙前"。

司馬光說上述這番話時,北方人是無法忍受服勞役的。因為當時的"官戶"和"客戶"都不必服役,但"官戶"與"客戶"都是北方多於南方;兼且當時的北方社會,一般說較南方貧困。事實上,南方人當時也負上了較重的經濟擔子。因此,由於北方有財力的不多,輪到差役的勢必更為頻密。例如南方富鄉比貧鄉有較多富戶,富戶多則按年輪流服役,相隔年數較長,易於休養休息;北方富戶較少,則輪役自然較密,其生活更為艱苦可知。

三、宋政經思想的南北之爭

宋代經濟，南方較優於北方，此乃由於南北兩方之不同地形、氣候與物產等因素所造成。因此當時遊學京師之士子，以南方為較多。如南方人當時位居京朝者，有晏殊、范仲淹及歐陽修諸人，他們領袖群倫，為風氣之前導。而當時之北方人，見南方人勢力日大，認為非國家前途之福。

宋英宗時，邵雍[5]某日與友人散步天津橋上，聞杜鵑啼叫聲，即感慘然不悦。便説，不出兩年，皇上將用南人為相，那時多用南人，專事變更，天下將從此多事。邵雍是河北范陽人，所以他同其他北方人同樣心理，也討厭南方人當權用事。

有一日，宋神宗時宰相陳旭問司馬光當時社會上一般人有何意見。司馬光説：“閩人狡險，楚人輕易。今二相（指曾公亮與陳旭）皆閩人，二參政（指王安石與唐介）皆楚人[6]，必將援引鄉黨之士充塞朝廷，風俗何以更得淳厚？”

司馬光（山西夏縣人）與呂惠卿（福建晉江人）某次在講筵中，論及變法之事，幾乎動起手來。

呂惠卿是王安石熙寧變法時的得力助手，司馬光反對變法，難免會引起激烈的辯論。再加上司馬光是北方人，呂惠卿是南方人，因地域關係，更加易生爭拗。

大致來説，王安石推行新政，是代表了南方學者革新與急進精神；但司馬光則代表了北方人的傳統保守態度。

上節提到由於“衙前”服役帶來了極大的衝擊，使農村經濟造成凋敝。其積極之道是免除勞役當差。

王安石為使民間不必當差，主張可用免役錢代替，由大眾分擔經費。但遭當時人反對，認為所付田租中已有“役”在內。

5　即郡康節，精通《易經》。

6　王安石為江西臨川人，唐介為南京人，古代兩地皆屬楚。

但王安石行新法，還是推行了免役法，在向政府繳付夏、秋兩稅時，附帶交付“免役錢”，由政府僱請人員服役。此法其實很好，為南方人贊成；但北方人仍反對之，此派以司馬光為代表。當司馬光執政時，恢復了服役，又為南方(四川)的蘇軾所反對。

宋代南方與北方的農村經濟情況頗為不同。北方的大戶是一村一家，其餘則為佃戶；南方的農村則從新的經濟制度而來，一村內可同時有十多戶是有錢的，各家的客戶並不多。北方的農村有大地主，南方則只有小地主而已。

北方人所以反對役法，因大戶辦差往往破產。當時司馬光反對最力；後來王安石改免役法，由大家攤派出錢僱人服役，但司馬光等北方人仍是反對。而南方人並不反對，因為南方主戶多而客戶少，多則輪役較疏而不易破產。

司馬光與王安石政見不同，他們在經濟制度上意見亦有分歧。司馬光起初反對役法，待王安石推行免役法後，他仍然反對，乃是從其現實眼光衡量所致；王安石個性硬直，堅要實行新政到底，讚賞者固有之，其實亦有其缺失。

但如責王安石頑固或司馬光不思改進，同是不妥，故不應抱有成見，同樣尊重他們才對。

當國家的政治或經濟政策出現問題而無妥善辦法解決時，就會有各種思想產生；如實際上有辦法時，則不覺有思想，只見諸行動措施，已具體地在所實行的制度中表現出來了。如南北朝時沒有別的思想，因為只有均田制的思想已在制度中具體化了。至於王安石所推行的方田制和免役法，由於沒有表現出好成績，所以產生很多不同的經濟思想。

宋代李覯(李氏江西人)，在歐陽修之後，稍前於王安石，三人亦可說是同時期。李氏寫了〈周禮致太平論〉一文，文內提到《周禮》一書中講的經濟思想和政治思想。

但《周禮》實際是講制度的一本經書，其背後有一種思想，很難讀。

《周禮》偽託周公所作，其實是戰國時人的一種思想，較西洋人的思想為細密。但西洋人講經濟只講理論，而沒有定出具體辦法，如亞當斯密，如馬克思，莫不如此。故中國典籍較西方著作難讀。

中國歷史上講到想用《周禮》推行新經濟的，早期有王莽，以後則有蘇綽和王安石等人。李覯以後則有程顥、張載兩位著名理學家，他們亦有經濟主張，想要推行井田制度。

到南宋時，林勳寫了《本政書》，書中特別強調政治的根本是經濟。此種"經濟為政治之本"的理論比西方的馬克思和亞當斯密為早。

《尚書》中的《洪範》偽託周武王向箕子互相問答；又如唐代杜佑《通典》，講政制將"食貨"放在第一篇，所以中國人看重經濟，事實上比西方人為早。

《本政書》共有 13 篇，主張以漸進的方式回復井田制度，書中將農民分為三種。

一是良農：每一農民只能有田 50 畝，稱為"正田"；多逾 50 畝者，名曰"羨田"。即似董仲舒政策一般，有限民名田之意。人民所擁有的田地要向政府呈報，再經政府查核，如有超出之數，即沒收之。

二是次農：即每一農民有田不足 50 畝者。

三是隸農：即向他人租田之佃戶。

凡是"次農"與"隸農"，准許買入田地。如購 50 畝時，可升為"良農"，如無能力買田地時，只能租用良農之田，因良農中有擁田超過 50 畝者。即租用良農之"羨田"，並向良農繳納田租。

此《本政書》説明良農最多田地的限額，使人民佔有田地趨向平均，而進入井田制度般狀態。

朱熹極為重視此書，可見宋代理學家多主張行井田制度。但當時並無大刀闊斧地推行此政策。

林勳此著作要等北宋亡，宋高宗南渡時才提出。此時國家已到急劇變化之時，才想出此辦法。

唐宋時代均有此法，即佃農每年繳納地租，耕租數年後，該耕田即歸繳租者所有。

中國人講道理不外人情，重義而輕利。

有時一種很好的理論或政策，可能走上很壞的路。不幸，宋代的限田政策亦意外地招來了壞的結果。

四、宋代圩田水利完善

中國農作物中最重要的，當推稻麥。稻米最盛行的時代則為宋朝。當時長江流域大興水利，尤其是太湖流域為最。當時江浙地區的蘇州、松江、太蒼、杭州、嘉興及湖州一帶，為全國最富庶之區。此區地形較海為低。蘇州古稱平江府，因地勢與長江齊平，可稱澤國。荷蘭雖有澤國之稱，但不能與太湖流域相比。

江浙地區的水利事業，五代時已十分重視。有專門治水的官，叫做都水營田使。並僱請數以千計的民伕，治河築堤；又請人芟除湖旁之野草；又僱請民伕鋤滅錢塘湖之草，並開闢松江的荒土，使地無曠土。

宋仁宗慶曆年間，范仲淹鎮守蘇州，當時有大規模的圩田，在當時特別重要。每一圩田的面積巨大，有幾百頃之大，宛如大城。圩者，堤岸也。此大面積的圩田，中有河渠，外有門閘。天旱時開閘，以便引入江水；水浸時則閉閘，以排除過多之水。堤岸的水利設施非常巧妙。

當時浙西低地，有溝河可以通海，並隨時疏瀹河道，使潮泥不會湮沒河床。中國水災較西方為少，因中國人較西方人注重水利事業之故。

范仲淹任蘇州知府時，一州之田凡 3 萬 40 頃，一般可年收 700 多萬石。但當時東南地區上繳中央的租不輕，數達 600 萬石，全出自蘇州。宋統一後，因江浙及淮南地區租稅較重，遂造成農政不修。五代吳越時，米價一石不過數十文；到范仲淹時，江浙之米價，一石不下六、七百文，甚至有一貫者，比當時貴了十倍。

宋代大官都來南方買地，如蔡京在南京附近一帶購入不少土地。後蔡京因貪污罪告發被沒收田地。又如韓侂冑的大量田地，亦因貪污罪被沒收。宋代行政雖不善，卻不斷沒收大官的田地，成為公田。

此外如犯法逃亡者，戶主身故而無子承繼者之田亦被沒收，使政府公田漸多。劣相賈似道建議，凡民人佔有越逾限額的田均沒收為公田，使政府增加收入可與蒙古備戰。因此造成公田而照私人租額收取，使政府與民間兩不吃虧。蒙古人入主中國後，公田被佔，江浙太湖流域租稅很重，造成了經濟極不平等的現象。

五、元代勸督農桑行農社制

宋代時，河北、察哈爾、綏遠、熱河及遼寧一帶的北方地區為遼國所佔。黃河流域及以南地區才是宋疆。

金國為遊牧民族，全國皆兵。金國特別重要的有所謂"猛安謀克"[7]，其實是一種屯田制度，兵士不作戰時便耕種田地。金人來中國後便圈地讓軍隊屯墾，所屯之田即是官田。

安史之亂後，北方經濟重心移向南方。北方經濟衰敗的另一原因，是由於北方在遼、金統治下，"猛安謀克"的屯田並不成功，田地多荒蕪了。

自元朝統治全國後，亦有屯田；明代便有衛所制度，相當於唐代的府兵制。但明之衛所並非學自府兵制，乃是銜接元朝而來。

遼、金、元時代，由於當時不重視農業，故設置"勸農"一類的官。遼時或有"勸稼"、"勸穡"一類的官，可見當時對農事不努力；金朝亦設諸路勸農。人民不服，認為既然恃農以生，何以要勸呢！"勸農"實是"妨農"。後來仍設"勸農"，乃是勸金國人注意農業，並非勸一般的中國人。

成吉思汗統治中國後，初不知田地之功用，卻將田地盡變牧場以養牛馬。當時助元得天下的遼人，名叫耶律楚材，他從金國投元，勸元政府不可

7　"猛安"意為千夫長；"謀克"為百夫長。

將田地變為牧場。因田地可收租稅，可成為國庫主要收入來源。於是元世祖統一中國後開始勸農。

為使人民重視農業，政府設立勸農司，並頒發《農桑輯要》一書分送全國各地；又命各路地方官派勸農官到各地指導農業。

元代之勸農司曾多次改名。先改大司農司，再改農政院，後又改司農寺及務農寺。雖屢改官名，但重視農業則一。

當時每一地方官兼任勸農司之銜。政府衙門兩壁均繪有"耕織圖"，以促使地方官注重農業。金、元時代大力呼籲勸農，正說明了金、元時代之農業已頻臨崩潰的邊緣。

衙門的"耕織圖"，亦證明當時社會農桑並重。當時黃河流域已有蠶桑事業的發展，明代以後北方才開始衰落而轉到南方地區。

元末松江有位女紡織家黃道婆，她曾久居海南島學得了紡織技藝，再回到家鄉松江把織布機加以改良，甚至把紡織推廣到黃河流域。黃道婆也因而致富。

由於遼、金時代戰亂的關係，桑、麻作物受到摧殘，於是元代大規模種植棉花，同時亦鼓勵恢復桑麻的種植，以解決衣的問題。

元世祖時，發動農村組織農社，頒佈農桑制度，共有 14 條，大意如下：

凡農村中有 50 家者組成一社，100 家者組成兩社，如一村落中不足 50 家者，則將兩個或三個小村落合組成一社，如村與村之間相距太遠時，則 20 家亦可組成一社。

每一農社選出年長而懂農事者為社長，由社長協助政府勸農。

每家所種之田須在田邊插一木牌，上書某社某人耕種。由社長經常去察看，如發覺某家之田種得不好時，須向地方政府的勸農司報告，又如某戶有不孝順父母者等情事亦同時報告，並將其過錯寫下掛在門上，待該農戶自省改過後才取下。如該戶在一年期內尚不肯改過，即喪失"自由農"之資格，便得在社中罰做苦工。

倘農社之 50 家中有一家生病或病故而不能耕種者，則由其他各家協助耕種之。

如果某社遇疫症，有數家亦同時遭遇災禍時，則由其他農社協助之。

如逢養蠶季節，某家人力不足時，亦得由同社其他人協助之。

如社員中有牛死亡，則由別家出資助其購回一耕牛，等田間作物有收成時再還款給資助者。

農社的建立，實在是一種良好互助的經濟合作制度。

元代對農社社長有特別優待的措施，例如可免差役，可免當兵等，以便社長能專職全力勸督農桑。

凡多個農社的地區水利設施不足時，則由政府協助開鑿河渠；又如有堤高水低等情況時，則由政府供給木材製造水車，待社方秋收有錢時還給政府。

無水源處則規定鑿井取水。

每年由社長去田間察看有無蝗蝻[8]等蟲害滋生，有則設法除滅之。

農社亦負責植樹造林。規定每家每年栽種桑、棗樹20棵，種桑為造衣用；種棗樹為防備米麥不夠時應付荒年之用。因當時尚未有玉蜀黍、馬鈴薯等雜糧出現，故北方植棗樹特多。

如該地區不宜種植桑、棗時，可代之以榆、柳。每年每一壯丁須種雜果樹十株，多種亦可。

社區如近湖塘，則必須養魚、鴨、鵝，並栽種蓮藕、菱及蒲葦等。荒地先讓較窮苦人家墾植，做到家家有地，人人盡其餘力，地無絲毫荒棄。

此外，農社尚有幾件重要的事情。其一是要設公立社倉，即所謂義倉。即每逢豐收之年，每家每口須繳米、麥一斗，如無米、麥，可用雜糧代替，如一家三口，即繳納三斗，以便荒年時之用，稱為“公共儲蓄”。

另一種重要設施是辦農校，即每一農社設立學校，並聘請社師，在農閒時讓子弟進學，以便識字；凡有成績良好的學生，可呈報地方官，俾便徵用。

元代每一地方均設有學田，到處辦了書院。凡地方官新上任，首日必須去書院聽講。

8　蝻為蝗之幼蟲。

元之農社制度，實是一種農村自治。此制度非蒙古人設計，實乃由宋代"鄉約"制度而來。凡蒙古人住在漢人地區者，亦得加入農社。當時設立"農桑文冊"，每年由地方官造冊呈報大司農。但土地有限，每年植樹卻有增加，後來人笑為"紙上栽樹"，原來冊上報多的都是官樣文章。

綜言之，元代的農社是中國歷史上一個很有意思的制度。此制度有利中國農村，相當值得注意。

第十二章

明清時期經濟

(明：公元 1368～1644 年；
清：公元 1644～1912 年)

一、明代 "黃冊"、"魚鱗冊" 管理戶口田地

中國古代的土地制度有井田、限田、王田、占田及均田等，但自唐代租庸調制以後，改行兩稅制，此下便沒有土地制度，一直下來到清代都可説大體上是實行兩稅制。

可以説，唐代兩稅制度以前是涉及土地分配及所有權的問題；而兩稅制度以後，卻不再討論土地問題，只是政府如何徵收賦稅而已，只是事情而非政制，成為一技術性問題。

簡言之，唐代兩稅制以前的中國是在土地問題上有較大的變化；而在兩稅制度以後，卻是在租稅問題上有較大的變化。

今日台灣的平均地權政策或大陸的共產主義土地制度，可説是民國以來，中國已回復到兩稅制度以前所着重的土地問題上來了。

談到明代的稅制，其實只是唐代兩稅制度的延續，沒有甚麼土地政策，只能談談租稅。中國自宋代開始，徵收租稅已開始出現問題，但可惜時至今日，仍沒有人注意到這一問題，亦無有關方面去縣級地方去或農村去作實地調查，以了解實在的困難情況。

明代有"黃冊"與"魚鱗冊"兩種冊籍之設立，一直沿用到清代和民國。但這兩種冊籍並非制度。今日的內政部已無戶口冊與土地冊了。

明代的"黃冊"即戶口冊。政府規定十年更訂一次。共製四本，一本送戶部，一本送省的布政司，一本送府，一本存縣，封皮用黃色，故稱黃冊。這種正式的戶口冊，南北朝時稱黃籍。中國之有戶口冊，已有幾千年的歷史，可説是中國文化歷史的一種光榮。

中國戶口冊以戶為主，並非口籍，而是戶籍，每隔十年後，戶口變動必較大，故得重新造訂黃冊。

黃冊的造訂，起自明太祖朱元璋洪武十三年，由戶部尚書范敏所設計。為了平均徭役，才編造黃冊。

黃冊的冊首，首先註明該戶籍何屬，包括軍、民、匠、灶等，然後寫明

田地、房產、牛隻等，並分"舊管"、"新收"、"開除"及"實在"四柱。"今日之舊管"，就是"前日之實在"。

而明代的魚鱗冊，則以田地為主。但魚鱗並非制度，只是徵收田租時，手續上的新花樣。

宋代即有魚鱗圖；到明初洪武二十年時，浙江布政使司及直隸蘇州等府向中央進呈魚鱗冊。早前，明太祖派國子監學生武淳等到各地方隨其稅糧多寡，定為幾區，每區設糧長四人，召集里甲、耆民等親赴田畝處量度之，將各田畝之方圓繪成圖表，寫上田主之名及田之丈尺四至，類編為冊，方法相當齊備。由於繪成之圖似魚鱗，所以稱為魚鱗冊[1]。

魚鱗冊是明代徵收田賦時作為憑據之用，故亦稱"地畝冊"。此法乃丈量田畝推行於全國，實始於明太祖。史載："頒魚鱗圖冊，以核天下土田。"

所謂"四至"，即東南西北之疆界，一縣有四至；縣又分若干鄉，鄉亦有四至；一鄉又分若干都，都亦有四至。在魚鱗冊上均有註明。

魚鱗冊上之田畝各有業主。新業主置產時要在魚鱗冊之圖中添註，故圖上仍有戶口與人名之登記。但田畝是母，人口是子，人口是跟隨土地的。魚鱗冊的繪製，每縣以四境為界，每鄉每都亦以四境為界。田地以坵相比鄰挨接，如魚鱗之排開。田畝屬於官府或民間，高田抑圩田，山田或水田，均逐鄉詳細註明，此田畝易主時，亦隨即註明。

人事雖有變遷，田畝則固定不移，使刁民無法詭寄埋沒[2]。政府向人民徵收田租時，只問田，不問人，與前代的"方田"有所不同了。

照《天下郡國利病書》所述，魚鱗冊編成後，每戶照冊上田段，各給號單一紙收執，寫明坐落畝數，四至圖形，業主如賣出該田畝時，即將號單黏入契內，以清手續。

魚鱗冊亦是十年一換，手續亦相當繁複，管冊籍的是吏胥。縣官更換

1　見《明太祖實錄》。

2　見顧炎武《天下郡國利病書》。

時，冊子仍存於原處。但時日一久，小吏作弊，不能永久維持下去，只得取消。民國以來，部分地區已無魚鱗冊了。

為何明代要採用魚鱗冊？此一問題，可參看有關史籍，大可研究它十年。

二、明代糧長制與生員制

明代徵收田租，由糧長分配給里甲長催徵。鄉村中凡十戶有一戶長；凡110戶分為十甲，設有甲長里長。出糧者自己向政府繳糧，稱為"上納"，由糧長"收解"，由州、縣的地方官"監收"。洪武四年時，明太祖先下詔在江浙地區設置糧長制度。

凡可收到一萬石糧的地區，設糧長及副糧長各一人，由區內擁有田畝最多者擔任，以便催徵及押運，並交給中央點收。如工作盡責而良好者，可獲擢用，任職為政府官吏。因糧長原自富農中選出，行為必較地方小吏純樸誠懇，不易有貪污情事。明太祖曾言："此以良民治良民，必無侵漁之患矣。[3]"

當時糧長解運糧食常要賠償損失，易生流弊。宋代運糧到汴京；元代運糧要到北京；明太祖時，糧只需運到南京；明成祖以後，遷都北京，運輸倍感艱辛。中國的漕運，消耗人力財力很大。後改"兌運"後，即糧租可折成白銀繳納，糧長可不必運糧到中央政府了。

明代特別優待讀書人。明代的科學分"生員"與"進士"兩級，"生員"包含秀才與舉人，可以不受罰。有如宋代之不殺士大夫，亦是對讀書人的一種優待。

有一次，明代有一是秀才的生員擔任糧長，做得不好，本要受罰，犯法是打糧長而非打秀才，縣官於是出一上聯，謂如對得好，可免打屁股。上聯道：

秀才糧長，打糧長，不打秀才。

3　見《明太祖實錄》。

秀才對的是：

父母大人，敬大人，如敬父母。

縣官認為對得好，於是免罰。

明代戶口有糧戶、官戶及儒戶之分。當時政府有規定可優待官戶；儒戶是預備官，是生員，亦可得優待。繳田租可打九折，如 2000 畝田租折白銀原為 300 兩，九折只須繳納 270 兩，可省租 30 兩白銀，等於 200 畝田免租。明代生員很多，大縣有 1000 名生員，每人少繳 200 畝的租，1000 人就少繳 20 萬畝田租。於是當時有"詭寄"發生，即糧戶之田寄在生員名下，可受優待，此即所謂"寄戶"。

三、"詭寄"、"飛灑"避田租

明代的人民繳納田租外，尚有當差及徭役。不必當差的有鄉官、吏胥(吏胥是在衙門當差者)及生員(生員可升任鄉官)。據顧炎武先生的《日知錄》記載，一地之生員多，田畝多，民間的派差就重；即生員多田愈多，民間派差愈多。於是要求生員"寄田"以逃避賦稅，"詭寄"者，即將田集中寄在生員身上以避稅也。

明代除"詭寄"外，由於田多役重，於是又有一種稱為"飛灑"的，便是將自己的田畝分散寫入別人的名下。行使這種勾當，首先得與衙門中管魚鱗冊的勾結買通，又稱為"灑田"或"灑糧"。由於將田分別飛散在別戶身上，所以亦稱"飛灑"。

由於"飛灑"作弊，因此有 100 畝田的農戶須繳納 130 畝的田租，富人的田就分配在忠實誠樸的農戶身上而受了欺騙。

"詭寄"與"飛灑"的情形直到民國初年仍有存在，造成了人與田永遠無法準確劃分登記的現象。

還有一種"虛懸"，意即把田懸起來了。由於賣田者花樣多，故弄懸虛。買了田的，糧仍沒有過，田賦卻由輕而轉重了，造成了很多麻煩。

以上這些弊端，都是經濟解體以後所發生的現象，由於社會欠缺組織，造成散漫無法紀。

現在中國社會的缺點是平鋪的，無力的，已經沒有頭腳輕重之分。組織無法有秩序的推行各項政令，造成了陽奉陰違的現象。

明代尚有承襲元制的"賜田"。明憲宗時，沒收太監曹吉祥的田地成為宮中莊田。明孝宗時賜給皇室勳戚的莊田凡 33100 餘頃。世宗時，賜田已達 20 萬 919 頃 28 畝。至明神宗萬曆二十九年，賜福王莊田多達四萬頃。此項莊田，租重而騷擾大，為害北方農業之進展甚巨。

四、"一條鞭法"合併賦役

明代的"一條鞭法"，是一種賦役合併的制度。

租是指田租，賦是指兵賦。漢代有口賦(即人口稅)、力役、差役等，唐代以來無役，變為租庸調。後來有人稱"田賦"這個名字，實是不妥當的。

唐代實行兩稅制度以來，有了戶役；宋代王安石施行免役，仍要派差；明代實行一條鞭法，即將賦與役合併為一，即丁與糧合一。丁為人口役，糧為田租。統計每縣有多少田繳納多少租，有多少丁受役(役可出錢代之)，將兩者合計共出多少丁多少糧，一起繳給政府。政府須勞役時自己出錢僱役。

明代中葉為解除繁苛之賦役，遂奏請實行一條鞭法。明世宗嘉靖十年，大臣傅漢臣上奏曰："頃行一條鞭法，十甲丁糧總於一里，各里丁糧總於一州一縣，各州縣總於府，各府總於布政司，布政司通將一省丁糧均派一省徭役。每糧一石審銀若干，每丁審銀若干，斟酌繁簡，通融科派，造定冊籍行，令各府州縣永為遵守，則徭役公平而無不均之嘆矣。[4]"

但嘉靖時並未實際施行。正式實行則在穆宗隆慶四年。戶部奏准在江南地區，將所屬府州縣"各項差役，逐一較量輕重，係力差者，則計其代當工食

4　見《續文獻通考‧職役考》。

之費，量為增減；係銀差者，則計其扛解交納之費，加以增耗。通計一歲共用銀若干，照依丁糧編派。如有丁無糧者，編為下戶，仍納丁銀；有丁有糧者，編為中戶；及糧多丁少，與丁糧俱多者，編為上戶，俱照丁糧併納，著為定例。[5]" 此制至明神宗萬曆九年遂全面施行於中國。

綜合來說，一般人認為一條鞭制是簡單的好方法，但反對者亦甚多。南方人贊成而北方人反對，其情況一如宋代看待免稅法。其實，批評一制度之好壞，應依照歷史上當時人客觀的反應意見，不應以我人今日之主觀見解來批評。由於南北經濟狀況不同，有時當因地制宜，不宜用同一方法制度施行於全國。

總括來說，鄉官、生員與吏胥，是明末三大病。明清的吏胥問題最難解決。

五、清代收地丁合一稅

宋代以後關於賦稅方面的事，已不是制度問題，只是人事手續問題而已。

明代編造黃冊與魚鱗冊，以丁算入糧中，即丁糧合一的一條鞭法。

清代自康熙三年徵收地丁合一稅，即以丁計入糧中，與明代相似。地丁者，即指田與戶口，計算所得向政府繳納錢糧；明代的一條鞭法可用白銀折繳，清代亦然，合稱"錢糧"，亦可用絹布等實物折繳。所謂地丁合一，即是按田派丁，當時曾流行一句俗語道："富民出財，貧民出力。"

明清兩代的賦稅，一條鞭法與地丁合一大體相同。所不同者，是明代每十年統計戶口一次，重新編造黃冊；每戶有添丁時要加稅。

康熙五十二年再下詔書：凡盛世添丁，在戶籍上添加了，但續生人丁永不加賦。凡在康熙五十年丁冊派稅以後之添丁，政府不加其賦，此法實較明代寬大，是一項好制度。

5　見《續文獻通考・職役考》。

滿清入主中國，順治十八年時，下詔一切丁徭田租依照明代萬曆年人口計算。萬曆時之田租已行一條鞭法，丁糧已攤派在田租中，但結果仍要民間當差，田租並未減低。

康熙五十年時，其人口不及萬曆時之半數，這是一個大問題。

明代以明神宗萬曆時期最好，當時社會安寧，人口繁盛，諸凡古代的寺廟大鐘、瓷器古玩，很多都是萬曆年間製造。但萬曆是衰壞的開始；清代最盛美當推高宗乾隆朝，但也正如萬曆一般，也是清代頹壞的開始。

乾隆時代，國家稅收，幾乎全部充作軍費之用。乾隆三年時，各省錢糧，大半留充兵餉。如不足時，由鄰省協撥。乾隆十年，史載："每歲天下租賦，以供官兵俸餉各項經費，惟剩二百餘萬，實不足備水旱兵戈之用。"乾隆時期頻年用兵，如準回之役，耗費 3300 萬兩；緬甸之役，用 900 餘萬兩；兩次金川之役，共耗 9000 餘萬兩；尚有廓爾喀之役、台灣之役，計共耗 1 億 5000 萬兩之上。乾隆武功雖盛，但終於成為強弩之末，遂使清代步入衰頹之境。

六、清代自乾嘉人口激增的事實

中國西漢末年，人口是 2000 萬；明代萬曆朝盛時，為 2106 萬人；到了清代初年，由於殺戮多，人口已不足 2000 萬，如要依照明代萬曆時人口釐定租稅，實非公允。

自順治十八年(公元 1661 年)至康熙五十年時，50 年中，人口增至 2462 萬；人口增加比率不足百分之二十。自康熙五十一年起，所增人丁永不加賦。康熙時租稅無法收足而有積虧。即使後來添丁的不算，亦仍收不足；到雍正十年，積虧地丁人糧已達 1000 萬。

康熙五十一年以後，中國戶口人丁冊籍仍是五年統計一次，計算到乾隆十四年，全國人口已達 1 億 7749 萬，差不多有兩億人口了，30 餘年間，人口增加了七倍。

乾隆四十八年，人口有 2 億 8403 萬，約近三億。

乾隆五十八年，已超過三億人口，為 3 億 746 萬。

嘉慶十七年，已有 3 億 6169 萬人，漸漸接近四億人口了。

民國以來，國家沒有大的戰亂，所以人口快增加到五億了。

中國的人口問題可說是一個大謎。為甚麼以前中國的人口老是停留在 2000 萬左右，而乾嘉以後的人口何以會增加如此之速？這問題似無人能解答。

中國的人口是個特別的問題。在西方的馬爾薩斯人口論以前，清代學者洪亮吉(江蘇陽湖人)[6]亦已講到中國的人口問題。他說："今日人口比 30 年前增加了五倍；比 60 年前增加了十倍；比 100 年前增加了 20 倍。"一個兩口之家，如果有屋十間，有地 100 畝，兩夫婦的生活將可過得很舒適，如果生了三個兒子，成業立室之後，變成八口之家；再隔若干年有了第三代，人口大增，但糧食增產沒有如此快，便日子難過，易生亂事了。

人口之激增，實是一件可慮之事。正如洪亮吉所說，人人樂於做一個治平之世的老百姓。但經過若干年代，子又生孫，孫又娶婦，一直到有曾孫元孫，自高祖算起，人口恐已增加了數十倍，但隙地閒廛，只增五、六倍而已。因此田地與住屋常不足供應激增之人口。何況又有兼併之家，一人據百人之屋，一戶佔百戶之田。如此下去，遭風雨霜露飢寒顛踣而死之人，安得不比比皆是？[7]

洪亮吉《生計篇》又說，今日十口之家，須由 40 畝[8]養之。凡士、農、工、商一歲收入，不下四萬錢。50 年前，米六、七錢一升；布三、四十錢一丈；以一人需五丈布、四石米計，一人勞力足可養活十人。今日則不然，農十倍於前而田不加增，商賈十倍於前而貨不加增，士十倍於前而傭書授徒

6　洪亮吉為乾隆年間進士，嘉慶時上書論事，幾遭文字獄殺身之禍，著有《洪北江全集》。

7　見洪亮吉著〈意言治平篇〉。

8　其寬廣即古之 100 畝。

之餾不加增。且升米錢須三、四十，丈布錢須一、二百。所入愈微，所出益廣。於是士農工賈，各減其值以求售。布帛粟米，各昂其價以出市。加上戶口已十倍於前，遇上水旱疾疫，非束手待斃不可。此即乾嘉以來戶口激增而影響人民生活之最明顯例子。

第十三章

中國貨幣、漕運及
水利問題雜談

一、歷代貨幣制度概覽

城鄉如何聯絡，農商如何交流是一人問題，其中貨幣起了重要作用。中國早期的貨幣為黃金與錢幣。春秋時期未使用貨幣，戰國時期使用黃金與錢幣，至清代一直盛行。

到東漢時，黃金已少用，市上亦不常見。推其原因，自佛教進入中國後，又加上道教等宗教上的需要，因此黃金用於建築、器物及裝飾品上之數量甚大。這是後來只用銅鑄錢幣的原因。

自三國以來直至唐代，錢幣與實物包括五穀與絹同時使用。

中國的錢幣，漢武帝時開始用五銖錢。南北朝至隋唐不用黃金，只用錢幣，五銖錢已減輕。唐代最好的錢為開元通寶，開元通寶較五銖錢略重。自唐至宋，大部分是用開元通寶；即使宋代所鑄錢幣，亦仿效開元錢之形式。

宋代以單一貨幣使用不便，主張應有輔幣同時使用。當時，遂有銅錢、鐵錢同時通行，但兩者比價相差不遠，故使用仍感不便。

宋末，阿拉伯商人蒲壽庚在華擔任泉州市舶司歷時 30 載，日本一學者根據蒲壽庚所述資料著一書，詳述宋代海外通商情況，書中述及中國之銅錢往外流，遂加禁止，並禁私鑄銅錢。

中國由於產銀極少，可以用作製錢幣者，除銅鐵外，已無其他適當之金屬，即黃金亦不足夠。

明代開始，用一塊塊白銀當作貨幣。

明代的田租不繳米而繳錢。但數以擔計的租繳錢幣過於繁重，故用白銀折交。當時所用白銀是銀錠、元寶，尚有小塊之碎銀。人民用碎銀繳入國庫時，要將之熔成大塊之元寶，由零碎的變成整塊時，便得加上人工及損耗，故繳納碎銀時要加上若干耗銀，此即所謂"火耗問題"。

由於火耗問題，使田租增加。明代開始用銀元，直至清末，有了較大數量的墨西哥銀元與大清銀元流通，銀幣才有了標準重量。

梁啟超曾論到何以銀幣重量定為七錢二分。其理由是銀幣不可過重或過輕，故以七錢二分為適合。

中國有了銀本位制，由此看出中國經濟不能用銅本位制，但漢代以來均用銅錢。清代亦無金本位，因無此需要。中國之貨幣問題是有銅而無金、銀，至清代用銀元為本位，始無問題[1]。

兩宋的貨幣制度，較前代複雜，仍以銅錢鐵錢兼用，白銀亦漸受重視，同時產生了紙幣。所謂鈔票之使用，乃宋代開始，因單位以銅錢作流通貨幣已不足以應付。當時一貫銅錢即 1000 枚，已相當重。宋以"貫"（1000）為錢幣之單位。500 貫即合後來之一枚銀元（如以 2000 錢折合一銀元計，500 貫即250 銀元）。當時如攜帶五貫錢已極為麻煩，如四川省用鐵錢，則攜帶更為困難。大的鐵錢 1000 枚有 25 斤，中等的鐵錢也有十多斤，不但笨重，而且購買力低，經商十分不便。因此，宋代四川人發明了"交子"，即印一紙當作錢幣使用。

"交子"起初先在民間使用，由 16 位四川富商以信用擔保作為貨幣流通，大致在宋真宗時代，後富商經營失敗，交子無法兌現，才改由政府擔保。那已是大中祥符末年。

宋仁宗天聖元年（公元 1023 年），政府設立益州交子務，正式由官方辦理。自天聖二年起發行官交子。

古時印交子用的紙質差，故此種鈔票有所謂"界"，要每隔數年一換。據《宋史・食貨志》載，商辦的私交子以三年一換，叫做第一界，接着有第二界，第三界，……如此收回舊的，換發新的。但官交子的界分說法，史書似無詳述。

交子除先在四川流行外，亦曾流通於河南、陝西等地，但不大受歡迎；到宋徽宗崇寧、大觀年間，政府把"交子"改為"錢引"，大觀元年改"交子務"為"錢引務"。此時，交子已印發到第 43 界了。交子的"交"字有"合券

1　賓四師笑謂其兒童時代，一日有十枚銅錢已很好用，後改用銅元，兩枚可買一碗大肉麵或燻魚麵。

取錢"之意；至於"錢引"，"引"字有"憑照"之意。

後來又有所謂"會子"及"關子"。"會子"的用法是商人與政府約定，替政府正式運糧到某地，運到目的地後，政府給一"會子"（等於支票），商人持此會子可到某地換取若干擔之鹽或茶。會子有人稱"引"，有了"引"就可到處經商。後來此會子不必換取實物，而可折成市價若干，當作貨幣一般在市面上流通。

至於"關子"，相當於"交子"，可作鈔票通用。隔數年一換，且要有信用，即要有三成至四成之準備金才可發行。其實，交子是鈔票，可兌現；會子非鈔票，不能兌現。

宋、元兩代用鈔票，均有濫發之弊病。

二、中國漕運與南糧北運問題

漕運在中國經濟史上是一個特別的課題。這是西方國家所沒有，而中國獨有的一個問題。漕運就是水道運輸，中國在古代時，漕運的問題不大。如西漢初年，《漢書・食貨志》記載，每年只把山東之穀400萬斛運到長安即可。

三國鼎立時期，直至南北朝對峙，大家各自立國，亦不聞有南方之糧運往北方之事。

隋煬帝大業元年開通濟渠；四年開永濟渠。他把北齊、北周與南朝的鼎立形勢打通，東南東北，大興水運，並非北方需依仗南方之糧。到了唐代，因江南戶口日多，租調日增。將南方租調輸送北方京師地區的漕運，就逐漸受到重視。

唐玄宗開元年間，南方的糧帛經長江滙集於運河要衝的揚州，再渡淮河，入汴水，經通濟渠到黃河口而入洛水，抵達京師。開元二十二年時，裴耀卿為江淮河南轉運使，凡三年中運米700萬斛。此一時期，北方需南糧仍並不甚殷，直到安史之亂起，由於河北、山東等地藩鎮割據，租稅不入中央，唐室的財政遂依靠南方轉為殷切，自長江入黃河的漕運，遂成為軍國要事。

　　唐肅宗時理財名臣劉晏，便因能整理漕運，使南糧順利北運而名噪一時。唐朝一節已有較詳敍述，此不贅。

　　到宋代建都汴京，主要是為了方便漕運。按照宋太宗太平興國六年所定制度，當時的漕運有四條路線：

　　第一條是汴河線，即將江蘇、浙江、江西、湖南及湖北各省的米 300 萬石及菽 100 萬石，自長江運入淮河，再轉運到汴京。

　　第二條是黃河線，即將陝西之粟 50 萬石及菽 30 萬石從三門、白坡經黃河運到汴京。

　　第三條是惠民河線，即將河南、安徽地區的粟 40 萬石及菽 20 萬石，從閔河、蔡河運入汴京。

　　第四條是廣濟河線，即將京東之粟 12 萬石從五丈河運入汴京。

　　北宋時代賦稅偏重於南方，自上述漕運可知。宋初歲入 1600 餘萬緡，為唐代之兩倍，至神宗熙寧時已達 5000 多萬緡；至南宋，更增至 6000 餘萬緡了。

　　元代建都燕京，但米粟的供應仍然是靠南方的江南地區。元代是用海上漕運。海運雖秦代已有，唐人亦有將東吳粳稻運上北方幽燕地區，但大規模的海運當始自元代。

　　元代海漕以 30 隻船為一綱，以大都船 900 餘艘，運漕米 300 餘萬石，有船戶 8000 餘戶。每綱設押官二名，行船時招募水手，先在揚州受訓，設專官加以教習。

　　元世祖至元二十八年，曾海運 250 餘萬石，其後增運至 350 餘萬石。

　　總計元代歲收各地糧數為：

地區	歲收糧數
河北、山東、山西及內蒙等地	227 萬 1449 石
遼陽	7 萬 2066 石
河南	259 萬 1269 石

陝西	22 萬 9023 石
四川	11 萬 6574 石
甘肅	6 萬 586 石
雲南	27 萬 7719 石
江浙	449 萬 4783 石
江西	115 萬 7448 石
湖廣	84 萬 3787 石

總計以上各地糧數，遼陽、河南、陝西、四川、甘肅、雲南，及湖廣七地尚不及江浙一處；而江浙、江西、湖廣三處合計，恰為其他七處之一倍，可見元代依賴江南米粟之殷。

明代漕運歷經五次變化。先是明成祖永樂元年開始用河運，兼用水陸，自淮河運入黃河；永樂四年開始用海陸兼運之法；十三年開始用支運，即先將江、浙各府之糧撥運到淮安倉及濟寧倉，以 3000 艘支淮安糧運到濟寧，以 2000 艘支濟寧糧運赴通州，再以浙、直軍、京衛軍及山東、河南軍分別接駁運到京師，每年四次，可運 300 餘萬石，謂之支運。後曾增至 500 萬石。稍後改兌運，即先由民間運至淮安、瓜州，再兌與衛所官軍運京師。最後一種成為永制，叫收兌。先令裏河官軍運赴江南水次交兌，再由官軍長運，所運船隻在天順以後，定數 11770 隻，官軍 12 萬人。當時北糧只有南糧的五分之一。京師全靠南糧供應。

清代漕運，定額為 400 萬石。各省漕運原額，約為南四北一之比。但乾隆十八年時，為南八北一；四十四年時則為南十北一，可謂仍是依賴南糧為主。總之，歷代南糧北運，為國家每年之大耗費。

三、中國的水利問題 —— 黃河長江淮水的利與害

　　一個國家在地理上言，山脈是固定的；都邑的變化也較少，但河流水道則變化較大。水一面跟着山脈走，如兩山之間必有一川；水一面又跟隨都邑而定。由於河流的變化大，對經濟的影響亦大。

　　中國古代典籍中，首先講及水利的便是《書經》中的一篇《禹貢》。《禹貢》中講到夏禹治理黃河。此文提到中國水道變遷的沿革甚詳。

　　清人胡渭作《禹貢錐指》[2]，全書對九州分域、山水脈絡、古今同異之故，討論十分詳明。書中對黃河的水利與物產，也作了詳盡的介紹。

　　中國第二部講水利的書就是北魏酈道元的《水經注》。酈氏為《水經》作注，是講中國北方水道的一本大著作。

1. 北方的黃河水患問題

　　現在談一下黃河的水利情況。

　　歐洲人說黃河是中國之害。其實也不盡然。據研究所得，黃河也曾有利於中國，亦曾撰了一篇幾千字的〈水利與水害〉一文，當時人頗為欣賞。何以黃河有害卻成為中國文化的發源地呢？其實，前期的黃河對中國有利，黃河到後期才對中國有害。

　　黃河的水患據史籍記載，最早見於周定王五年時，即魯宣公七年，此時進入春秋時代已有 110 年，當時黃河北岸有衛國。衛國是殷商的故墟，《詩經》上形容她"淇奧綠竹，淇上桑田，檜楫松舟，泉源考槃。"是一個美麗的水鄉。春秋五十年左右，衛為狄所滅，由於狄不黠水利，黃河決堤頻頻，農田水利失修，故經常發生水患。

　　到魏文侯時，有西門豹、史起等專家起來大修水利，使這一帶的人民仍

2　"錐指"是作者自謙之詞，表示對"禹貢"所知甚少。

然可以安居樂業。

至於歷史上第二次的黃河遷徙，時在漢武帝元光三年，距周定王五年，已有440年。此次黃河所以發生水患的原因，是由於戰國以來，各國的長期戰爭，大家競築堤防所致。漢代賈讓曾說："堤防之作，近起戰國。壅防百川，各以自利。"當時齊、趙、魏各國競相築堤，使河水游蕩無定，水去時固然成為肥美的耕田，大水時至則漂沒而競築堤防以自救。

此時亦有決水以浸敵國者。如趙蕭侯決黃河之水以灌齊、魏的軍隊；梁惠成王時，楚國決黃河水以灌長垣；趙惠文王決黃河之水伐魏，造成水潦；秦時引黃河水灌大梁城，使城傾頹。

此時亦有壅塞水源以害鄰國者。《戰國策》記載："東周欲為稻，西周不下水。"故秦始皇主張"決通川防"。

由於戰國時期多戰爭，水利失修了，黃河河道被破壞了，遂造成了西漢時期的嚴重水患。要到東漢明帝時，王景治河成功，從此黃河平息水患，達900年之久[3]。由於此時期的政府對溝洫河渠，時有興修，因此對北方的經濟文物促成興盛。此即黃河有利中國的實證。

此後黃河造成水患，始於宋代，下溯至元、明、清三代而千年不絕。由於沒有搞治河的工作，北方的社會經濟文化因此逐漸衰落。

宋代之黃河水患，起因於唐代以後之藩鎮割據。當時黃河水災橫亙千里，由於當時四分五裂的藩鎮，大家爾虞我詐，互相制肘，根本無法合力共治，只有任由河水溢決，遷移城邑以避之而已。因此，黃河下游兩岸的農田水利在藩鎮統治下，失修特多。

又加上五代時，黃河兩岸梁、唐對峙，為了軍事上的需要，在梁貞明四年、龍德三年及唐同光二年，曾多次決河，到宋代時，黃河水患遂急劇發生，造成了黃河下游一、二千里的河床，多次的遷徙。遼亡金興以後，黃河

3　《水經注》上稱黃河為河水，稱長江為江水，黃河是俗名，今日人稱淮河亦不通，應稱淮水。

仍常有潰決。元代黃河大決，河水遂自淮水流入海，造成此下之不利。

　　自春秋到清末，黃河水道有六次重大的變遷。

　　第一次發生於周定王五年，黃河在宿胥口決水，向東流丹漯川，到長壽津時又與漯川分別而行，與東北的漳水合流，經河北省的鹽山縣入海。《水經》上稱之曰"大河故瀆。"

　　第二次發生於王莽始建國三年，此時距周定王五年已有 672 年。當時黃河主流遷徙至魏郡，經清河、平原、濟南到千乘。到後漢永平十三年時，此時距王莽始建國三年已有 59 年，由王景修治黃河，成為黃河主流。《水經》上稱為"河水"。

　　第三次發生於宋仁宗慶曆八年，由於商胡決河，使黃河自永平十三年以來，平靜了凡 977 年的河道又發生了突變。河水潰決造成新的河床，從而分成東、北兩支。原來的是北流合永濟渠至河北青縣而入海；東流則合馬頰河經無棣縣而入海，是新流。有時北流開而東流閉，有時則東流開而北流閉。宋代人主張河水東流，可作防敵的國防線，北流則流經契丹，認為對宋不利。

　　第四次是陽武故堤潰決，時為金章宗明昌五年，時距慶曆八年已有 146 年。此時黃河大半之水經由泗水而進入淮河，此時北流仍通。

　　第五次是距上次 95 年之後的元世祖至元二十六年，此時會通河成，河水往南，北流已微，到明代宏治中，築斷黃陵岡支渠，至是黃河之水全由淮河所承受，北流遂絕。明人防黃河北流，如防大盜，強制黃河向東南流，遂使黃河水患無法消弭。

　　第六次在清咸豐三年時，此時距至元二十六年已有 566 年。當時黃河在近河南省蘭封縣西北地區的銅瓦廂潰決，黃河再改道北徙，從濟水入海。今日津浦路經過的黃河鐵橋即銅瓦廂潰決後的黃河流道，此後即無大水災發生，證明黃河應向北流才對。

　　大致來說，黃河的大水患多在宋以後。繼續糜爛之區，面積達數千方里，凡河北、河南、山東、遼寧、安徽、江蘇各省，歷遭河水肆虐，北方元氣因而為之大傷。

考宋以後黃河水患所以不絕，原因有下列幾點：

首先，黃河的正道因各種不相干的原因而被犧牲。宋時黃河之道有北流東流之分。自河北省的濮陽、大名入山東省的冠縣、館陶到河北省的清河，再入山東省的武城、德縣至河北省的吳橋、天津諸地入海，謂之北流。導水東行者，即自河北省的清豐、朝城、清平、樂陵等縣到無棣境內入海，謂之東流。本來北流是黃河古道，水流暢順，且海口廣深，但宋人恐契丹藉北流為橋樑，守以州郡而使中國全失險阻，故紹聖諸大臣力主東流。至宋紹熙五年（金明昌五年）黃河在陽武決口，灌封邱而東流。此時黃河分兩派，北派由北清河入海，南派由南清河入淮。金為自利，不欲使黃河北流，遂距北流的黃河古道更遠。

到元明兩代，為利用黃河之水濟運河，更不願黃河北流。元末黃河之道向北遷徙，而明人懼運河乾涸，遂以人力阻塞北流。一直到清朝，均以人力控制黃河之流向。黃河不能按其自然趨勢以定流向，遂經常有潰決發生。考證史實，明代時大河北決者有 14 次，南決者五次。清順治康熙以來，黃河北決者 19 次，南決者 11 次。如從夏商周三代算起，黃河北流比南流時間為長。前者凡 3600 多年，南流僅 500 多年。直到咸豐時，黃河在銅瓦廂決口，河道才再北流。常有因兵戰而使黃河改道者。如宋高宗建炎二年，杜充決黃河自泗入淮，目的為阻金兵；又如明末流寇掘堤灌開封；清順治初，黃河之河南荊隆口被決。因兵爭而河道常被毀壞，黃河安得不屢遭水患。

其次是周定王之後，溝洫不修，遂造成日益嚴重的黃河水患。黃河水患的兩大成因，在於河汛時期水量突然暴漲，以及水中挾帶泥沙量太多。上兩者，主要是中游山西、陝西、河南諸省支流所促成。

至於開濬運河，目的在為漕運。但對於北方原來水利，卻有損無益。隋煬帝開汴渠，溝通了黃河、淮河與長江，促進南北水運聯貫之利。但正如宋代丁謂所分析，煬帝將幸江都，遂分黃河之流，左右築堤 300 多里，因此造成散漫無所之水患，使陝西、河南一帶，盡成泥漿卑濕之地。

自元明以來，築堤建壩，國庫耗資巨大，但仍不勝其淤塞潰決，雖然用

盡人力財力，但水患仍烈。而且為了顧全運河的水量，強逼黃河南流，使與
淮水合流，不但河患頻仍，淮水亦釀成大害。

　　由於政治之腐敗，河工之黑暗，致使黃河、淮河、運河造成肆虐氾濫，
河南、山東、江蘇、安徽四省人民，每歲擲無量巨金以作三河之防禦，屢防
屢氾，使無產民力之消耗犧牲，難以計數。

2. 南方的水利農業發展

　　自魏晉南北朝以後，南方水利農業開始發展，最顯著是長江下游的江浙
一帶。

　　唐中葉以後，江南西道，即江西省的鄱陽湖流域，物產富饒，比江南東
道為佳。

　　五代十國時，北方五代，南方十國。當時南方經濟情況好於北方，十
國中之吳越建國，有專務治水的專官，稱都水營田使。募集七、八千人，稱
為撩兵，專職治理太湖，並常為田事治河築堤。旱時運水種田，潦時引水出
田。又開東府鑒湖(南湖)，派撩兵 1000 人，專為錢塘湖芟草濬泉。農田水利
搞得十分理想。當時南朝軍駐荊州(漢水流域)及徐州(淮水流域)，軍糧不需
依賴太湖流域所產。

　　宋代建都汴京(開封)，當時北方米糧仰給於南方，經濟重心轉到太湖流
域。

　　宋仁宗時，江南有大規模的圩田及河塘。每一圩田方數十里，如大城。
中有人造河渠，外有門閘。旱時開閘，有引入江水之利；潦時閉閘，可拒絕
江水之害，旱潦都不會發生。曾在江南任官的范仲淹特別欣賞，吳越國有營
田軍，專興水利而不打仗。江南水利藉着政治推動社會，充分改造天然環境
以供人民利用。

　　仁宗時又有著名的至和塘的計劃和修築。根據《沈氏筆談》記載，至和
塘從江蘇崑山縣到達婁門，共長 70 里的水路，並無陸路，兩旁有湖。欲築長

堤，苦無泥土。於是在水中築牆，每隔二尺，再插入蓆簾。離牆六丈又築一牆，再插入蓆簾，將六丈地面之泥土裝入牆中，等乾時將六丈窪地中之水車乾。使兩邊有泥牆，中間成一渠，兩旁有岸，每三四里造成一橋以通南北之水。堤岸造成後才有陸路。可以想像當時的江蘇是一水國。

南宋建都杭州，特別重視江蘇的水利。曾有崑山人鄭亶詳論蘇州水利。他説古人治水之方，縱的有浦，橫的有塘。此種塘浦，全由人工造成，塘浦闊者 30 餘丈，狹者不下 20 餘丈，深二三丈或一丈。蘇州除太湖外，江之南北並無水源，因此多築塘浦，計常熟有 24 浦；常熟之北崑山之東 12 浦，共開 36 浦，宋人築闊而深之塘浦，目的在引江海之水，遍溉於堈阜之地，大旱時可以塘浦之水灌溉之，大水時積水可排泄至江海，使低田常無水患，高田常無旱災。因此農地常獲豐熟。

講到太湖水利，吳越國時，江浙地區七、八十年中只有一次水患，宋室自南渡後 150 年中只一二次水患，明代的江浙水利亦很好。但今日無錫，每隔十年便有一次水患。據研究所得，謂太湖每遇黃梅天漲水入長江，太湖無水時則長江倒灌之。自蘇州至無錫的一段鐵路，便有水洞 300 多個，由於洞的闊度不足，大水時流量受到限制，如果下大雨一星期，火車路兩旁便成澤國。故應每隔二、三年把渠道挖通一次，使排水暢順，以免除水患。

綜上所述，宋以前 1000 餘年中國經濟文化之營養線是北方；宋以來 1000 餘年之經濟文化之重要營養線則是三吳水利。最重要的要靠人力經營，開塘浦、挖溝洫，需要人力以赴。孔子也曾説過："卑宮室而盡力乎溝洫。"可見興修水利，不可稍懈，是古今相同的。

中國人是全世界最早懂得水利的民族。

處理水利有兩種方法，便是"蓄"與"泄"。"蓄"是將水儲藏之。"泄"是將水排放之。能做好水利，"蓄""泄"得宜，便可減少水患。

整治水流之道，即對每一流域之水利興修工作，應有統籌全局的計劃，不可各自為政，當有政府領導，集中人力物力，才可興眾建業，把水利農事搞好。

商務印書館 讀者回饋咭

請詳細填寫下列各項資料，傳真至 2565 1113，以便寄上本館門市優惠券，憑券前往商務印書館本港各大門市購書，可獲折扣優惠。

所購本館出版之書籍：＿＿＿＿＿＿＿＿＿＿＿＿＿＿＿＿＿＿＿＿

購書地點：＿＿＿＿＿＿＿＿＿＿＿　姓名：＿＿＿＿＿＿＿＿＿＿＿

通訊地址：＿＿＿＿＿＿＿＿＿＿＿＿＿＿＿＿＿＿＿＿＿＿＿＿＿＿

電話：＿＿＿＿＿＿＿＿＿＿＿＿　傳真：＿＿＿＿＿＿＿＿＿＿＿＿

電郵：＿＿＿＿＿＿＿＿＿＿＿＿＿＿＿＿＿＿＿＿＿＿＿＿＿＿＿＿

您是否想透過電郵或傳真收到商務新書資訊？　1□是　2□否

性別：1□男　2□女

出生年份：＿＿＿＿＿＿＿年

學歷：1□小學或以下　2□中學　3□預科　4□大專　5□研究院

每月家庭總收入：1□HK$6,000以下　2□HK$6,000-9,999
　　　　　　　　3□HK$10,000-14,999　4□HK$15,000-24,999
　　　　　　　　5□HK$25,000-34,999　6□HK$35,000或以上

子女人數(只適用於有子女人士)　1□1-2個　2□3-4個　3□5個以上

子女年齡(可多於一個選擇)　1□12歲以下　2□12-17歲　3□18歲以上

職業：1□僱主　2□經理級　3□專業人士　4□白領　5□藍領　6□教師　7□學生
　　　8□主婦　9□其他

最常前往的書店：＿＿＿＿＿＿＿＿＿＿＿＿＿＿＿＿＿＿＿＿＿＿＿

每月往書店次數：1□1次或以下　2□2-4次　3□5-7次　4□8次或以上

每月購書量：1□1本或以下　2□2-4本　3□5-7本　4□8本或以上

每月購書消費：1□HK$50以下　2□HK$50-199　3□HK$200-499　4□HK$500-999
　　　　　　　5□HK$1,000或以上

您從哪裏得知本書：1□書店　2□報章或雜誌廣告　3□電台　4□電視　5□書評/書介
　　　　　　　　　6□親友介紹　7□商務文化網站　8□其他(請註明：＿＿＿＿＿＿＿＿)

您對本書內容的意見：＿＿＿＿＿＿＿＿＿＿＿＿＿＿＿＿＿＿＿＿＿
＿＿＿＿＿＿＿＿＿＿＿＿＿＿＿＿＿＿＿＿＿＿＿＿＿＿＿＿＿＿＿＿

您有否進行過網上購書？　1□有 2□否

您有否瀏覽過商務出版網(網址：http://www.commercialpress.com.hk)？1□有　2□否

您希望本公司能加強出版的書籍：1□辭書　2□外語書籍　3□文學/語言　4□歷史文化
　　　　5□自然科學　6□社會科學　7□醫學衛生　8□財經書籍　9□管理書籍
　　　　10□兒童書籍　11□流行書　12□其他(請註明：＿＿＿＿＿＿＿＿＿＿)

香港筲箕灣
耀興道 3 號
東滙廣場 8 樓
商務印書館(香港)有限公司
顧客服務部收